齐向译道行

金圣华 著

图书在版编目(CIP)数据

齐向译道行/金圣华著. —北京:商务印书馆,2011
(2023.10重印)
《英语世界》丛书
ISBN 978-7-100-07513-8

Ⅰ.①齐… Ⅱ.①金… Ⅲ.①英语—翻译—文集
Ⅳ.①H315.9-53

中国版本图书馆 CIP 数据核字(2010)第 234281 号

权利保留,侵权必究。

齐 向 译 道 行

金圣华 著

商 务 印 书 馆 出 版
(北京王府井大街 36 号 邮政编码 100710)
商 务 印 书 馆 发 行
北 京 冠 中 印 刷 厂 印 刷
ISBN 978-7-100-07513-8

2011 年 1 月第 1 版　　开本 787×1092　1/16
2023 年 10 月北京第 2 次印刷　印张 16¼

定价:75.00 元

目　　录

序一：无时无处不翻译　林文月　　v

序二：读《齐向译道行》感言　许　钧　　vii

序三：教学相长谈翻译　金圣华　　x

序四：《齐向译道行》自序　金圣华　　xi

鸣谢　xiii

一　开卷语　1

二　小女孩与大姑娘　3

三　城隍庙前的疑惑　6

四　"咽喉红肿的潜水员"？　9

五　说"笑"容易译"笑"难　12

六　有关五官描绘的翻译问题（一）　15

七　有关五官描绘的翻译问题（二）　18

八　眉目传情与举手投足　21

九　"百味餐"还是"家常便饭"？　23

十　"被被不绝"与"的的不休"　26

十一　姐姐、娘子、爱人、夫人　29

十二　快慢与迟早　32

十三　从春天说起　35

十四　讲座、客座、教授、讲师　38

十五　书名、篇名的翻译（一）　41

十六　书名、篇名的翻译（二）　44

十七　大处着眼、小处着手　　47

十八　从郁金香说起　　50

十九　修饰词的翻译问题　　53

二十　别开生面的美语词典　　56

二十一　钟摆的两极（一）　　59

二十二　钟摆的两极（二）　　62

二十三　翻译中的"点烦"与"添烦"　　64

二十四　骑自行车的启发——翻译中的生与熟　　67

二十五　缤纷的色彩　　70

二十六　性、元、度、化、值　　73

二十七　乐在其中　　76

二十八　诗情与画意　　79

二十九　一场公平的竞赛　　83

三十　白以为常，文以应变　　86

三十一　勿搬石头砸自己的脚　　89

三十二　小提琴与钢琴（一）　　92

三十三　小提琴与钢琴（二）　　95

三十四　从翻译的向心、离心到翻译的增与删　　98

三十五　最难掌握是分寸（一）　　101

三十六　最难掌握是分寸（二）　　104

三十七　险中求胜、窄处回旋　　107

三十八　书里与书外　　110

三十九　距离感与切入点　　113

四十　隔岸相望与中流相遇　　116

四十一　是"连体人"，还是"孪生子"？　　118

四十二　讲词的精练与重复　　121

四十三　讲词的语感与气势　　124

四十四　来龙与去脉　　127

四十五	浓淡深浅宜细分	**130**
四十六	雅俗、繁简之间	**133**
四十七	精致与粗糙	**136**
四十八	创作空间的展现与开拓	**139**
四十九	鹭眼？猫眼？还是杏眼？	**142**
五十	错置的零件，松脱的螺丝	**145**
五十一	自然流露，返璞归真	**148**
五十二	《傅雷与翻译》研讨会所见略感	**151**
五十三	有诗情、可译诗	**154**
五十四	紫瓣飘落	**157**
五十五	银线丝丝、花瓣片片	**160**
五十六	蛾桥与离愁（一）	**163**
五十七	蛾桥与离愁（二）	**166**
五十八	向高克毅先生致敬	**168**
五十九	演讲后的观察与反思	**171**
六十	美国总统就职演说的中译（一）	**174**
六十一	美国总统就职演说的中译（二）	**177**
六十二	化虚为实最伤神	**180**
六十三	中庸之道与翻译	**183**
六十四	浅处见功夫	**186**
六十五	"们"不胜闷，"被"无可避（一）	**189**
六十六	"们"不胜闷，"被"无可避（二）	**192**
六十七	又一次"与王尔德拔河"	**195**
六十八	层次的语感	**199**
六十九	语气的掌握	**202**
七十	一点慧心，几分巧思（一）	**205**
七十一	一点慧心，几分巧思（二）	**208**
七十二	定调高低方知难（一）	**211**

七十三　定调高低方知难(二)　214

七十四　原文背后的信息　217

七十五　译圃园丁的叮咛　220

七十六　从"潮语"到"文字游戏"(一)　223

七十七　从"潮语"到"文字游戏"(二)　226

七十八　直译或意译、争来无意义(一)　229

七十九　直译或意译、争来无意义(二)　232

八十　心中、脑际、笔端　236

金圣华教授小传　239

读者推荐　240

序一：无时无处不翻译

林文月

收到三民书局快递寄来金圣华教授有关翻译的新著《齐向译道行》样版时，我正在书写一篇有关利用外文资料以研究中国古典文学的演讲稿。那讲稿的题目是：《〈归鸟〉几只？》，《归鸟》是陶渊明的四言诗题目。西方汉学家 James Robert Hightower 和 Burton Watson 都曾经翻译过这首诗，但二人译笔下的鸟，却有单数与复数之别，观其译题便可知。Hightower 译为 *Homing Birds*，Watson 则译为 *The Bird Which Has Come Home*。我想透过这两种不同的英译诗，以及其他实际的英、日文翻译及学术论著，从另一个方向来作说明。有时参考外文的翻译或研究资料，会更有助于反省，而对于中国古典文学产生更进一步的深层的了解。事实上，过去教书时，我时常会尽可能提供学生们这方面的课外资料的。

金圣华大学时代读的是英语系，其后留学法国，多年来她担任翻译系的教授，又致力于推广翻译工作。我虽读的是中文系，教授中国文学，但由于生长背景而具备中、日双语能力，也实际上做过一些翻译工作，两人的兴趣和关注点接近，使我们在公私的场合上都有许多说不完的话。

此次藉为圣华这本新书写序的机会，得以先睹为快，拜读了她这四十篇有关翻译的文章，更进一步认识了相对晤谈时她所没有表现出来的一面。四十篇文章多为发表于《英语世界》刊物的专栏作品。大概是受到版面的规定，看得出当初执笔时篇幅须得节制，内容或有割舍，而未能畅所欲言；但有几个主体分为两期续撰，仍能了遂心愿。

作为翻译系的教授，圣华长期在学院内主持"翻译工作坊"，认真教学，作育英才。除了理论根基，她更重视译事的实际推敲斟酌，不放过一字一句，举凡花草色彩、眉目五官，乃至于篇名书名、作品氛围、文化异同，均予细究。她举出学生们的优、劣作业，分析所以，更以自身的翻译经验，及古今名家的业绩提供比对佐证，把译事的发生，以及不断的修饰过程，终至于满足定稿，或虽非十分满足却不得不暂时定稿的忧喜告诉了读者。那个读者，可能是一个有志从事翻译的年轻学子，他们将会从这些实例中,得到谆谆善诱的良师——指点而受益匪浅。那个读者,或可能是一个也有翻译经验的同道,他们将会在书中所言及的各种细节,例如在组头韵(alliteration)的费心上,或定调前后的顾左盼右,甚至于为了一个名词而遍查《辞源》《牛津高阶英汉双解辞典》《中华食用植物》等片段,感到于我心有戚戚焉。

难得圣华把许多的翻译问题,用散文的方式书写出来。原先是写雅典奥运的文章,讲田径、讲刘翔、讲他的成绩,怎么忽一转就变成了讨论 morning, afternoon, nightingale?明明是写上海的城隍庙之游,夏日炎炎,遇着阵雨,手中无伞,寻找目标,却找来"老"字的英译,该当 aged, grey with age, hoary, grey-headed 还是 white with age 呢?

大概都是因为金圣华关心翻译,喜爱翻译、乐在其中,生活里也就无时无处不翻译的缘故吧。

林之月

序二：读《齐向译道行》感言
——代序

许 钧

办公桌上放着金圣华教授写的专栏文章七十五篇，《英语世界》杂志社魏社长来电说，还有五篇会陆续寄来。我等不及，一篇篇读起来，读了便放不下，边读边想，想起了金圣华笔下的人与事，想起了与金教授一起谈与翻译有关的字与义，形与神，技与道。

"齐向译道行"，我在没有读金教授的一篇篇相对独立而又相互紧密联系的文章前，一直在揣摩金教授为何要给自己在《英语世界》开的专栏起这么一个名字。读了手头的七十五篇文章后，我想我离金教授的用意应该是不远了。我在她的文章的一字一句背后，依稀读出了她的心：她的热心，她的用心和她的信心。

译道之于金教授，我想有多层含义。首先是指翻译之路，说的是翻译的事业。她写过一部书，叫《译道行》，我认真读过，我想，金圣华教授之所以义无反顾地选择翻译之路，一辈子从事翻译事业，做翻译，教翻译，研究翻译，组织翻译活动，培养翻译人才，推动翻译事业，是因为她对翻译有着越来越深刻的认识，对翻译有着越来越全面的理解。我至今还清楚地记得，2000 年 12 月 12 日，作为香港中文大学翻译系的讲座教授，她发表了一篇如今被翻译界广为称道的演讲，题目为《认识翻译真面目》。在这篇演讲中，她说："翻译本身是一种跨文化交流的复杂活动。一国或一地的人民要了解他国他地的文化，除了要学习外语，沉浸其中之外，当然唯有依赖翻译一途。"跨文化交流，翻译是必经之路。基于如此的理解，我们不难明白，金教授为何对翻译事业如此热心，为何能坚守香港中文大学翻译系的教学岗位，"伴着中大翻译系一起成长，一起闯过无数关卡与险阻"，在艰辛的译道上一路前行，无怨无悔地献身于翻译事业。

译道之于金教授，我想还有第二种含义。多少年来，金教授对翻译不离不弃，翻译"必然有其内在的价值与意义"。翻译之道，我想金教授也许还指理论意义上的形而上的翻译之道，其为大道，关乎何为译、为何译、译何为以及"如何译"之背后起着无形的重大作用的一切,讲的是翻译的道理。在译道的探索之中,金教授说"翻译好比做人,译道恰似人生,沿途虽然曲折迂回,崎岖不平,但山阴道上,却也时有百花争艳、千岩竞秀的旖旎风光,因而使先行者勇往直前,后来者络绎不绝。"由此,我想到了钱锺书先生谈及翻译的一段话,翻译,"从一种文字出发,积寸累尺地度越那许多距离,安稳到达另一种文字里,这是很艰辛的历程。一路上颠簸风尘,遭遇风险,不免有所遗失或受些损伤"。金教授深知译道的艰辛,但译道通往的是跨文化的交流,是历史的奇遇,是人类灵魂的共鸣。在如人生的译道上,金教授专心思考,用心领悟,在字词的逐译中,寻找翻译之通道,小中见大,参透译事之奥妙。

于是,在翻译的重重障碍中,经她一点拨,迷雾散去,凸显一片旖旎风光;原本狭隘的翻译空间,经她一开拓,竟能"周转回旋,从容自处"。她告诉我们,翻译既然如做人,那就"必须慎言慎行,掌握分寸,方能在翻译的重重险阻中立于不败之地。要掌握好分寸,须大处着眼,小处着手"。"翻译中分寸的掌握,与译者有否敏锐的语感息息相关",怪不得她"在指导研究生的'翻译工作坊'时,一开始就要测验学生对语言的感受能力及其语域的宽广程度"。她还告诉我们,"翻译,是把一种语言转换成另一种语言的智性活动,讲求的是'先入而出'。入,是指对原语的彻底了解;出,是指对译语的充分表达。入时,要与原语紧紧相守,耳鬓厮磨;出时,要对原语挥手握别,扬长而去。最忌讳的是'入而不出',跟原语纠缠不清,藕断丝连,把原文一些不必要、不相干的元素都拖泥带水地搬到译文来。"在金教授看来,如何摆脱原文的束缚,还包含着"如何从惯有的思维方式挣脱"的道理,不出原文,就不能在接受语新的文化环境中获得新的生命。读金教授的一篇篇文章,有不断的欣喜,有不绝的共鸣。她谈翻译的文字,说白话为常贵在应变的道理,借前辈的经验,嘱咐我们翻译时文字要点烦切忌添烦;她不惧翻译之难,探讨色彩、亲属关系、容貌、季节的翻译,举一反三,给人启迪;她谈翻译常见的毛病,在人们不经意的征兆中,一针见血,指出翻译值得特别注意的一些问题。我知道,没有数十载的翻译经历,没有不懈的探索和思考,没有对翻译事业的热心与用情,不可能发表这样独到的见解,道出如此深刻的译理。

金教授知道,译道之行,关键在于一个"行"字,为此,她身体力行,在译道上勇往直前。她做翻译,译了包括康拉德的《海隅逐客》、厄戴克的《约翰·厄戴克小说选集》、布迈恪的《石与影》等多部外国文学名著;她研究翻译,关注译家译事与译品,大到翻译的本质、翻译的价值、翻译的功能,小到一字一词的逐译,注重宏观与微观结合,尤其提倡理论与实践的互动,反对理论与实践的隔岸相望,而主张"中流相遇",寓理论于实践,也从实践中探索理论;她教授翻译,从翻译科目的设置、教材的编写到人才培养,着眼于"译",主张从译中求道、悟道、释道,为学生指点迷津,在学译中学做人,在跨文化交流中让翻译精神发扬光大;她推助翻译与文化事业,组织"新纪元全球华文青年文学奖",组织海峡两岸暨香港、澳门的翻译学术研讨会,组织与文化交流相关的种种翻译活动,因为她深知,在全球化的时代,跨文化交流是维护文化多样性的重要途径,而翻译责任尤其重大。读金教授的《齐向译道行》,我愈发感到,为译之道,贵在于行。我愿意在余生中,紧随金教授,在译道中前行,也呼吁所有热爱翻译、关心翻译的人们,齐向译道行!

2010 年 7 月 14 日于南京大学

序三：教学相长谈翻译

金圣华

"齐向译道行"原是一个专栏的名称，刊载于一本北京出版，行销各地，并深受年轻人欢迎的刊物《英语世界》上。

2003年，在北京跟名翻译家徐式谷先生晤面的时候，谈起了翻译的种种问题。徐先生力邀我为《英语世界》撰写翻译散文，遂于2004年1月正式开栏，此后每月一篇，刊载迄今。

徐先生在开卷语之前，对拙栏介绍如下：

"为了帮助提高翻译水平，我们特邀请香港中文大学金圣华教授在本刊开设'齐向译道行'讲座，以她多年来从事翻译实践，翻译教学和翻译理论研究的心得，采取不同于高头讲章的随笔形式，把她的经验之谈娓娓道来。"

徐先生的美言，我固然愧不敢当，但是，拙栏的确是以散文的形式来谈翻译，而所谈的也多半是个人的实际经验。自2004年开始，到目前为止，所撰的翻译散文已超过四十篇，逾十万字，也该是结集出版的时候了。承蒙徐式谷先生惠允，更承蒙台北三民书局刘振强董事长不弃，拙文得以由信誉超卓的三民书局出版发行，并以今日的面貌呈现在读者面前。

本书共收四十篇文章，除第二十篇《别开生面的英语词典》原载《明报月刊》之外，余皆出自《英语世界》，在此，特向杂志社孟繁六社长及徐式谷主编致以由衷的谢意，没有他们的不断鼓励，我绝不可能在繁忙的日程中，找出时间来写下这些文字。同时，刘振强先生多年来对我的关怀支持，也是本书得以顺利面世的动力，谨此致谢。

本书讨论的内容，有不少是多年来在课室中与研读翻译的学生交流切磋的心得，翻译之道，浩瀚无涯，能够教学相长，的确乐趣无穷。谨以此书，献给我的学生以及所有喜爱翻译的朋友。

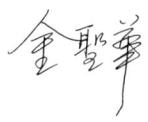

2008年1月

序四:《齐向译道行》自序

从乡间小径到通衢大道

金圣华

平生不喜做、不擅做、未及做的事,在踏上译道的行程中,却一一历遍了。

譬如说,自小不擅运动,做翻译,却必须具备跳伞员的精准,从原文进入译文,过犹不及,恰似从高空下跳,前有大海,后有高山,务必瞄准地面,方能降落在平坦绿原上。

做翻译,更需有潜水人的能耐,面对原文,先得纵身投入,在碧海深处遨游探索,游目四顾,待寻得宝物,又能及时抽身,浮游而上,以防遇溺。

小时候最怕上家政课,不喜编织,更怕刺绣。编织与刺绣都是磨人的玩意儿。编织必须一针一线,小心经营,有时出错,得拆了又织,织了又拆。谁知做翻译就像编织,必须一字一句,译了又改,改了又译,一遍、两遍、三遍,乃至十余遍。做翻译,更像刺绣,千丝万缕,得逐线加工;浓淡深浅,须细细分辨。待作品完成后,呈现人前,虽有苦尽甘来、如释重负的感觉,但经年累月的成果,始终如织工和绣娘般为他人做嫁衣裳,在世人眼中,似乎还比不上创作者的一首小诗,一篇短文。

曾经学过钢琴、古筝与吉他,但都半途而废,一事无成。演奏乐器,除了耐性与毅力,还需慧心与巧思,方能将乐谱上的符号,化为琴弦上的音符,除了旋律、节奏,必须兼及风格、内涵,通过指间的张弛收放,传达出原曲的神髓与格局。做翻译又何尝不是如此!

最羡慕身轻如燕的舞蹈家,每见台上、场中婆娑起舞的身影,妙曼优雅,翩若惊鸿,总明白这是千锤百炼、日积月累的功夫。正悔自己没从小习舞,入了翻译的行当,恰闻此道是"带着镣铐起舞",译者必须举重若轻,在窄处回旋而舒展自如。

戏剧中的演员,面对林林总总的剧本,须幻化不同的角色,以千姿百态来揣摩剧中人的性格、形貌,模仿男女老少的口吻、行止;翻译时要处理各式各样的文本,应付国籍、性别、年龄、背景、才具殊异的作者,上佳的译者,岂非堪比演技精湛的性格巨星,举手投足间,需经反复磨炼,方能在演出时浑然忘我,融入化境。

最让人啧啧称奇的是国际级的魔术大师,在万千观众眼前,竟能绑手束足,自困箱内,再由助手反锁,沉于水中,瞬息之间,却能摆脱束缚,在大厅另一端飘然现身而气定神闲。译界高手令人钦羡的,也就是这种在原文与译文之间出入自如、迅即摆脱掣肘的本领。

在译道上跋涉多年,可说是百味遍尝。行行复行行,竟已将近半个世纪。回首往昔,当年的译道是一条荒僻的乡间小径;环顾目前,如今的译道却已变成一条车水马龙的通衢大道了。

那天,迎新会上,偌大的教室,密密麻麻坐满了来自各行各业、五湖四海的学生,正在用心聆听硕士班各位老师的课程简介。年轻听众的脸上,笑意盈盈,充满着热诚与期待。只见他们一个个精神抖擞,意气洋洋,正准备携手上路,向着译道整装待发。

当年的拓荒者眼见及此,不禁在心底升起了一首歌的旋律:

> 日出日落,日出日落
> 日复一日匆匆过
> 种子隔宿绽娇花
> 凝眸之间展妍姿
>
> 日出日落,日出日落
> 年复一年匆匆过
> 春去秋来四季替
> 笑颜泪水相交织……

(Perry Como, *The Fiddler on the Roof*)

这一条译道,不知不觉间,已默默走了大半辈子,所幸一路上喜见同道中人,熙来攘往,络绎不绝。谨以此书,献给所有齐向译道行的朋友。

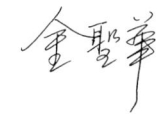

2010 年 9 月 6 日

鸣　　谢

　　首先要感谢《英语世界》的原主编徐式谷先生当初邀约我在期刊中开设专栏《齐向译道行》，承蒙他不断鼓励，我才有决心将六年来的所思所感，书之成文。其次要感谢三民书局董事长刘振强先生于2008年将拙栏的前四十篇在台北结集出版。再次感谢《英语世界》的现任主编魏令查先生邀约本书以八十篇形式，重新在北京由商务印书馆出版，为《英语世界》创刊三十周年志庆。

　　承蒙名翻译家林文月教授与许钧教授在百忙中先后赐序，不胜铭感。

　　《齐向译道行》中的所述所言，不少都由历年来的学生在课堂上、作业中提供启发，涓滴入海，汇集成流。我们喜乐与共，教学相长，在此特向众多同学致以衷心的谢意。

　　外子冯秋銮是本书文稿的第一读者，没有他的默默支持，静静敦促，我不可能锲而不舍地一直写下去。

　　傅宏美、陈妙芳、张薇女士替本书文稿打印，在此一并致谢。

一

开卷语

2002年11月,应厦门大学外国语言文学研究所所长杨仁敬教授之邀,赴厦大讲学。承蒙杨教授伉俪悉心接待,当时下榻于校内安闲舒适的宾馆中。翌日晨起,在校园漫步,只见偌大的人工湖畔,每隔两三尺,便坐着一人,远望犹如栖息水湄的鹭鸶,近观则是埋头苦读的学子。而湖畔石旁,更有不少年轻学生,倚着树,对着花,在大声朗读英语篇章。当时但觉纯朴好学的气氛洋溢在校园的每一个角落。这光景,听说在内地其他大学,亦时常可见,难怪内地学生近年来的英语成绩会突飞猛进呢!

当天在厦大演讲完毕,有一位女学生捧着《英语世界》叫我签名。原来我在该期的刊物中,应社长徐式谷先生之邀为《识途篇》撰写了《不为什么学外语》一文,正好刊载出来。我好奇地问:"你常看《英语世界》?"她说:"是订阅的,每期都看。"这时,忽然想起徐社长告诉过我,《英语世界》是年轻朋友喜爱的刊物,每期销量可观,足见芸芸学子对学习英语的确兴趣浓厚且热情高涨。

学外语,最要紧的不是死背语法,硬记生字,而是要明白语言蕴涵的文化与精神。这样,才能确切了解他国他文,从中汲取养分,滋润本国本语的园地,使之生机勃勃,绿意盎然。从事翻译工作,是学习外语的途径之一,尤其是在日常环境有别异国他乡、母语充斥的社会背景之中,平时思想、表达、推理、交流等,鲜有运用外语的机会,如何从惯有的思维方式挣脱,如何与外来的文化接轨,如何在两种语言、两种文化中出入自如,灵活转换,适如其分而不失偏颇,这就是一个高明的译者所应掌握的本领了。翻译时切忌生吞活剥,对号入座,如今,不少劣译充斥市场,年轻学子在坊间看多了这些似是而非、非驴非马的文字,久而久之,惨遭污染,就变得如余光中先生在《中文的常态与变态》一文中所说:"英文没有学好,中文却学坏了。"目前,海峡两岸暨香港、澳门很多人写中文时像英文,写英文时像中文,这绝对不是所谓趋向全球一体化的可喜现象,而是学洋忘中、画虎类犬的可悲状况。要知道,文化交流绝不等同于文化靠拢。我们一方面要致力于学习外语,一方面也要好好掌握母语,外语与母语,就是译桥两端的桥墩。桥墩越扎实,桥梁越稳固,而桥上的往返也就越畅顺,越流通。两者兼习,不但不相违背,而且相辅相成,互有增益。

多年来献身翻译事业,不但做翻译,谈翻译,更教翻译,改翻译,以及推动翻译。2002年,湖北教育出版社出版了《巴别塔文丛》,将国内外12位译家谈翻译、人生、文学、文化的作品收编成集,其中一册,就是拙著《译道行》。正如主编许钧及唐瑾所言,这是译者"所走翻译道路的一个缩影",也留下多年来努力不懈、"求真求美的足迹"。其实译道之谓,正如李白笔下的蜀道,漫漫长途,千回百转,自己一路行来,但觉关卡重重,险阻处处,那么,为什么在此还要邀约年轻的朋友"齐向译道行"呢?

原来翻译好比做人,译道恰似人生,沿途虽然曲折迂回,崎岖不平,但山阴道上,却也时有百花争艳、千岩竞秀的旖旎风光,因而使先行者勇往直前,后来者络绎不绝。译道又好比浩瀚汪洋,茫无边际。四年前从佛罗里达州搭乘邮轮横渡大西洋,历时五日,始抵达彼岸的葡萄牙。原以为悠悠海程,必然沉闷无比,乏善可陈,谁知从美到欧,沿途竟亲眼目睹了倒插入海的天虹,飞跃出水的海豚,白烟袅袅的火山岛,以及列阵巡弋的北约舰队……给漫长的旅途增添了无穷姿采。迈上译道,更如搭乘长途飞机,旅客必须在狭隘的空间,周转回旋,从容自处,才能安然到达目的地。旅途中若能静心体会,仔细观察,亦必然会发觉窗外的晨曦夕照,以及飞越的千年雪峰,万里冰川,是多么令人陶醉!学外语,必须有耐心,有毅力,不怕攀山越岭,飞渡重洋,方能先苦后甜,安享成果。因而,在此诚邀大家同心协力,向漫长的译道一齐进发。

本书将与各位朋友一起讨论有关翻译的本质,翻译的技巧,文学翻译的心得,以及学习外语的甘苦等问题。我会尝试尽量从日常生活中发掘资料,从实例中探讨解决的良方。

2003年7月,刚从北欧返港,在丹麦哥本哈根时特地重访美人鱼,向这位长守海边的人鱼公主致意。她那利他忘我的精神,令我想起译道上许多默默耕耘的同道中人,也想起了翻译安徒生童话的前辈叶君健先生,由于他的努力,不知滋润了我国多少童稚的心灵。当年不但有幸与他结识,蒙他赠书,也曾多番书信往返,得益匪浅。译道上竖立丰碑的先贤,还有傅雷、萧乾、戈宝权、叶水夫、蔡思果……等诸位先生,谨以此书,向他们表达由衷的感念与敬意。

二

小女孩与大姑娘

翻译中最防不胜防的是浅字,而不是深字。所谓深字,就是指日常罕见、拼法奇特或字母一大串如长蛇阵般的词汇。记得当年在台北上学,初中一才开始念英文,第一课就教了"mosquito"一字,回家温习时,念念有词,但怎么也没法背下来,当时深以为苦。后来搬到香港,发现年轻的孩子在小学一年级甚至在幼儿园就开始学英文,而启蒙的课本中,居然有"blackboard"一字,这么长的字,让稚龄孩子去死记,似乎不太合理,更别说现在大多课室中早已没有"黑板",而只设"白板"了。

回想起来,英语中的长字,只好吓唬一下初学者。其实,有些字,看似深奥,其实不然,可能是个专门名词,意义范围很窄,只要查一下字典,就可以找到确切固定的译法,而不像某些通用常见的字,其变化多端、神出鬼没的用法,叫人疲于应付,一不留神,就会犯错。

我在指导研究生的"翻译工作坊"时,一开始就要测验学生对语言的感受能力及其语域的宽广程度。办法很简单,先选出一些英语词汇,然后要他们按这些词汇可能出现的语境(context),写出各种不同的中文译法。我时常选用的词汇是man, woman, boy, girl,再在前面加些简单的修饰词如old, young, handsome, beautiful等等,结果,得出的答案往往五花八门,不一而足。简单如"a man"也可译出"一个男人、一个男的、一位男士、一位男性、一个汉子……"等说法,前面加上"old",一般的译法有"老人、长者、老头、老汉、老叟、老翁、老先生、老公公、老人家、老家伙"等等,有时还有"老子"或"丈夫"的意思。总之,种种译法,有尊有卑,有庄有谐,有亲有疏,全视乎这个字出现时的上文下理而定。初学翻译者最喜欢的就是不假思索,对号入座,一看见"boy"就译成"男孩",一看见"man"就译成"男人";一看见"girl"就译成"女孩",一看见"woman"就译成"女人",仿佛两者之间泾渭分明似的。这情况,在最近的一次文学翻译比赛之中,得到了明证。

2003年香港中文大学为庆祝成立40周年,特举办多项大型学术活动,其中一项,就是年前推出的"新纪元全球华文青年文学奖"。这个奖已经是第二届举行了,由中大文学院主办,国内外三十多所著名大学如清华大学、南京大学、四川大学、武汉大学、汕头大学、厦门大学、台湾大学、马来亚大学、新加坡大学以及文教机构如中国翻译工作者协会、L'institut Ricci de Paris 等共同协办。文学奖共分小说、散文、文学翻译三组。其中翻译组是由著名旅美翻译家高克毅先生(笔名乔志高)及名诗人余光中先生共同出题的。题目共有三条,其中之一选自杰克·伦敦(Jack London)的短篇小说 ALOHA OE。该小说首先出版于 1908 年,后收入 The House of Pride and Other Tales of Hawaii 之中。

ALOHA OE 的故事颇简单,话说参议员 Sambrooke 带着年方十五的女儿 Dorothy,跟随其他议员,浩浩荡荡来到檀香山巡察。父亲与同侪忙于公务,年轻的女孩子则由当地的一位小伙子 Stephen 陪伴着骑马、滑水、攀登火山……玩得不亦乐乎。不知不觉间,女孩子经历了内心微妙的蜕变,天真无邪的心灵,尝到了情窦初开的滋味。一个月后,参议员父女离开夏威夷返回美国本土,小伙子来码头送行,临别依依,两个年轻人在一旁难分难舍,做父亲的则仍浑然不觉,于是作者写道,"Had Senator Jeremy had eyes for his daughter, he would have seen that, in place of the young girl of fifteen he had brought to Hawaii a short month before, he was now taking away with him a woman." 这段话,就是文学翻译比赛所选段落的结尾一句,看似简单明了,结果却几乎考倒了所有参赛者,决审评判高克毅先生及彭镜禧教授(台湾大学文学院院长)都认为大部分进入决赛的优胜者都没译好,这到底是怎么回事?

这次文学奖办得十分成功,参加者众,身为筹委会主席,我自然感到十分高兴,但是却发现在众多参赛者之中,大部分译者都没有细细体会原作者的本意。杰克·伦敦在原文里另外的段落中曾经说过,"Hawaii has a ripening climate",意即"夏威夷的风土气候,催人早熟",女孩子才在当地待了一个月,已经朦朦胧胧初尝爱情滋味,因此来时的"girl",走时变"woman"了。译者要注意的是女孩心理上,而非生理上的转变。大部分参赛者都按字面老老实实译成了"小女孩"、"女人",原作的微妙之处,因而荡然无存。其他的译法林林总总,如"年轻女孩 vs 成熟女人"、"年轻姑娘 vs 女士"、"小女孩 vs 成熟的年轻女子"、"小女孩 vs 小妇人"。另外的译者又加了些形容词如"十五岁大姑娘 vs 窈窕淑女"、"小丫头 vs 妙龄少女"、"十五岁的小姑娘 vs 情窦初开的少女"、"小女孩 vs 恋爱中的女人"、"十五岁花季少女 vs 女人"、"青涩小丫头 vs 成熟的女人"、"十五岁的小女孩 vs 热恋中的女人"、"涉世未深的十五岁女孩 vs 一个女人"、"十五岁小女孩 vs 不折不扣的小女人"等等，简直令人眼花缭乱，可惜没有哪个译得出原文的韵味。有一位参赛者幻想力十分丰富，居然译成"豆蔻少女 vs 业已失身的女人"，这下，若 Dorothy 真有其人，译者可得负起"造谣诽谤、败坏名声"的责任了。

其实，翻译最要紧的是按原文语境，译出精确恰当的意思，如非必要，不加不减，以存原貌。此处最恰当的译法应是"他应可看到，自己在短短一个月前带来夏威夷的小女孩，现在带走时已变成大姑娘了"。"小女孩"与"大姑娘"，简单明了，而其间的分别，又何其巧妙。译者翻译时，应纵观全局，才可下笔，须知十五岁的女孩，长了一个月，仍是十五岁，哪里称得上是"成熟的女人"或"妇人"呢？

有空时请看看名家傅雷译的《高老头》（Le Père Goriot），他把巴尔扎克（Honoré de Balzac）原著中先后出现的"femme"一字，在译本中化成了"小妇人，婆娘，妇女们，女人，娘儿们，老婆，少女，小娇娘，老妈子，太太，小媳妇儿，妙人儿"等多种译法，这就是功力所在。

三

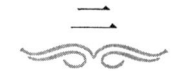

城隍庙前的疑惑

2002年8月中旬,与香港中文大学同事一行18人,浩浩荡荡结伴同游上海。上海是我的出生地及度过童年岁月的地方,更况且5月底曾应上海外文会、上海科技翻译协会及上海外国语大学英语学院之邀赴沪作学术交流及专题演讲,感觉上当然十分亲切,但是每次到上海都忙于公事,来去匆匆,这趟却下定决心要好好游览了。城隍庙是上海的重要旅游景点之一,赴沪前就有不少亲友提点:绿波廊的点心好吃,南翔小笼包不可不尝,逛城隍庙别忘了买几包五香豆,可能的话捎一把剪刀、几打筷子,有空也得进豫园去逛逛……。

逛城隍庙那天,夏日炎炎,想必老天也热出汗来,未几,竟洒下清凉的阵头雨。由于手中无伞,街上人众,为了寻找心中的目标,特地跑到庙前的"街道示意图"前,希望能一窥庙区全貌,免得东西不分、南北颠倒,在雨中多走冤枉路。谁知,这一看,却看得满腹疑团,大惑不解,地图上中英对照的文字,竟然是这样写的。

城隍庙中,有一处地方,中文叫做"老年迪斯科",英文译成"senile disco"。我不知道这是一个什么样的场所,到底是老年人聚集跳舞的场地呢?还是老年人表演舞蹈的地方,就像"和平饭店"里脍炙人口的"老年爵士乐队"一般?不管是哪一样,译成"senile disco"却有点不伦不类。人老了,大致可以分为两种:一种是"老当益壮",一种是"老态龙钟",而中、英文里描绘老年的词汇,却都很丰富,有褒有贬,有正式的,有谐谑的,也有委婉的,不论写作或翻译时,都得好好分辨。

英文说人老,用"old"来形容,应该是个中性的字眼,较为委婉的说法是"elderly",例如"an elderly gentleman",中文即"上了年纪的"之意。另一相当正式的说法是"advanced in years","of advanced age"等,即中文的"年事已高","得享高龄"。假如年逾六十或六十五岁,已届退休的人士,又有好听的说法,叫做"golden ager"。一般对上了年纪的市民,称为"senior citizen",可以享有种种福利。奇怪的是,有这么多现成的说法不用,城隍庙的街道示意图上,却偏偏选了"senile"这个字。只要略有英语常识的人都会知道"senile"是指"年迈体衰,老弱多病"的意思,指一个人不论精神上或身体上都已健康不再了。而"disco"是指年轻人聚会跳舞的地方,象征着青春与活力,喧腾与欢闹。把"senile"与"disco"两字放在一起,岂非匪夷所思?简直是充满荒诞反讽的味道,带有黑色幽默的意趣。

上海发展迅速,日趋繁华,不但是个名闻遐迩的国际大都会,更赢取了 2010 年世界博览会的主办权。这样一个光芒四射的名都,精通英语的人才,当难以计数。城隍庙几乎是游客必到的著名景点,庙前告示板上的英文,怎么会译得如此草率?千千万万的外国游客,倘若曾经看过"senile disco"这两个字,想必会在私下忍俊不禁吧!

当然,我所看到的是 2002 年 8 月的城隍庙告示板,假如目前已经把英译修正了,则幸甚;假如尚未修改,是否可以请上海市众多的翻译专才在忙中偷闲,帮个忙改一改?老年人光顾的跳舞场所,假如必须采用"disco"一字,则应可译为"disco for seniors";假如是个情调优雅、富有罗曼蒂克气氛的地方,则不妨考虑一下"disco for golden agers"的译法,至少看了可令人引起一些遐想与憧憬。

前文说过,中、英文里表达"老"或老年有关的词汇甚多,如用英文,我们还可以说 aged, grey with age, hoary, grey-headed, white with age 等等,不一而足。有一首很好听的英文歌,名叫"Silver Threads Among the Gold",那是吟诵一对恋人携手偕老的故事,两人年轻时相亲相爱,年迈时相依相守,直至一头金发中出现银丝,依然此情不渝,这是多么温馨动人的画面!这歌名要译成中文,还颇不简单,是译为"金发银丝"呢?还是译成"青丝带霜"(有关颜色词的翻译,十分有趣,日后再以专文另谈)?中文要表达年迈,常有"云鬓生素华"、"须鬓尽皤然"或鹤发、霜鬓、皓首、雪须等富有诗意的说法。喻老当益壮,也有"老骥伏枥,志在千里;烈士暮年,壮心不已"(曹操《龟虽寿》)的名句,翻译时,若能多学习一下古典文学名著,多留意一下我国丰富的文化遗产,实在大有好处。

最近美国著名谐星 Bob Hope 庆祝百龄华诞,百龄寿星,中文里常称之为"人瑞",即"高寿而有德的老人"。由于我国一向敬老,故有不少词汇用来指称年高德勋的人士,如古称五十为"艾",六十为"耆",七十曰"老",八九十岁为"耄",年轻的同学可能对这些古称不太熟悉,但是在文章中若看到这些说法,亦不可不知。例如著名语言学家、翻译家及散文家季羡林先生就常在文章中提到自己已届"耄耋之年",假如翻译时不明所以,又怎么能够以英文表达出来呢?英文里也有类似的说法,如百岁老人为 centenarian,八十至九十岁的老人叫 octogenarian 等,不过一般不常用而已。

顺便一提,城隍庙前的街道示意图上,把"太极拳"译为"Chinese shadow-boxing",这又是一个译得很不适当的例子。太极拳乃我国国术,驰名中外,国际人士学习者众。而"shadow-boxing"的意思,却为"与假想对手打拳"或"在拳击台上自己练习打拳"(《牛津高阶英汉双解词典》);这跟象征阴阳循环之理,以养身健魄为目的,有体有用的国粹,相去何止十万八千里!至于太极"推手",更不可能只是"与假想对手打拳"了。无论如何,太极拳目前国际通用的英译应为 Taijiquan,而"Chinese shadow-boxing"的译法,早已陈旧落伍了,实在不该出现在城隍庙前的大街上。

2001年应南京大学之邀,前往讲学,课余游中山陵,发现陵旁陈列许多珍贵的历史照片,而照片的图解中竟然完全没有英译。随着我国越来越开放,旅游业越来越发达,我认为在主要景点设置告示或图解说明,不但需要附有英译,还需要正确无误的英译。翻译人才的需求,的确日趋殷切。

四

"咽喉红肿的潜水员"？

《牛津高阶英汉双解词典》(Oxford Advanced Learner's English-Chinese Dictionary)是一本编排严谨、释义详尽的词典，第四版修订增补本出版以来，广受各界人士欢迎。为了迎合社会需求，出版社准备于不久推出更新的版本，除了增添新字词，也在词条下采用与旧版不同的例句。为了郑重其事，特别在海峡两岸暨香港、澳门邀请了陆谷孙、庄绎传、傅一勤、徐式谷等诸位先生及我本人为审订人，为译稿最后把关。陆、庄、傅、徐等都是编汇词典的专家，能够与诸位高手共同参与审订工作，我觉得与有荣焉。

为词典审订译稿是相当繁重的任务，每一个细节都必须全神贯注。按说，译者都是精通双语的人才，而翻译的程序又缜密审慎，经过多重校阅、修订，到最后才送交把关者手中，但是，翻译的陷阱，防不胜防，往往百密一疏，在最不易犯错的地方，犯了大错，以下就是一个有趣的实例。

有待审订的译稿，是一批批送来的。在第一批稿子中，有个极不起眼的例子，"a red-throated diver"，初译者译成"红色颈部的潜水员"，重译时改为"咽喉红肿的潜水员"，于是审订人就必须作出抉择，判定孰是孰非了。由于词典编译不同一般翻译，只有词条、释义、举例等几方面，而没有上文下理、前言后语让译者去细细参考，揣摩原义，因此，有时只能凭常识去作出判断。上例是收在"throat"词条之下的。"A red-throated diver"，若译为"红色颈部的潜水员"，似乎不通，潜水员全身都裹在潜水衣中，"红色颈部"，难道是指潜水衣的颜色不成？因此，重译者就改为"咽喉红肿的潜水员"了。这么一来，似乎也很费解。潜水是一项运动罢了，何必要强调潜水员"咽喉红肿"呢？两种译法，一把"throat"译成外部的"颈子"，一把它译成内部的"咽喉"，似乎都有失误之处。其实，问题是出在"diver"这个字上。一般人总以为"dive"是动词，指"潜水"，加一个"r"，变成名词"diver"，当然是指"潜水员"了。你若去查坊间的英汉词典，也多半会告诉你"diver"，即"潜水者"，或"潜水员"，结果也于事无补。翻译时若借助英英字典，这就会发现，原来"diver"不但指

"潜水员",也指"潜鸟",譬如 *Collin's English Dictionary* 中,有关"diver"词条下,就明白指出:"1. a person or thing that dives... 3. any aquatic bird of the genus *Gavia*, family *Gaviidae*, and order *Gaviiformes* of northern oceans, having a straight pointed bill, small wings, and a long body: noted for swiftness and skill in swimming and diving... 4. any of various other diving birds."上例的"diver"原来所指的是鸟不是人,因此也就可顺理成章地译为"红颈的潜鸟"了。

由于这个实例,不由得想起了一则有关早年香港学生中学毕业会考时参加英语口试的笑话,问题的症结,如出一辙。

话说当年有个考生,参加中学毕业会考时,努力备课,小心应战,于英语口试一关,尤其战战兢兢,不敢掉以轻心,早就在家中把可能问到的题目在心中再三复习,例如家庭背景、父母职业等等。到了考场,果然不出所料,考官第一个问题就是"What is your father doing?"考生一想,父亲是位画家,平日在家作画,英文叫做"draw",于是,欣然答道:"My father is a drawer."考官又问:"What is your mother doing?"考生转念,母亲只是一名家庭主妇,平日在家主持中馈,煮饭叫做"cook",于是,又急忙答道:"My mother is a cooker."考官听罢,故意幽他一默,说:"What kind of cooker, National or Hitachi?"考生听得莫名其妙,情急之下,慌忙答道"Hitachi"。

这个笑话,是多年前听来的,现在的中学生,语文程度当不止于此,说英语时,大概不会把自己的父亲说成是个"抽屉",把母亲说成是个"电饭煲"吧!但是在英文里遇到涉及人物的用语时,如何妥当贴切地译成中文,却始终是个难题。

中国人向有谦虚的美德,在家请客,哪怕佳肴满桌,仍然会频频道歉,就像宁波人常说:"肴菜唔没,饭吃饱。"因此,极少会在人前盛赞自己妻子的厨艺。反之,外国人宴客,以杯盘餐具取胜,主菜只有一道,前加头盘,后置甜点,再佐以餐酒,即可了事,但男主人往往会在客人面前吹捧女主人的烹饪技术,常说:"My wife is a wonderful cook."这一句话,译成中文,涉及三个层面:一是文化上的,一是语义上的,一是语法上的。初学者一定会译成:"我太太是一个美妙的厨子。"依中文惯例看来,"厨子"通常为男性,女性应改为"厨娘",但即使译成"厨娘"也无济于事,如此一来,仿佛女主人专门在外从事厨房工作似的,而不是指这餐饭做得特别精致可口。为了避免误会,中文的表达方式应改为"我太太的厨艺精湛",但是,不明底蕴的中国读者一看,又会觉得男主人在自吹自擂,相当失仪,那么,是否该改译为"我太太的厨艺相当不错",甚至"我太太做菜还过得去"呢？翻译的确是一门高深的学问,每一句简简单单的话,到底该怎么从原文转换成译文,并没有一成不变的公式可循。译者必须匠心独运,好好体会原文的意思,从文化、语义、语法等各个层面去详加剖析,才能译出较为像样的成品。

英文中凡字尾带有 er, or, ist, ian 的词汇,都该小心处理。网球好手张德培于若干年前接受电视台访问,称自己的母亲是一个"fighter",倘若译成"我母亲是名战斗者"就贻笑大方了,大家还以为她是从戎的军人呢！张德培家庭和睦,每次出赛,都全家出动,悉力支持,因此,"fighter"一语,是指母亲"斗志很强"之意。此外,即使要把 er, or 等字译成人物,中文表达的方式也多姿多彩,有"师、家、士、员、夫、手、匠、客、徒、汉、人"等等,而不必一律硬译为"者"。

五
说"笑"容易译"笑"难

在新春季节或喜庆场合,人人相见,都会说一些如意吉祥的好话,并且面露欢欣愉悦的神色,哪怕心里有事,也绝少显出愁眉苦脸的模样,所谓"笑脸迎人",已经成为社交礼仪最基本的要求了。

钱锺书在《说笑》一文(出自《写在人生边上》)中说,据亚里士多德在《动物学》中所言,"人是唯一能笑的动物。"又提到据白伦脱(W. S. Blunt)一首十四行诗所谓,"自然界如飞禽走兽之类,喜怒爱惧,无不发为适当的声音,只缺乏表示幽默的笑声。"的确,今年为猴年,人与猿猴,根据进化论乃源自同一祖先,但是,人善笑,猴却不然。李白的名句"两岸猿声啼不住,轻舟已过万重山",虽提到猿啼之声(即英文的"gibber"),却如说龙吟、虎啸、马嘶、鹿鸣一般,与笑声是毫不相干的。

笑既为万物之灵的专利,按说,全世界的人不论种族、性别、年龄、籍贯,都共有笑的习惯与笑的表情,因此,在各国文学作品之中描绘笑的言辞,应该是大同小异的。既然如此,也就不应构成翻译上的困难了。实际的情况又如何?

根据多年批阅翻译习作的经验,我发觉学生一碰到"笑"的片段,翻译起来,不论是英译中或中译英,往往都会出现一些偏差。

首先,中文说到"笑"字时,可以指笑容,也可以指笑声,译成英文时,却必须仔细分辨,前者以"smile"来表达,后者则以"laugh"来描述。有时中文里的"笑"字,也可以与"smile"及"laugh"都没有关系。例如《红楼梦》刻画宝玉、宝钗、黛玉之间的感情纠葛,贾母的威仪、熙凤的泼辣甚至刘姥姥的愚昧时,曹雪芹最善于用对白来捕捉各人的神情,而在对话之前又往往依中国白话小说的传统,加插"黛玉笑道"、"宝玉笑道"、"宝钗笑道"、"贾母笑道"等字眼,这个"笑"字,翻译起来,学问可大了。有时是真笑,有时是假笑,有时是冷嘲,有时是热讥,林林总总,不一而足,因此译者必须按前言后语仔细研究,才能译出作者的弦外之音。曾有不少学者以此为题,讨论《红楼梦》译者,即著名汉学家霍克思教授(David Hawkes)的翻译技巧,发现译者的确下了很大工夫,在每一个"笑"字出现的地方,都用心揣摩,而不是笼笼统统译为"laugh"或"smile"即敷衍了事。

此外，英国人也许真是一个幽默的民族，在英文里表达"笑"的词汇，相当丰富，除了 laugh, smile 之外，还有 beam, cackle, chuckle, giggle, grin, jeer, roar, simper, smirk, snicker, titter 等等好几十个字。这些字，到底该怎么分辨？译成中文时又该注意些什么呢？

我们且以最常见的"grin"为例。倘若查英汉词典，一般都会把"grin"译成"露齿而笑"、"咧着嘴笑"、"龇牙一笑"等等。"龇牙咧嘴"在中文里解作"遇到病痛面部痛苦的样子"（《新编中国辞典》），这可不是什么正面的意思。而查英英词典，"a grin is a broad smile."其中一个例句为"The pilot was unhurt and climbed out with a cheerful grin... a grin of triumph." (*Collins Cobuild English Language Dictionary*)这个句子，能译成驾驶员"咧着嘴笑"或"龇牙一笑"爬出机舱吗？其实，只要我们留心细察坊间的许多翻译作品，在译文中看到"咧着嘴笑"，大可以肯定原文是"grin"，而"咭咭地笑"，原文亦必然是"giggle"，几乎绝无例外。这情况，跟电视节目中演出滑稽片集，每当演员做出惹笑动作或说出幽默话语时，编导必然按钮播放笑声录音带，又有什么分别？

中文里论"笑"或"笑容"的词汇，也许不及英文丰富，但是相关的说法及成语，却绝不贫乏。例如"满面春风"，"忍俊不禁"，"令人发噱"、"捧腹"、"解颐"、"开颜"、"莞尔"等，而带"笑"字的更有"笑口常开"、"笑逐颜开"、"笑语盈盈"、"笑语柔柔"、"嫣然一笑"、"哑然失笑"、"破涕为笑"、"皮笑肉不笑"等等，假如我们善用这些词汇，翻译起来，就不会感到捉襟见肘了。

"Smile"当作动词用时，常会加些副词来形容，例如 smile charmingly, smile bitterly, smile happily, smile faintly, smile knowingly, smile mechanically, smile slyly, smile mockingly 等，看到这些副词，千万不可一概用"地"字来翻译，而变成"迷人地笑"、"苦涩地笑"、"快乐地笑"、"机械地笑"等等，这样的译文，必然惨不忍睹。我们可以酌情依中文的表达方式译为"嫣然一笑"、"苦笑"（或"冷笑"）、"欣然一笑"、"淡然一笑"、"会心微笑"、"木然一笑"、"奸笑"、"嘲笑"等。翻译"laugh"一字亦然，laugh hilariously 可译为"笑不可抑"，laugh maliciously 则为"笑里藏刀"。

唐诗有云，"黛色浅深山远近，碧烟浓淡树高低"（杨收《入洞庭望岳阳》），可见凡事都有深浅之辨、浓淡之分，区区一副笑容，在名家笔下，就可描绘得层次井然。

梁实秋在《脸谱》(出自《雅舍小品》)中写道:"误入仕途的人往往养成这一套本领",这种人对下属"道貌岸然,或是面部无表情,像一张白纸似的",对上司则"马上变成柿饼脸,堆下笑容",一旦见到更高的上司,"连笑容都凝结得堆不下来,未开言嘴唇要抖上好大一阵,脸上作出十足的诚惶诚恐之状"。我们再看看罗素(Bertrand Russel)的名篇 *On Smiling*,他在文中提到在日本,直至 1868 年,下属见到上司必须满脸堆笑,在韩国则正好相反,必须浑身战栗,以示敬畏之意。而英国的管家不论见到主人有任何令人发噱的举止,都必须木然忍笑等等。由此看来,两文说"笑"岂非有异曲同工之妙?

翻译时多看一些好的文章,定定调子,当有不少体会。

六

有关五官描绘的翻译问题(一)

一个人物在文学作品之中,要栩栩如生,呼之欲出,作者在着墨渲染之时,往往要煞费心思。先从外表来说,人物的容貌、表情、体态、举措,乃至于衣着打扮等,刻画起来,都不能含糊。至于有关内心情绪的起伏,心理状态的变化,以及独白或对话的运用等,就更考功夫了。

人物描绘涉及的范畴,十分广泛,可说是音容笑貌、言行举止,无所不包,这里我们先集中看看有关五官容貌的问题,以及翻译时应该注意的要点。

余光中教授在《翻译和创作》一文中,提到文学翻译,尤其是诗的翻译"不折不扣是一门艺术"。他又认为"也许我们应该采用其他的名词,例如'传真',来替代'翻译'这两个字"。"传真"这两字敢情用得好,但坊间所见的文学作品译本却"传真"的少,"失真"的多。这光景,就好比当年毛延寿画王昭君,画师大笔一挥,好端端一个美人儿,就变成活脱脱一个丑八怪了。但是我们可不能轻视毛延寿的画技,毛氏可是前汉六大名画家之一(见张彦远《历代名画记》),他之所以画不好王昭君,是不为也,而非不能也。反观许多译界初手,他们翻译起五官容貌来,由于不谙中西文化的差异,审美观念的不同,表达方式的出入,倒未必真如毛延寿般居心不良,有意陷害,而只是心有余而力不足而已。因此,翻译时,一不留神,译笔下的人物就会变得面目可憎、五官模糊起来。以下且以一个例子,来讨论中英对译时常见的偏差与谬误。

请先看一段英文:

> As to his person, he had:
> a face like the moon of Mid-Autumn,
> a complexion like flowers at dawn,
> a hairline straight as a knife-cut,
> eyebrows that might have been painted by an artist's brush,
> a shapely nose, and

eyes clear as limpid pools,
that even in anger seems to smile,
and, as they glared, beamed tenderness the while.
(*The Story of the Stone*, tr. by David Hawkes)

现在再按初学者常用的对号入座直译法模拟还原如下：

至于以他的人来说，他拥有：

一张像中秋月的脸，

一副如晨花般的肤色，

一个直得像刀切的发型轮廓，

可能被艺术家的笔画过的一双眉毛，

一个轮廓分明的鼻子，以及

如清澈池水的明亮眼睛，

这眼睛甚至生气时也好像在微笑，

以及，当它们瞪视时、微笑着温柔。

这样的文字有谁想到所描绘的对象竟然是鼎鼎大名的怡红公子贾宝玉呢？

现在且看看《红楼梦》第三回的原文："面若中秋之月，色如春晓之花，鬓若刀裁，眉如墨画，鼻如悬胆，睛若秋波，虽怒时而似笑，即瞋视而有情。"

为什么曹雪芹的原文经过英译再还原之后，会变得面目全非，跟原文大有出入呢？大家也许会说，模拟句译得太夸张、太离谱了，但初学者的翻译的确常出这些毛病，而坊间的劣译本也往往有这种译法，原因是涉及五官描绘的翻译问题，有下列多种：

其一，按中文传统，形容五官容貌的句法多姿多彩，变化多端，例如，某某"面如……，口若……，眉似……"；某某"眉清目秀，唇红齿白"，某某"长得如花似玉"，某某"出落得楚楚可人"等等，可见传统中国文学，尤其是明清白话小说中，有取之不尽、用之不竭的宝藏。傅雷翻译巴尔扎克时，为了汲取灵感，常向旧小说，尤其是《红楼梦》借镜，他认为"为了配合巴尔扎克19世纪的风格，译者有时还得运用'旧小说套语'"（致宋淇信，1951年10月9日）。可惜现在的译者旧学根基薄弱，翻译时不肯多花心思，只会按外文句法死译，例如"to have"一概译成"有"或"拥有"，于是上述的传统表达方式，就统统简化为"他拥有……脸，……眉，……鼻，……眼了。这样的译法,不啻将中文繁富多姿的特色一笔勾销,更遑论什么通过"异化"来译介欧美语文中的崭新句法及精彩表现手法了。

其次,由于文化背景的不同,有些部位在中文描绘人物时经常出现,但在英文却不常见,反之亦然。最明显的例子是"鬓"。中国人的头发黑而直(目前时兴的金毛曲发又当别论),发脚整齐明显,而西方人的头发却卷曲蓬松,发脚常隐而不显,因此中西文学描绘容貌时,"鬓"的地位,显然不同。贾宝玉"鬓若刀裁",任何看过地方剧曲的中国观众,都可以在心目中塑造出这位翩翩佳公子的俊俏形象,可是在霍克思的译文中,却变成"a hairline straight as a knife-cut"。译得准确是准确了,但在不谙中国文化的西方读者心中,又是否能产生同样的印象?假如再从霍克思的译文还原成中文,译者看见"hairline",在英汉字典中一查,马上就变成了"极细的线,马毛做的钓丝,毛发绳"(《英华大辞典》,商务印书馆),或"头型轮廓、发型轮廓"(《新英汉词典》,香港三联书店),倘若译者没有良好的古典文学基础,根本不可能想到"鬓"字。而"鬓若刀裁"与"一个直得像刀切之发型轮廓"这两句,在读者心目中唤起的美感,相差又何止十万八千里!同样的情况,还有 ear lobe, nostrils 等字眼。中国人相信耳大有福,因此常着墨描绘耳珠(又称耳轮、耳垂子),类似的片段却在英文中少见。至于英文有时提到的部位,如"nostrils"(鼻孔),用中文描绘五官时,除非说某人"鼻孔朝天"(带有贬义),一般很少着墨。Thomas Hardy 在一篇小说 *Withered Arm* 中,描写女主角是一位美若天仙的女子,文中居然提到她的"nostrils",这又该如何处理?看来译者只好译成"鼻翼"等字,轻轻带过了。

七

有关五官描绘的翻译问题（二）

有关五官容貌的描绘，一涉及比喻，翻译起来就不容易对付。《红楼梦》中贾宝玉生得俊俏，作者形容之为"面若中秋之月，色如春晓之花，鬓若刀裁，眉如墨画，鼻如悬胆，睛若秋波……"。译成英文，"春花"、"秋波"都不成问题，"刀裁"、"墨画"有些困难，"中秋之月"与"悬胆"，可就麻烦大了。

先说"中秋之月"。有一年，我远赴巴黎深造，到了中秋佳节，身在异乡，倍感寂寞，忍不住拖住法国的朋友们，絮絮说道"月到中秋"如何"分外明"，记得当时的友人个个都不以为然。原来在他们的文化传承中，根本没有中秋佳节人月共圆的观念，中国人千百年来在心田中深深植根的美感经验，一到异乡异土，对异国人士，根本就起不了相同的作用。贾宝玉"面若中秋之月"，这又有什么出众之处？难道是指他的脸型面团团如中秋的满月吗？于是，细心的译者必须作出调整，如杨宪益及戴乃迭就把这一句译为"His face was as radiant as the mid-autumn moon"。译者加上"radiant"这个解释性的字眼，以表达宝玉的神采飞扬，尽管如此，西方读者欣赏起来，仍然是隔了一重，难以对原意真正地心领神会。

"鼻若悬胆"就更令人头疼了。别说西方读者，相信目前的年青一代，对这个说法也不甚了了。拙著《桥畔闲眺》十多年前在台湾出版，其中一篇提到"鼻若悬胆"这句话，当时的编者回信，在这四个字旁打了个大问号。这位编者相当资深，听说还是知名学府台湾大学中文系毕业生，居然从来没听过何谓"鼻若悬胆"，因而《红楼梦》的众多译者在翻译时面临的困难，可想而知。众人只好各出奇谋，纷纷以不同策略对付，有人换例，有人略译，有人意译，有人直译，也有人误译。类似的情况，在中英互译时，层出不穷。

中外人士五官容貌相殊，审美眼光各异，而基于传统的信念，中国文化中衍生出来一套有关"面相"的说法，在西方文化中，根本难以理解。谭恩美（Amy Tan）的成名作 *The Joy Luck Club* 中，有一个短篇叫作 *Two Faces*，其中有关五官描绘的片段，最能表现出中西文化的不同。

故事描绘一个中国母亲,根据传统信仰对十岁女儿说起有关面相的一番话,这女儿后来长大成人,移民美国,也生了女儿,于是又对在美国土生土长的女儿复述了这些话。其实,书中所述,正是作者谭恩美的亲身体会,她把自己听来有关面相的说法以英文表达,书之成文,现在再由中国译者还原成中文,就变成了以下的情况。

The Joy Luck Club 出版不久,在 20 世纪 90 年代初即有三种中译本,即于人瑞译的《喜福会》(台北:台湾联合文学出版社,1990),田青译的《喜福会》(沈阳:春风文艺出版社,1992),及程乃珊、严映薇译的《福乐会》(杭州:浙江文艺出版社,1992)。现在且看看各译本对五官描绘片段的译法。

先说耳朵:"You have my ears, a big thick lobe, lots of meat at the bottom, full of blessings. Some people are born so poor. Their ears are so thin, so close to their head. They can never hear luck calling to them. You have the right ears, but you must listen to your opportunities."(Amy Tan, The Joy Luck Club)

"你命好,耳朵跟我的一样,大耳轮,厚耳垂,特别有福。有些人天生命苦,耳朵又小又薄,贴近脑袋,永远也听不到幸福的呼唤。你的耳朵长得恰到好处,但你必须听从自己的机遇。"(田译)

中国人的确认为耳大有福。耳垂子有肉可以不必劳碌,但是没人说耳朵"贴近脑袋"就会命苦,难道老人家会认为长了"招风耳"才算福相不成?谭恩美这种似是而非的说法,可真难为了译者,于是,另一位译者就索性把这句略去不译,"耳垂子边薄的,生来就是穷命。你长着一对好福气的耳朵,但你必须不放过任何机遇。"(程译)

再说鼻子:"The nose is straight and smooth, a good sign. A girl with a crooked nose is bound for misfortune."(Amy Tan, The Joy Luck Club)

"鼻子挺直、光滑,是个好命相。女孩的鼻子长不端正就是苦命。"(田译)

中国人看相的确很着重鼻运,尤其女孩子,如果鼻梁端正,鼻头多肉,则更认为是有帮夫运。此处原文"straight and smooth"是与"crooked"相对而言的,"smooth"到底指"皮肤光滑",还是指鼻子的轮廓平滑?若指前者,这在中国的相法中就比较少见了。另一位译者译成"鼻子挺直,是好兆头"(于译),就干脆不提"光滑"与否的问题。说到鼻子,西方人常以"aquiline profile"来形容美人,假如直译为"鹰钩鼻",只会带给中国读者阴险奸诈的感觉,与美貌毫不相称。中国人形容美女往往会说"鼻如玉葱"、"鼻腻鹅脂"等,绝不会说"鼻钩如鹰"。

现在看看下巴:"She tapped my chin and then hers. 'Not too short, not too long. Our longevity will be adequate, not cut off too soon, not so long we become a burden'." (Amy Tan, *The Joy Luck Club*)

中译本如下:"她轻敲一下我下巴,然后是她的下巴:'不太短,不太长。我们长寿适度,不乍然中止,不太长成为负赘'。"(于译)

中国人看相常以下巴论晚福,因此当然跟长寿有关。中国文化中一向认为"寿"越长越好,故有"福如东海,寿比南山"之说,此处原文提到"adequate longevity",大概是作者以现代华裔美国人的眼光来写的,因此,译成中文"长寿适度",念起来总觉得不太地道。

以上所述,只是涉及静态的五官描绘,万一眼耳口鼻一动,就变成七情上面(facial expressions),涉及身体语言(body language)的范畴了。

八

眉目传情与举手投足

人的五官之中，眼睛称为灵魂之窗，最能表达内心的情意，所谓眉目传情，千言万语，尽在不言中。《红楼梦》中形容贾宝玉"天然一段风韵，全在眉梢；平生万种情思，悉堆眼角"，怡红公子秋波流转、顾盼生姿的神态，活现纸上。

描绘人的眼部，除了"眼"，还有"睛、眸、眼珠、眼球、瞳孔、瞳仁、秋波"，以及上述的"灵魂之窗"等等多种说法。用英文则有 eyeball, iris, pupil, peepers 等。提到眼睛，还可以说"目光"、"眼光"、"眼神"，英文则以"eye-sight, vision, sight, perception"等字眼来表达。眼部一动，表情最丰，中文里"目"字部首的词汇多不胜数，如"盼、眈、眨、眺、睇、睨、瞧、瞻、睹、瞅、瞄、瞟、眯、瞪、瞋"等，这些都是目前仍然常用的字眼，而英文表达眼看的动作也不遑多让，如 glance, look, gaze, view, scan, observe, study, inspect, stare, glimpse, scrutinize, squint, survey, watch, behold, leer, blink, wink, peep 等等，中英之间，如何对应，确是一种学问，必须按语境仔细领会，不能单靠词典死译。

"Eye"一字前面加修饰词形容，更需小心分辨。有些词是用以表达形状或状态的，如"bright eyes"及"sleepy eyes"，可译为"眼睛明亮"及"睡眼惺忪"；有些却是用来形容神态的，如"critical eyes"及"friendly eyes"，这时就需译成"挑剔的眼光"及"友善的目光"了。当然，有时翻译时更可灵活调换词性，例如"angry eyes"可译为"怒视"，"frosty eyes"可译为"一双眼睛罩了寒霜"等等。中文里还有很多有关眼部动作的说法，如"直勾勾、直愣愣、滴溜溜、骨碌碌"；描绘眼睛的词汇，如"水汪汪、水灵灵"等，翻译时都可以酌情使用。有时更可用中文的成语，如"Edna Pontellier, casting her eyes about had finally kept them at rest upon the sea"(Kate Chopin, *The Awakening*)一句中，"casting her eyes about"可译为"游目四顾"，而不是"把眼睛投向四周"。

人的面部表情，的确十分复杂，再加上举手投足，更构成了整套不必宣于口、形于声的身体语言。一般来说，人类的面容五官、肢体结构相类，因此，以表情动作传达出来的信息，亦应相去不远。根据研究身体语言的学者所言，每种肢体的动作都是一种信号,在有意无意间透露当事人的心思与情绪,例如代表 deceit, doubt, lying(欺骗,怀疑,谎言)的肢体语言,往往以"hand-to-face gestures"来传达,如"the mouth guard"(捂口)、"nose touching"(摸鼻)、"the eye rub"(搓眼)、"the ear rub"(弄耳)、"the neck scratch"(搔颈)、"the collar pull"(拉领)及"fingers in the mouth"(放指入口)等(Allan Pease, *Signals*, A Bantam Book, 1984, pp. 68-76)。这些动作,不论中西,都大同小异,可是,其他某些动作,由于各地文化的不同,所代表的含义也就大有出入了。

以见面打招呼为例。中国人传统上以打躬作揖来表示,日本人相遇或告别时频频鞠躬,泰国人合十为礼,南太平洋毛利族人以互擦鼻子表示亲善,拉丁民族亲友之间则以彼此亲吻来代替握手。记得当年在法国进修时,偶尔也会上中国菜馆打打牙祭。在索邦大学附近有家小馆子,里面有个打工的年轻人,每当老顾客上门,那些法国老太太总喜欢在年轻侍者面颊上左右左地亲几下,以示友善。初到法国的中国人遇到这种情况,总是一脸尴尬,显得浑身不自在,久而久之,也就习以为常了。

"Kiss"这个字怎么译?且看民初的一些译本,往往译来僵硬不堪,因为这种肢体语言并不合乎中国传统。当年在多伦多小住,发现郊区赴市中心的地铁站有一个区域划为"Kiss and Ride Zone",这就不好翻译了。这区域原是为家庭主妇以汽车送丈夫上班,丈夫在此下车,与妻子吻别、转乘地铁而设的。我国传统中有"送君千里,终须一别"的"十里长亭",可就没有"吻别亭",因此勉强要译"Kiss and Ride Zone",大概就会变成"地铁转车处"这样毫无色彩的说法了。

日前看电视节目的"真实故事",提到一位男士若要向摩梭姑娘示爱,只要抠一下她的手心,女方若反抠一下,即表示芳心暗许,两人就可以"走婚"了。这是多么浪漫的肢体语言!的确,手是人类肢体中最灵敏的部位,根据专家所言,儿童手指尖约 1/10 英寸的地方,就聚有 3900 根神经末梢,而成人指尖则聚有 1900 至 2600 神经末梢(Samy Molcho, *Body Speech*, tr. Ivanka Roberts, St Martin's Press, 1985, p. 140),因此,有关手部动作的描绘,形形色色,不一而足。

握手,据说是穴居初民遗留下来的动作。在洪荒时期,两名初民相遇,必须举臂摊手,以示手中并无携带武器之意,嗣后逐渐发展,就演变成今日西方社会中通行的握手之礼。但握手的方式很多,如"the glove hand-shake"、"the knuckle grinder"、"the stiff-arm thrust"、"the fingertip grab"、"the arm-pull"、"the wrist-pull"、"the elbow grasp"、"the upper-arm grip"、"the shoulder hold"等(Pease, pp. 44-53),大家有兴趣试试怎么译吗?

九

"百味餐"还是"家常便饭"?

生活中的衣、食、住、行,包括了许许多多的细节,我们平日习以为常,总觉得一切是理所当然的,因此,与之相关的用语,虽然形形色色,却从来也不会去想为什么要这么说,这么写。这些用语,一旦翻译起来,不论是外译中或中译外,往往会产生不少困难,这才发现译者的生活习惯,时常在不知不觉中影响译文的素质,而且越简单、越习以为常的话,越不容易译。

《牛津高阶英汉双解词典》第六版繁体字版已经面世,承蒙编者邀约替词典撰序,我在文章中就提到,翻译时译者必须避免因受本身生活背景的影响,而译出带有地方色彩的文字,并提出一个例子"Guests receive dinner on/upon their arrival at the hotel"来说明。这句简单的话,内地的初译者译成"旅客来到旅馆后,即可享受定价客饭",定稿则改为"旅客一到旅馆即可就餐"。把"dinner"译成"定价客饭",是"想当然耳"的译法,不知内地是否有很多旅舍都设有"定价客饭"而令译者有此理解上的偏差?

同样的情况,发生在另一例句上——"The meat is served with salad or assorted vegetables"。初译者译为"端上桌的肉拌有凉菜或各种蔬菜",乍看之下,还以为这是一道中菜,把肉切成细条,拌以凉菜或蔬菜上桌,原是在中国常见的吃法,可是吃惯西菜的读者就知道,外国人一般对蔬菜不出两种做法:不是生吃,就是煮熟,像我国煎、炸、蒸、炒、焖、煮等等多种烹调手法,实在欠奉。再者,西餐的主菜往往是肉食,上桌时配有沙拉或杂菜,这就是例句需修改为"端上的肉配有沙拉或杂菜"的道理。

由于饮食文化的不同,餐桌上的一些用语,时常很难翻译。例如吃西餐时,常以餐酒佐膳,而主人为客人殷勤倒酒时,会一边说道"Say when"。这短短的两个字,要译成中文,实在困难重重。当然,你可以硬译为"说几时",但是这种说法,听来实在不像中文。试想,按中国的礼仪,凡斟酒必满,畅饮干杯,以便宾主尽欢,哪里有叫客人喊停的道理?但是按西方的规矩,饮酒似乎应量力而为,美酒当前,宜珍惜涓滴,不可浪费,喝不下的不必多倒,故主人必定会体贴地说一句"Say when",其含义即为"酒倒够了的时候说一声",但这么一译,以中文看来,就好像主人特别吝啬似的,实在有违待客之道。

还有一种饮食文化,就是在美国大行其道的"pot-luck"。由于在欧美各国,即使工商业发达,生活水平高,但是家家户户大都自理家务,除非是大富之家,很少请得起佣工(内地称"阿姨",香港称"家务助理"),因此,过年过节,众人聚会时,为了节省精力,往往会由参加者各自带备食物一种,百味纷呈,同聚共享,这种餐聚,就叫做"pot-luck"。这个词汇,以前在其他英汉词典出现时,总是没有确切的译法,一般沿用旧的译法"家常便饭",中国译者可能也不明所以,但是《牛津高阶英汉双解词典》第六版却把"pot-luck"译成"百味餐"(注明为美式英语),应该比较可取。其他字典也有把"pot-luck"当作形容词解的,并译为"百乐餐的"(见朗文《当代大辞典》)。无论如何,缺乏实际生活经验的译者,看到"pot-luck"一字,大概会弄不清到底是指"百味餐"还是"家常便饭"。又有一回,有位同学在翻译课上,居然把"I enjoy home cooking"这句简单的句子译错了,原意是"我喜欢吃家常便饭",结果却译成了"我喜欢在家做菜"。

除了饮食文化,衣着文化也在翻译中造成不少麻烦。《牛津高阶英汉双解词典》第六版中,有一句简单的例句:"I was still in short trousers (still only a boy) at the time."译者把它译成"我那时还在穿开裆裤呢!"这看来似乎相当符合中文的习惯用法,表示我那时"仍然是个男孩",而不是个"成年男子",但是这种译法,未免把原文增添太多地方色彩了。不妥之处有二:其一,中国旧时稚龄幼儿常穿开裆裤,以便儿童便溺时替换尿布(甚至可以不用尿布),但是,随着社会进步开放,纸尿片通行,似乎没有幼童再穿开裆裤了,至少在大城市中如此,因此,"开裆裤"一词,已不合时宜。其二,中西文化不同,欧美儿童在念幼稚园或小学阶段,常穿短裤,至年事稍长,才改穿长裤,因此"in short trousers"是种惯用语,意指尚未成年。"开裆裤"的穿着期,实际上比"short trousers"的穿着期短很多,两者根本无法等同,勉强译来,有误导读者之嫌。这就是翻译时,每个字每个词都应按语境斟酌译出的道理,译者根本不会也不可能在翻译时采用全然异化(foreignizing)或归化(domesticating)的手法。

其他有关衣、食方面的例子还很多,例如"a tin/can of tuna in vegetable oil",不能一来就译成"一听植物油炸金枪鱼罐头",凡是吃过"tuna"的人都知道,这鱼是

"浸"在油中的,而不是像中国的凤尾鱼一般是"油炸"的。

翻译的过程,不仅涉及双语,还涉及语言背后的文化。随着社会不断改革开放,全球经济渐趋一体化,我们有很多机会去了解外国的事物与习俗。有一天,当你收到一张请帖,上面说赴宴服为"black tie"时,请千万别以为是要你结上"黑领带",而是请穿上"正式礼服"的意思。

十

"被被不绝"与"的的不休"

2004年6月上旬,旅居美国的名翻译家兼散文家蔡思果先生溘然谢世,享年八十有六,在此谨致以深切的悼念与敬意。蔡先生的文章亲切自然,文如其人,著有《林居笔话》、《剪韭集》、《河汉集》、《艺术家肖像》、《香港之秋》等文集,深受读者欢迎。蔡先生有关翻译的著作,则有《翻译研究》、《翻译新究》、《功夫在诗外》等多种,更是从事翻译工作者必读的参考书。前不久,中国对外翻译出版公司才出版了《名师评译丛书》,由思果选评了五本名著名译,计有萨克雷著(杨必译)的《名利场》、萧伯纳著(杨宪益译)的《卖花女》、刘易斯·卡罗尔著(赵元任译)的《艾丽斯漫游奇境记》、玛格丽特·密西尔著(傅东华译)的《飘》,以及阿瑟·米勒著(姚克译)的《推销员之死》。这几本译著,经思果细心点评,对研究翻译的学者,裨益良多。蔡先生生前孜孜不倦于翻译研究,曾为中文程度低落、劣译害人而不断著书立说。他提到"现在青年写的'劣译体'中文,劣得已经比最劣的翻译还要不像中文"(见"学生写中文的遣词造句",《香港之秋》,221~231页)。他这番话,实在令人深有同感。我觉得国人在努力倡导提高英语程度之际,亦应确保中文的纯净优美,年轻学子更切勿受到恶性西化的污染而不自知,而习以为常,甚而以非为是,沾沾自喜。

1996年,香港中文大学翻译系召开了一次规模盛大的翻译国际学术会议,当时应邀与会的都是一时俊彦,包括海峡两岸暨香港、澳门及旅居海外的知名学者、资深翻译家以及推动翻译事业极有贡献的出版家,如蔡思果、余光中、高克毅(乔志高)、林文月、齐邦媛、许钧、罗新璋、施康强、叶水夫、王新善、李景端、章祖德、杨武能、金堤、任吉生、沈东子等40多位先生女士。当时,由余光中先生出任主题演讲嘉宾之一,而他的讲稿就是日后脍炙人口的名篇《论的的不休》。余教授在论文中提出明确的主张:"无论在中国大陆或是台湾,一位作家或学者若要使用目前的白话文来写作或是翻译,却又不明简洁之道,就很容易陷入'的的不休'。……目前白话文'的的不休'之病,几乎与'喋喋不休'也差不多了。"

余教授这番话实在一语中的,一般人翻译或写作时,往往堕入"的的不休"的恶习而浑然不觉。我们试以《牛津高阶英汉双解词典》第六版中的例句为依据，检视一下目前翻译时"的"字泛滥成灾的现象。词典中有个例句，"She was forced to face up to a few unwelcome truths about her family"，初译者译为"她不得不正视有关她的家族的几个尴尬的事实"。请各位注意，这一句译文中，总共出现了三个"的"字，如此译法，是否必要？"的"用作"possessive case"（属有格）及"adjective"（形容词）时，在中文里是可以酌量省略的，上述例句改为"她不得不正视有关她家（庭）的几桩尴尬事"，是不是简洁畅顺得多？又如另外一个例子，"There are plenty of restaurants for those who tire of shopping"，这句初译者译为"有很多的餐馆可以成为厌烦购物的人的去处"，同样是一连串"的"字！这句最后的定稿是"厌烦购物的人有很多餐馆可去"。翻译时，不是"的"字用得越多越清晰明快，反而有使人越看越糊涂的可能。"的"字出现在句子中时，原本还有分隔的作用，正如大型宴会场所中用以间隔的屏风一般，但是用得不当，不但累赘不堪，而且功用全失。大家知道，每届暑天，岭南一带盛产荔枝，如增城挂绿，汁多味美，肉厚核小。但是假如你看到这样的中文——"一个大的荔枝的核"，你道是说"荔枝大"还是"核大"？真叫人弄不清楚。其实这句话若是说荔枝大，正确的写法是"一个大荔枝的核"；若说核大，则是"一个大的荔枝核"。可见"的"字不能随便多用，随处乱放。

另外一个常见译病是滥用"被"字，这现象已经由不少翻译名家多番指出，但环顾海峡两岸暨香港、澳门，不论学生或已经成名的学者或作家，却对"被"字越来越情有所钟，已经到了"被被不绝"的地步，与"的的不休"成了一双堪称"难兄难弟"的活宝。

我们再以上述词典中的实例为依据。"He could not conceal his annoyance at being interrupted"，这一句，初译者译为"他无法掩饰他被打扰的愠怒脸色"，且不说句子中连用两次代名词"他"的问题，请集中看一下"被"字的用法。首先，中文里的被动式用得比英文少得多，中、英两种语文的基本生态根本不同，翻译时不必亦步亦趋，让英文句法牵着鼻子走。其次，即使一定要在中文里使用被动式，也不一定要用"被"字来表达，其他的办法多得是，例如上句就可改译为"他因受扰而难掩怒色"，这"受"字，不就是被动式吗？再看另外一句，"Help! I am trapped"，初译者译为"救命啊！我被困在里面出不来啦！"最后定稿改为"救命啊！我给困住了"。这"给"字也是被动式。"She has recently been appointed to the committee"，初译者译为"最近她被委任去委员会工作"，我审稿时，将之改为"她最近获委任为委员会成员",这"获"字,当然是中文被动式的说法。其实,"被"字并不是被动句不可或缺的要素,其他如"遇(遇害、遇刺)、见(见笑)、蒙、承、应"等字,都是中文表达被动意思的动词。

英译中时,除了形形色色的译病之外,最容易犯也最容易改的毛病就是"的的不休"与"被被不绝",我们只要稍加注意,就可以译得畅顺些,写得优雅些,何乐而不为呢?

十一

姐姐、娘子、爱人、夫人

2004年5月下旬,名作家白先勇先生精心筹划的青春版《牡丹亭》在香港隆重演出,掀起了一阵前所未有的昆曲热潮。这次《牡丹亭》是以足本形式上演的,前后历时三日,每日三个多小时,在香港这一寸光阴一寸金的繁忙都会,这出戏居然连满三天,座无虚席,实在是出乎意料的。很多人连看三天之后,仍然感到意犹未尽,回味无穷。

昆曲是我国最古老的传统戏种,已经有五六百年历史,为什么在21世纪的今天,居然仍会受到大批年轻观众的欢迎,历久弥新?除了白先勇这位"昆曲义工"及其他众多热心人士的努力推动之外,还有什么原因?昆曲的特色,除音乐动人、舞蹈悦目之外,最主要的还是曲词的优雅精致,诗情洋溢,但很多观众并没有深厚的文学根底,往往到了戏院,看上好几个钟头,只见生旦吟唱起舞,却连一个字也听不懂,这下,在欣赏的乐趣上,就大大打了折扣。观看《牡丹亭》最近的演出,却把这种现象彻底改变了。原来借助舞台设置的现代化,今时今日的昆曲不但在服装、布景、道具、灯光方面大有改进,最主要的还是把全剧的曲词一句句、一字字,都打成字幕,放在当眼处,不但如此,还译成英文,并列在旁,因此,就连国际友人也可以欣然观赏了。

唱昆曲,反正每一个字都拖得很长,千回百转的,所以观众大可以有充分时间,一边看字幕,一边看表演。我在欣赏的过程中,既然是教翻译的,也就不免犯上了职业病,除了看中文字幕,不由自主去兼顾英文译文,这一看,却看出许多有趣的地方来。

最明显的是称谓的翻译。不说别的,先看看男主角柳梦梅对女主角杜丽娘的称呼。这次《牡丹亭》把原剧浓缩为三本二十七出。在上本第三出《惊梦》之中,男女主角初次在梦中邂逅,柳梦梅乍见杜丽娘,一开口就称她为"姐姐";到了中本第四出《拾画》,柳梦梅无意间拾到了杜丽娘的自画像,对之痴迷沉醉,口中频呼"小娘子";第六出《幽媾》中,又称之为"我那嫡嫡亲亲的姐姐";到了下本与丽娘结为夫妇之后,自然就改称"娘子"了。这前后"称谓"的更改,把两人之间感情的演变,都随着情节的推进而一一交代,可是凭我当时记忆所及,这许多"称呼",一翻成英文,似乎一概变成了"my dear, my darling",这么一来,原文中的缠绵情意就无法表现了。可见文学翻译,涉及两种截然不同的文化,其间的阻隔,真如长途跋涉、翻山越岭,其困难可想而知。

不要说这个古雅的剧种,即是现代人的称谓,也因时因地而有所不同。记得中国在改革开放之前,对自己的丈夫或妻子一概称之为"爱人",这"爱人"一词,跟传统中原本同义的"情人"有别。"文革"之后,风气一变,很多人对自己的妻子改称为"太太"、"老婆",但最常见的说法却是"我夫人",这又与传统习俗有些出入了。"夫人"原是尊称,很少用来称呼自己妻子的。中国人一向自谦,过去常把自己的妻子称"拙荆"、"贱内"、"内人"、"内子",甚至是"山妻",熟狎的场合,也可称"老婆",知识水平略低的可能会把妻子叫作"我女人,黄脸婆,替我煮饭的"等等。目前丈夫称自己妻子为"我夫人"的习俗,可说是一大转变。英文的"My wife",却几乎在任何情况、任何场合都通用,当然也可称自己的太太为"My lady"或"Mrs. so-and-so"。

对同一类人的称谓,也受地区的影响而有所分别。20世纪80年代中,我随香港翻译学会代表团访问内地,在杭州的一个聚会上,当地的接待单位代表年纪不轻,却把我叫作"大姐",当时心中疑惑,不知何故。后来才知道在内地"大姐"是个尊称,这情况,在香港却绝不会发生。在香港,对陌不相识的女士,一般习惯上都称为"小姐",绝不称"大姐",更不可贸然称为"太太"。据说,曾经有一宗官司,原告是位上了年纪而仍未结婚的女士,被告是位冒失称对方为"太太"的男士,结果法官判原告胜诉,可见称谓使用得正确与否,非同小可。同样的情况,发生在法国,就截然不同。根据一本专门研究称谓的法国参考书所说,在法国一般女子成年时,即使未婚,也希望别人称之为"Madame"(即英文的"Madam"——"夫人"之意),而不称为"Mademoiselle"(即英文的"Miss"——"小姐"之意),否则就含有影射其为"老姑婆",即嫁不出去的"老小姐"之意,这种想法的确与中国大异其趣。此外,在西方国家,女子嫁后冠夫姓,似乎顺理成章,原因是当年在巴尔扎克等作家笔下,男子求婚时,往往一膝下跪,对心仪的女子喃喃说道:"我献给您我的一切,包括我的身心、我的财产,我的姓氏……。"这又与中国传统思想中女子必须三从四德,在家从父,出嫁从夫的观念,大不相同。到了近代,女权运动兴起,西方女士不愿再以"Mrs."或"Miss"的称谓区分,提倡一概以"Ms"相称,译成中文,就是"女士",这岂不是我国早已有之的说法！其实，每一个称谓背后，含蕴着深层的文化意义，翻译时，不论中译外或外译中，都不可不慎。

年初在带领研究生上"翻译工作坊"时，就有同学在译对话部分时，对形形色色的称谓该如何处理产生不少困难。根据韩省之主编的《称谓大辞典》（新世界出版社，1991），称谓有"褒称、誉称、尊称、敬称、美称、昵称、爱称、雅称、婉称、恭称、贬称、讥称、谀称、戏称、贱称、恶称、诬称、谑称、憎称、卑称、詈称、狎称、蔑称、古称……自称、谦称、互称、喻称等"几十种形式，译者必须注意译出语及译入语之间文化的不同、习俗的差异，才能逐渐心领神会。

在西方国家尤其是美国，对女性即使初次见面，也往往会称之为 Honey, Sweetheart, Dearie 等，这可没有特别的意思，就跟法国人见面时互亲面颊一般，不必大惊小怪。男性之间交谈，又往往会说，"Hey, man"，"Hi, son"，翻译时千万不可译为"男人"、"儿子"，这种说法，根本只是见面时的开场白而已。至于中国人却有称对方为"王经理"、"张主任"或"孟总"、"徐老"的习惯，也不能直译为"Manager Wang"，"Director Chang"，"CEO Meng"或"Elder Xu"。

要在中英互译时好好掌握称谓的译法，最好的办法是多看一些名著名译，然后小心对照、仔细体会，时日一久，必有所领略。

十二

快慢与迟早

　　2004年在雅典举行的第28届奥运会上,中国国家队总共赢取了32枚金牌,战绩彪炳,举世瞩目,其中在男子田径110米栏夺标的刘翔,更以12.91秒的成绩,平了世界纪录,打破了奥运纪录,并为中国在世界田径赛上取得了"零的突破",这一项骄人的成就,使国人都引以为荣,实在可喜可贺。

　　奥运的精神,就是要发挥人类体能的极限,追求"更高、更快、更强"的目标,其中"更快"一项,致力的当然是速度,也就是与时间较量、分秒必争的竞赛。据刘翔自己说,平日最佳的成绩约为13秒,在决赛中却发挥了最大的潜能,因而得到了超水准、破纪录的成绩。这0.09秒的时间,在世界体坛精英龙争虎斗的运动场上,确实起了关键性的作用。

　　随着科技的发展,时间切割得越来越细,人的生活节奏也随之越来越快。从前,时间可不是这么细分的,不论中外皆然。20世纪80年代在法国留学,有一回趁暇游历,来到印象派大师莫奈(Claude Monet)彩笔下时常描绘的鲁昂(Rouen)城(Cathédrale de Rouen是莫奈的一系列杰作)。城中有一口保存得很好的老钟,古趣盎然,运行如旧,但是钟面上没有分针,更没有秒针,可见在往昔的日子,生活并不需要争分夺秒,正如中国古时的一更,包括两个时辰。从前的岁月,一切都慢慢来,于是就有了闲暇寻章摘句,吟诗作词,也有时间发展精致入微的手艺,完成巧夺天工的刺绣。

　　时间,是最客观的存在,然而其缓急迟早,却与主观的意念息息相关。面对意中人,相守竟日,你觉得光阴一晃眼就过去了;被逼做不愿做的差事,听不想听的演讲,却感到时间老赖着不走,就像一个撒赖的顽童。在《破天而降的文明人》(林文月译,九歌出版社,1984)一书中,一位南太平洋岛国的酋长在游历欧洲之后,以犀利的眼光,清醒的头脑对同胞评介所见所闻,他说:"时间好比是咱们湿手中的一条蛇,滑溜溜的,你越想捉牢它,它越是要滑走,它反而要跑得远远的。……其实,时间是喜欢安安静静,和平地休息,喜欢在席子上舒服地躺下来。"(82页)正因为如此，时间其实是一种心态、一种感觉，面对不同对象，进行不同活动，就会呈现长短伸缩的不同面貌。

对时间的感觉，古今有别，中外也迥异，不同文化背景的民族，对时间有不同的看法，例如，在日本，守时是人人遵从的定律，迟到则是不可原谅的陋习；在法国，介绍习俗的专书告诫读者，赴宴时依请帖准时到达是为失仪之举，必须晚到一刻或半小时，以便主人有充分时间准备。这种种与时间有关的守则，一旦形诸习俗，并反映在语言文字中，就有了形形色色的表达方式，例如中文原有"一袋烟的功夫"、"一盏茶的工夫"的说法，要翻成英语，就很难直译，因为中国人抽的烟与西方人不同；中国人喝茶的时间，大概也跟英国人用 High Tea 的时间大有出入。

中外有关时间的用语，都很丰富，互译时对其间的细致差异应小心分辨。先说"早晨"，也就是英语的"morning"。早晨到底是指哪一个时段？是依据我国自古已有的作息时间表"日出而作，日入而息"吗？那么，应该是清早五六点或四五点开始，至中午十二时为止，但是，英语中却有 the small/early hours（又作 the wee small hours，苏格兰语）或 the wee hours（美语）的说法，字典中解释为"the period of time very early in the morning, soon after midnight"，意指"午夜刚过的一段时间"（《牛津高阶英汉双解词典》第六版），因此，翻译时必须译为"凌晨时分"，而非"清晨时分"。当然，视语境所需，也可译为"三更半夜"或"更深夜阑"。"清晨"的英语是 dawn, sunrise, daybreak，中文里还有"黎明、拂曙、拂晓、破晓、日出、晨光熹微、迎晨、响晨、东方白"等表达方式，均可酌情使用。除了 early morning，还有 late morning，我们不可译为"早晨较晚时候"，因为这是十足恶性欧化的说法，翻译时应酌情处理，假如指的是九十点，也许可译成"日上三竿"，假如指的是十一二点则可译成"晌午时分"，即"将及正午"的意思。

"Afternoon"一词翻译起来也不可不慎。下午的长短，常视纬度或季节而有所变化，因此看到"early afternoon"或"late afternoon"时，绝不能译成"下午较早时分"或"下午较晚时分"就敷衍了事。假如原文中提到的时候较接近中午，那是"午后不久"，假如过了一段时候，则是"下午三四点"，接近夜晚的时候，英文当然也会用 dusk, twilight, sunset 来表示，中文的说法则是"黄昏、薄暮、向晚时分、日西、将暮、夜幕将垂"，或甚至"夜色四合"。总之，翻译不必也不能字字死扣，译出语（target language）的词汇丰富些，必有好处。

中文里"夜"跟"晚"两字分得不太清楚，一般来说英文里的"evening"及"night"

各有所指,"evening"的定义是"the part of the day between the afternoon and the time you go to bed",中译为"晚上、傍晚";"night"的定义则是"the time of darkness between one day and the next, usually when people sleep",中译则为"夜;夜晚"(《牛津高阶英汉双解词典》第六版)。尽管如此,假如你看到"昨天夜里"跟"昨天晚上"的句子,如没有语境,根本分不清是指"night"还是"evening"。许多初学英语的学生,会把"night-dress"(睡袍)误译为"夜礼服"或"晚礼服",就是这个道理。英文里出现"early night","the coming of night","the advent of night","the approach of night"时,到底是指什么时候?可能是薄暮时分,这就跟"early evening"不太分得清楚了。中文里有不少有关夜晚的词汇,如"夕、夜阑、漏尽、长宵、三更半夜、子夜、午夜、良夜、遥夜、深夜"等等,还有出自《诗小雅》的"夜未央、夜未艾"的说法。美国作家菲茨杰拉德(F. Scott Fitzgerald)有本名著 *Tender Is the Night*,翻成中文时,选用《夜未央》的译名,较诸译为《夜色温柔》不但典雅,也更精确。原因是书名原为引文,出自济慈《夜莺颂》(*Ode to a Nightingale*)第四节,此处"tender"并非指夜色如何温柔,而是指夜色尚早,转喻人生尚年轻的意思,故译成《夜未央》("央"即"半"也),正好表达出原著的含义。(见林以亮,《林以亮论翻译》,志文出版社,103页)。

十三
从春天说起

谈到春，就想到有关一年四季春、夏、秋、冬的翻译问题。一般来说，春天总是给人带来希望，带来生气。古诗"春风又绿江南岸"描绘出一幅大地回春的秀丽景色，"春风得意马蹄疾"则表现出一副踌躇满志的洋洋意气。英文里提及春的诗句，最为人熟知的大概就是雪莱（Percy Bysshe Shelley）《西风颂》（*Ode to the West Wind*）结尾那一行"If winter comes, can spring be far behind?"无论如何，一般读者看到有关春的诗文时，总不期然将之与美好祥和的事物或感情联想，因而翻译时，不知不觉间会将这种联想带到译文中，而忽略了原文的本意，以下是一个真实的例子。

在硕士班的"翻译工作坊"中，我时常会让选修的同学先做几次集体练习，然后再自选翻译资料，逐一在课堂中提出报告及研讨。在去年的班上，我请硕士生翻译有关春、夏、秋、冬的四首诗，这些诗乃由加拿大名诗人布迈恪（Michael Bullock）所撰（布氏为加拿大英属哥伦比亚大学创作系荣休教授，著作等身，盛名远播，其诗作已译成多国语言，包括中文在内）。先请看一下 *The Smile of Spring* 一诗：

> The smile of spring
> stabs my heart
> my blood is reborn
> as a crimson rose
> that intoxicates the garden
> with its languorous perfume

硕士班上的同学分别将题目译成"春日浅笑"、"春天的笑容"、"春天的微笑"、"春笑"、"春颜"、"春之微笑"等，乍见各有千秋，困难不大。问题却出在头两句的翻译上，其中有几位同学译为"春日浅笑／沁人心脾"、"春天的笑靥／触动我心"、"春天的微笑／坎进我的心扉"、"盈盈春光最撩人／笑靥袭我心"等，译得美则美矣，可是跟英文原文的意象却大有出入。原文虽是描述"the smile of spring",却用了"stab"作为动词,于是,smile,spring,stab 三字形成一组头韵(alliteration),读来铿锵有力,一气呵成。同学用"沁"、"触动"、"坎进"、"袭"等字眼来译"stab",却把原诗中那种突如其来、防不胜防的动作,无形中软化了很多。其实诗人想说的是经过了漫漫长冬仿佛了无止境的等待,春日突然降临,那一刻的震撼,正如匕首插入心房,令人血脉贲张,萌发重生的感觉,因此,译成"刺进"、"穿透"等字眼,反而更能传达原意。要知诗人身处山明水秀的温哥华市,我也曾在那里度过冬尽春临的时光。犹记得早春时分,万花齐放,含芳吐芬,那春日的笑靥,突然绽开眼前,醺人欲醉,因此,翻译时,如能设身处地,细心领略一下原文的情景氛围,而不自囿于现成的套语,则必有更深的体会。

  曾经在硕士班上要学生写出与 spring 有关的用语,学生一般只想到"早春、晚春、初春、暮春"等字眼,其实还有"新春、阳春、开春、岁始、春生、春至,春近、春来、春到、春浓、春浅、春阑、春残、春还、春归、春尽、春去、春末"等许许多多的说法,需要翻译 "the spring had come"、"in early spring"、"spring drew on"、"the spring was late"、"the spring lingers on"等时,都可酌情使用。

  对于夏的描绘,由于生活于不同地区的人有不同的感受,所以颇多分歧。英语中有关的诗文,最常引用的可能是莎士比亚十四行诗第十八首(Sonnet 18)起始的两句:"Shall I compare thee to a summer's day? /Thou art more lovely and more temperate."这首诗已经由不少名家译成中文,也有很多翻译家提出讨论,此处不赘。但是为什么"a summer's day"引起这么多的话题? 主要原因是对英国读者来说,夏天可爱温煦,风和日丽,但对中国的读者来说,夏日炎炎,天气暑热,在骄阳肆虐之下,只有汗流浃背的可能,哪里还有"lovely and temperate"的感觉呢? 因此不少译家必须在译文中作出调整,既不对原文作者背逆不忠,也不使译文读者疑惑难明,这权衡轻重的步骤,就是译者的功力所在。

  当然,对于夏的感觉,即使英伦的作家,也未必人人都跟莎翁相同,灼人的夏、干旱的夏、酷热的夏等并非罕见,因此夏天可以"splendid",也可以"scorching",中文里涉及夏的词汇除了"夏日、夏天、夏季"之外,当然很多:例如"初夏,盛夏、仲夏、炎夏、酷夏、立夏、湿夏、朱夏、孟夏、暮夏、隆夏、苦夏、蒸夏、炎暑、酷暑、隆暑、烈暑、残暑、伏暑、残夏、紧暑、三伏天、夏至、夏临"等等,不一而足。

  秋天非常特殊,既可是鉴湖女侠秋瑾所说"秋风秋雨愁煞人"的季节,也可是金风送爽、红叶漫山的金秋季节。最近才逝世的名翻译家兼散文家思果写过一篇名篇《香港之秋》,仔细描绘了香江秋山秋水的种种美态。他写道:"而秋呢,一阵干风吹去了湿,吹去了暑,还吹散了天空飘不尽的云。"(《香港之秋》,台北:大地出版社,1980,29页)香港的秋,的确是一年四季之中最怡人的季节,假如莎翁在世,又生于香港,他的十四行诗,也许该改写成"Shall I compare thee to an autumn's day"了。英文形容秋季的字眼可以是 beautiful, splendid, plentiful, charming, pleasant, 也可以是 dreary, cold, melancholy, 因而, 多掌握一些译入语的词汇, 如"初秋、孟秋、晚秋、季秋、暮秋、残天、寒秋、凛秋、仲秋、金秋、深秋、济秋、中秋、素秋"等, 翻译时比较能够运用自如。

十四

讲座、客座、教授、讲师

2004年11月上半个月几乎都在内地度过，先去了北京参加中国翻译工作者协会第五届全国理事会，再去了成都四川大学及乐山师范学院讲学，从北到西，马不停蹄。在会议及访学的过程中，不但会见了许多旧雨新知，相聚甚欢，也学到了一些新的知识与习俗。我发现对某些事物的看法或称呼，即使同为中国人，内地与香港也有很大出入，更遑论中外之别了。

先举个切身的例子。在开会或讲学的场合，总免不了先介绍一下理事或主讲者的背景资料。我的 title（内地叫"头衔"，香港叫"衔头"）是"香港中文大学翻译系讲座教授"，这"讲座教授"到底是什么意思？这就往往把介绍者难倒了。有人把它简称为"教授"，因为深恐这"讲座"吧，凡是教授都设讲座的，介绍出来多此一举；又或者以为"讲座"可能是临时性质的，例如在电视台或电台开个讲座之类，介绍起来不够正式，不如略而不提。还有人把它改称为"客座教授"，因为至少这是内地通用的名称，说出来不致令人丈二和尚摸不着头脑。总之，根据我历来在内地参加过多次会议及访问过多所院校的经验，似乎无一例外，大家对"讲座教授"一词的含义都不甚了了。其实，这也难怪，两地的典章制度不同，对名衔指称的了解，自然有所偏差。

"讲座教授"其实即 Chair Professor 的意思，亦称为 Chair。根据英国大学的制度，即 "the position of being in charge of a department in a university"（《牛津高阶英汉双解词典》第六版）。一般来说，"讲座教授"兼任系主任，也有不兼任者，无论如何，是大学某一学系之中学术地位最高的教授，有的系甚至因找不到合适人选而不设"讲座教授"的席位。而"客座教授"的英译应为"visiting professor"，这是暂设职位，跟"讲座教授"是截然不同的。在中文大学，又把"讲座教授"与其学系相连，例如"Professor of Information Engineering"即为"讯息工程学系讲座教授"，该系其他教授则称为"Professor in the Department of Information Engineering"，一个介词"of"与"in"之别，即表示职衔的差异，一般不谙学制的外人，对此的确很难分辨。中国译协第五届全国理事大会召开期间,年轻的工作助理一看到"讲座教授"四字就束手无策,因而径自把我的头衔在通讯录中改为"大学教师"了。

根据英国制度,大学教员的等级可分为 Chair Professor, Reader, Senior Lecturer, Lecturer, Assistant Lecturer 各级,中译名分别为"讲座教授、教授、高级讲师、讲师及副讲师",其实,Senior Lecturer 已经相等于美制的 Professor 了。记得中国改革开放不久,很多到内地交流访问的学者,回港之后,经常诉苦,说"讲师"一词在内地的级别太低,会议期间,甚至不能获配单人房,因此纷纷要求改制正名。目前香港通用的制度是英美合璧的,除了保留原有的"讲座教授"名衔之外,自 Reader 开始,一律改称为 Professor, Associate Professor, Assistant Professor,即"教授、副教授、助理教授",以免在外地引起不便与误会。

其实,同一头衔,在不同的地区或社会中,也常有不同的含义,如"书记"、"博导"等,在内地与香港,就有截然不同的看法。内地大学的制度严密,能指导博士生的必然为学术地位崇高的资深教授,因而"博导"一词几乎等同一种荣衔,极受尊崇。在海外,只要博士生所选论文内容与之配合,不论正、副教授皆可为"博导",因此,就算当了"博导",也不会把"supervisor"一词印在名片上。不但如此,美英对 Professor Emeritus 的重视程度亦不相同。这个词,是指大学教授退休后仍保留头衔的,故可译为"荣休教授"。在美国,大学教授退休后往往都可称为 Professor Emeritus,如为女性,又称为 Professor Emerita;但是在香港,根据英制,Professor Emeritus 是一项荣衔,必须出任讲座教授有相当年数并对大学有特殊贡献者,才能在退休后称为 Professor Emeritus,因此,这并非轻易可得的头衔。

同一头衔,由于指称有别,含义不同,往往造成翻译的困难。在香港,很多大学的校长都叫作 Vice-Chancellor,这是根据英国制度而定的,因为 Chancellor 乃一荣誉头衔,由香港的行政首长出任,以前为港督,回归之后则是特首。假如不明所以的译者,按字典一查,发现 Vice-Chancellor 中译为"副校长",再照抄不误,则译来一定会犯错。香港中文大学的副校长英文叫作 Pro-Vice-Chancellor,最近又设"协理副校长"一职,则称为 Associate-Pro-Vice-Chancellor。因此,翻译各地的种种头衔时,不能单靠字典,也不能想当然耳,必须查明当地情况,如实译出,方可了事。例如内地"退休干部"与"离休干部"的分别,我也是到最近才弄清楚的。

在四川大学访问时,当地正好要开始招考研究生,于是我便趁机向各位教授请益,以便了解内地与香港学制的不同。原来内地硕士生(Master)一般要修读三年,不但要选修各种科目,也要撰写硕士论文。在香港,硕士学位分为两种,即 M. A. (Master of Arts)与 M. Phil. (Master of Philosophy)。前者修习期较短,以 course work 为主;后者修习期较长,以研究及撰写论文为主。前者毕业时称为文学硕士,后者则称为哲学硕士。

在内地交流访问时,不少人对我的另一头衔 O. B. E. 不明所以。其实,这是英帝国颁发的勋衔,是世界性的。"O. B. E."中译为"英帝国官佐"勋衔,由英女王签发。大家所熟悉的足球健将贝克汉姆(港译碧咸)及 *Harry Potter* 作者罗琳女士也同样获得 O. B. E. 勋衔。

由于以上种种有关名衔的切身体会,可以得知翻译时常会因译者对各地情况了解不深而出现问题。译者必须常识丰富,对各种文化多加涉猎,信然。

十五

书名、篇名的翻译(一)

香港中文大学的翻译硕士课程中,有一门科目是"翻译工作坊"(Translation Workshop),这是必修科,主要的目的是使学生在研习理论之余,能有真正实习的机会,以免在翻译的领域中只知纸上谈兵,而不会布阵行军。

"翻译工作坊"要求每位同学自选一篇英文作品,然后译成中文,并在课室中轮流报告,提出译前的准备、译程中的考虑与选择,以及译后的心得等要点。每一篇都由另一位同学担任评论员(commentator),在译者报告完毕之后,就译文的特色、风格、技巧、炼字用词等问题提出评述与建议,再由全班同学一起探讨、研究,而导师则从旁提点、引导,并加以总结。"翻译工作坊"倡导的这种学习方式,着重课室中师生间的交流与互动,自当年创设以来,行之已久,功效卓著。当然,授课的成功与否,主要取决于两个因素:即教师是否经验丰富,同学是否主动积极,两者缺一不可。

"翻译工作坊"中讨论的翻译问题形形色色,层出不穷,但开宗明义第一桩,就是书名或篇名的翻译,每一位同学,不论所选的原文是哪一种文体或类型,总不得不涉及这个问题。以下,试举一些实例,以便确切反映出书名或篇名翻译所涉的种种复杂因素。

在2004年至2005学年度上学期的"翻译工作坊"中,有一位同学选译了Paul Gallico 所著 *Snowflake* 的片段。原著富有抒情意味及带有宗教色彩,在文中,原作者提及 Snowflake 的一生,虽卑微渺小,短暂平凡,但曾经唤醒了春花,汇成了湖泊,为世间带来欢笑,因而是极有价值与意义的。Snowflake 一词,究竟应译"雪片",还是"雪花"?这就引起了不少热烈的讨论。同学首先把 Snowflake 译成"雪片",这是个不带感情色彩的词,就像科学名词似的,经全班同学共商,认为应改为"雪花",方能传达出原文中澎湃洋溢的诗情。再者,原文中有一句谓:"Never at any time had she been or pretended to be anything but a little snowflake."译者在处理话中的"a little snowflake"时，为了避免重复，不译"一片小雪片"，改译为"一颗小雪片"，但用量词"一颗"来形容雪，很不恰当，假如 snowflake 当初译成"雪花"，则在此处便可顺理成章译为"一片雪花"了。由此可见，从事文学翻译时，一字之微，亦有乾坤，"雪片"与"雪花"在语感上大有出入，翻译时值得斟酌。

另一位同学选译 Berlin The Downfall 1945（Anthony Beevor），讲述第二次世界大战结束前，德国即将战败时的柏林惨状。当时物资短缺，人心惶惶，德国人生活朝不保夕，前途渺不可测（说一句题外话，我国的大学问家季羡林先生，当时还在德国留学未返，因战乱关系有家难归。他在散文中也描绘过类似的情况）。因为涉及史实，这题目看似简单，同学于是译为《1945 年——失守柏林》。但是负责评论的另一同学却指出"失守"意谓"防守的地区遭敌方占领"，并且是个"不及物动词，不带宾语"，故译来欠妥。此外，由于德国在第二次世界大战中是侵略国而非受侵国，因此，把"downfall"译成"沦陷"，亦不适合。最后经全体同学讨论，译者把书名改译为《1945 年——柏林的倾覆》。

另一同学选译 City Life（Mary Gordon）一书中的片段。按理，这题目译成"城市生活"即已了事，因为 City 即"城市"，很多人常说"I am a city person"（"我是个城市人"），意谓自己对城市中的一切都熟悉认同，对乡郊或大自然却相当陌生疏离。Gordon 的这部作品曾赢得 1997 年度的"欧·亨利文学奖"（The O'Henry Awards）。由于作者在书中反映的世界带有悲观色彩，故译者在考虑翻译 City Life 的众多可能性，即"城市生活、都市生活、闹市生活、活在都市、活在大都市、活在城里、生活在城里"等之后，终于决定采用"活在闹市"的译法，以表达原作的氛围与风格。

This Writing Life 是作家 Julia Cameron 所撰自传体的作品，文中描述自己对写作的狂热与喜爱，甚至在临盆前阵痛中，还要记下婴儿降生那一刻的情景。选译的同学把 This Writing Life 译成《如此写作生活》。他曾经考虑"writing"可译为"笔耕、书写、爬格子、写作"等，其中"笔耕"着重耕耘之勤，"书写"含义广泛，"爬格子"一词，则指用中文原稿纸写作的情况，且辛劳多，乐趣少，再者，此处原作为英文，写英文稿岂能说是"爬格子"？故不适用。因此，只宜用"写作"一词来译。"Life"一词，译成中文时，一向含义甚多，可译为"生涯"、"生活"，甚至"生命"，必须视语境方可判定正确的译法。评论员认为"如此写作生活"之中，"如此"两字带有"不堪"的含义，因此建议改译为"我的写作生涯"或"我的写作生活"。

A Family Weekend（Patricia Fawcett）讲述一名孀居的女士在周末庆祝55岁生辰,四名成年子女前来共聚,当母亲的在聚会中向子女透露可能再婚的情景。书名很简单,*A Family Weekend*,大可直译为《一个家庭周末》,但这样的题目在中文里不忍卒读。在中文里,与子女共聚,即享"天伦之乐",因此同学就把题目译成了"周末共聚天伦",后经讨论,改为"周末叙天伦",在语感上显得更为紧凑、流畅。

翻译篇名或书名,无疑是个大学问,译得好,确有画龙点睛之效,使读者一见难忘,不知不觉受到吸引,要追看下去。译得不好,则令人阅读意欲全消,虽则内容精彩,亦乏人问津,书名或篇名有时还是个典故、引言、歇后语或双关语,遇到这种情形,翻译时就更需要顾及原文与译文之间的文化差异等复杂问题了。

十六

书名、篇名的翻译（二）

在科技发达、资讯泛滥的今时今日，一本书或一篇文章如欲甫出版即引起注意，令读者或翻阅，或购买，或评述，或传诵，可真是谈何容易！一般的情况是新著面世，波澜不兴，未几即静悄悄没入书海书林中，哪怕作者再努力再投入，呕心沥血、殚精竭虑，只要不懂炒作，不事宣传，一番心血始终付诸东流水！今日大部分译作的命运，尤其如此。

老实说，在凡事讲求包装的年代，要在众多作品中突围而出，先声夺人，书名或篇名是否引人注目，的确举足轻重。原作者定名时苦心经营的效果，一经翻译，往往因译者未加留意而荡然无存，因此翻译时必须通读全文，反复推敲，方可下笔。

在2004年至2005年度上学期翻译硕士班的"翻译工作坊"中，有两位同学各译了一篇现代文学作品，与今日美国的文化、习俗及生活背景息息相关。第一位同学翻译的原文是 *I Will Sing Life*：*Voices from the Hole in the Wall Gang Camp*。这是一本相当感人的书，内容叙述七名身患重病的孩子，在参加了一次特殊的夏令营之后，把各自对生命的感悟、期待、愿望与憧憬抒发成文，彼此共勉。原文的书名很长，"I Will Sing Life"可以译成"歌颂生命"，而"Voices from"即"来自……的声音"，但"The Hole in the Wall Gang Camp"到底是什么意思呢？原来这是由来有自的。稍微上了年纪的读者一定知道好莱坞有位鼎鼎大名的明星叫作 Paul Newman（保罗·纽曼），他不但演技出色，且宅心仁厚，曾经出钱出力、筹办了许多慈善活动，其中一项就叫作"The Hole in the Wall Gang Camp"。这是专为罹患癌症或其他重病儿童而设的夏令营，营址设在 Connecticut 州，每年举办，迄今受惠儿童数以千计。这营的名称，直译之为"墙中洞帮夏令营"，念来不太顺口，但看来活泼生动，对儿童深具吸引力。学生翻译上述著作的题目时，为了保留这夏令营的名称，就变成《歌颂生命：来自墙中洞帮夏令营的声音》，这样长的译名是否应该作出调整呢？例如译成"歌颂生命传心曲"之类？但如此一译，原文的宗旨、含义、背景等，都变得含糊不清，童真的意味也就消失不见了。为了保持原汁原味，学生最后决定仍然把"墙中洞帮夏令营"的名称保留下来。翻译时的取与舍、弃与留,的确要根据原文通篇的内容、前后的语境而决定的。

还有一位同学翻译了另一位好莱坞知名演员兼导演 Woody Allen 的作品 The Whore of Mensa。Woody Allen 才华卓越,他的作品一向深受知识分子欢迎。这篇小说首先发表于 New Yorker(《纽约客》)上,内容讲述已婚男士为了满足知欲而非性欲方面的需求,不惜越轨召妓的故事。内容以纽约知识分子为对象,带有强烈的讽刺意味。Mensa 原为"a society for bright people",1946 年成立于英国,该会不涉政治,无视种族,以高智商(IQ)为唯一入会条件,而 The Whore of Mensa,意即"出卖思想而不出卖肉体的妓女",但是如此一译,题目就显得冗赘不堪,且把原文中隐含的意思点破了。经详细讨论后,决定改译为"思娼",一则为"私娼"两字的谐音,一则为"出卖思想的娼妓"的简称,故能收音义兼顾之效。

以下,再叙述一下我自己翻译文学作品的经验。美国女作家 Carson McCullers(卡森·麦克勒丝)的小说 The Ballad of the Sad Cafe 是我第一部文学译作,由香港的今日世界出版社于 1975 年出版。当时,我踏上译途未久,对于文学翻译的技巧仍在摸索阶段。这小说的书名该怎么译?当然,我可以不假思索,译成"悲惨咖啡馆的歌谣"之类,但是这小说讲述的乃是一段匪夷所思的三角畸恋,背景为美国南部小镇上的一家小酒馆。作者借酒馆的兴衰、主角之间的爱恨交缠,刻画出人性的错综复杂。这是美国文学中一部相当出色的中篇小说,原作者以 Ballad 一字作为书名,用意在于以叙述体的手法,娓娓道出一段发生在过去的传说。至于 Cafe 一字,尤其难译。何谓 Cafe?这小镇上唯一的 Cafe 是可以卖酒的,因此成为了居民聚集消闲的社交中心,假如译成咖啡馆,就跟原著的氛围大有出入。此外,Cafe 也可以是一家大饭店,如巴黎歌剧院附近海明威曾经光顾的 Café de la Paix。The Ballad of the Sad Cafe 到底该怎么译?我最初想到的书名是"酒栈悲歌"。记得当时曾经请教过名翻译家高克毅先生(笔名乔志高,即 The Great Gatsby《大亨小传》的译者),他认为"悲歌"两字很好,值得保留,但"酒栈"两字,是"酒馆"与"客栈"的合称,一来不通用,二来与原著内容不合,故提议改译为"小酒馆的悲歌"。这就是 The Ballad of the Sad Cafe 中译书名的由来。

20 世纪 70 年代末我翻译康拉德(Joseph Conrad)的名著 An Outcast of the Islands 时,对于选择译名,又经过一番斟酌。这本长篇小说是我花费最多心血的译作,最初由台湾联经出版社出版,后由南京译林出版社于 2000 年在大陆出简体字版。康拉德的文字,辞藻富丽,句法复杂,要在译文中表达原著的神髓,需要竭尽所能,悉力以赴,译者花了极大的力气译成之后,对于译名,当然不得不慎重考虑。曾经想到两种译法:一为《荒岛游魂》,一为《海隅逐客》,终于选择了后者,以配合书中主角从文明社会放逐到天涯海角的情节。

翻译 *The Story of Noire*(Michael Bullock)时,书名虽然简单,但 Noire 一字的译法亦需要考虑。Noire 是女主角的名字,原为法文,音译为"诺娃",意译为"黑色",为了表达原著超现实主义作品的特色,采用了音义参半的译法"黑娃",而书名也就顺理成章译为《黑娃的故事》(南京:译林出版社,1996)。

有关书名、篇名的翻译,认真严肃的译者绝不会掉以轻心,很多名家在译本中都有详文论及,读者朋友在翻开译著时,不妨细心体会一下,必有所得。

十七

大处着眼、小处着手

　　常感到,翻译好比做人,必须随时随地顾前顾后,把握分寸,方可立于不败之地;翻译又像处事,必须大处着眼,小处着手,才能把一切办得妥妥当当。

　　一般来说,学生在准备翻译一部作品或一篇文章之前,先得注意一下文类,大致来说,可以分为文学翻译及非文学翻译两种。这两种文类,措辞用语极不相同。举例说,春寒料峭,山径上浓雾蔽天,这时候,如用文学语言来描绘,可能是"大雾弥漫,不见一物",如用非文学语言来叙述,则是"雾大,能见度等于零"。翻译时,原文又可能采用中性的字眼,可以译得平实些,也可以译得抒情些,这时候,就得依文章的类别,作出调整。例如,"The lake soon came into view",你可以译成"那湖很快出现在视野中",也可以译成"那湖迅即映入眼帘"。又如"The river doubles in size during the spring thaw"一句中,这"spring thaw"一词,有人译成"春季融雪期间",也有人译成"春光融融",当然,译者得看文章的类别,才能作出选择。

　　文学作品又分为散文、诗、小说、戏剧四大类。不论是哪一类,作者写作时,应会受到时代与背景影响,而作品的内容也会涉及一定的时空,故译者翻译时,对文章的内涵及文章之外的种种因素,都应有基本的认识。以时代来说,例如由香港中文大学文学院举办的第二届新纪元全球华文青年文学奖之中,文学翻译组别的比赛题目有一条由名翻译家高克毅先生出题,他选了 Henry James 的 *Washington Square*,其中有一句提到女主角的男朋友 Morris 在她家吃过饭后,她认为"Morris should call there again"。很多同学阅后,完全不理会当时的时代背景,竟然把"call"("拜访"之意)译成了"打电话",这种情况,实在是可以避免的。当然,也有原文作者自己把时代背景调乱的。这种错失,英文叫作"anachronism"(即"弄错时代"),遇到这种情况,译者该怎么处理呢?一般来说,他应该按原文如实译出,然后再加注释以澄清事实。译者并没有义务为原文"粉饰太平",却有责任为读者"拨乱反正"。其实岂止时代错置而已,原文中许多关于历史、常识、风尚、习俗、典章、制度的内容,倘若与事实不符,译者也应尽可能一一加注修正。

除了文章的类别、作品的时代背景、内容的史实等问题之外,译者在下笔之前,应该先定定调子。正如许多年轻的朋友目前喜欢唱卡拉OK一般,通常,选好歌曲之后,还得把调子调校到适合自己的音域,唱来才舒展自如。名翻译家也会定调子的,如傅雷在翻译前常常翻阅《红楼梦》及老舍的作品。我自己在翻译《傅雷致傅聪业师杰维茨基函》时,也先参考傅雷致黄宾虹信件。定调的作用等于在航行之中安置方向盘,翻译时必须先确定了路线,才可以循序前进,而不致迷失了方向。

到正式落笔翻译时,就必须思前想后,顾左盼右,一刻也松弛不得。举例来说,假若译者选译的是首诗,则除了注意有韵、无韵、音步、节奏、形式、长度等问题之外,对于选字用词,亦大有斟酌。"Poetic diction"即为诗的语言,与一般用语颇有出入,例如"earth"一字,可译成"地球",也可译成"大地";"head"可译成"头颅",也可译成"脑海"。第一种译法非常准确,却毫无诗意。译者必须在翻译过程中悉心体会,仔细推敲,才可以在平平无奇、淡而无味的语言中注入诗意。例如"Evening sadness fills the room"一句,可以译成"晚上,悲伤充满了房间",也可以译成"晚愁盈室"或"室内弥漫着黄昏的哀愁",到底哪句有诗意,哪句没有呢?当然是见仁见智,必须看全诗的译法,才有定论,但把"room"译成"房间",无论如何都不符诗的译法。又如赋咏四季时,诗人若以拟人法描绘,如"Winter with its ice-cold eyes","Spring with its warm fingers","As spring waves goodbye to winter"等等,又该如何处理呢?假如老老实实译成"冬天冰冷的眼睛"、"春天暖和的手指"、"当春天向冬天说再见"就毫无诗意可言。于是,有的译者考虑用"寒冬的冷眼"、"寒冬冰冷的双眸"等等;至于"fingers"有人译成"指尖"、"指头",或干脆译成"手",甚至"弹指轻拂"等,以避开"手指"的译法,现代汉语多为双语词,如把"spring"及"winter"一律译成"春天"及"冬天",就显得用词太贫乏了,是否可以考虑译成"初春向晚冬告别"、"初春送严冬"、"早春别了残冬"呢?翻译,尤其是文学翻译,其实是一种再创造的过程,其中创造的空间有多大,完全视乎译者双语能力的高低及翻译策略的取舍而定。

翻译要从大处着眼,掌握原著的神髓、氛围、气势与语调,以期在译文中再现出来。但是译文所采用的毕竟是与原文不同的另一种语言,因此在行文分段、造句遣词等方面都必须有其独特的方式。正如许多知名学者如余光中、蔡思果等所倡导,中文有其特殊的生态,因此欧化也有良性与恶性之分,把外国的说法不分青红皂白,通过硬译死译照搬过来,不但不会丰富中文的词汇与表达方式,反而会破坏了中文固有的生态环境。例如现在香港人动不动就喜欢用"分享"两字,其实是从英文"share"一词翻译过来的。前不久,中大某一学生团体请了一位曾经坐过牢的先生来演讲,竟然在学生报中说"当晚的嘉宾某某先生分享了他在狱中的生活和体会";南亚海啸肆虐,港人纷纷解囊筹款,报上又说在慈善大会上大家"分享受灾人士的痛苦经验"。中文里有许多固有的用语如"同甘共苦"、"同舟共济"等,现代人似乎已经忘得一干二净了。英文里提到伴侣或朋友间互相扶持的情谊时,往往会说:"A happiness shared is a happiness doubled, a sorrow shared is a sorrow halved."这句话译成中文应该类似"有福共享福倍增;有苦同受苦减半",而不是"一种分享的快乐是加倍的快乐;一种分享的苦难是减半的苦难"。

翻译时还需注意通篇的语感。最近,硕士班翻译工作坊的同学选译一篇侦探小说 *Murder on Clam Pond*(Douglas Kiker)。文章一开始介绍一只狗,"At the age of fifteen this spoiled little white poodle bitch had only one upper tooth left in her head."故事主人翁与妻子离婚后,这只原属妻子的狗归丈夫饲养,于是第二段一开始就说,"MouMou was my wife's dog, when I had had a wife"。译者译笔流畅,译成"毛毛原是我前妻的爱犬——说来我也曾经是个有妇之夫"。为什么把毛毛译成"前妻的爱犬",而不是"我妻子的狗"呢?全班同学为此展开热烈讨论。译者中文造诣颇佳,不愿把"dog"译成单词"狗",但"爱犬"两字又从何得来?原来他是从第一段文字中"spoiled little white poodle bitch"得出的。由此可见,一字之译,也煞费周章,要成为一位出色的文学翻译家,又谈何容易。

十八
从郁金香说起

  白先勇的散文集《树犹如此》之中,收了一篇关于翻译的文章:翻译苦、翻译乐——《台北人》中英对照本的来龙去脉。在这篇文章里,他把《台北人》译成英文的过程,叙述得十分详尽。原来,翻译《台北人》是一项艰巨的"团队工作",作者跟合译者叶佩霞由1976年至1981年,历时五载,在主编名翻译家高克毅先生领航掌舵之下,共同努力,不断向前,"乘风破浪,终于安抵目的地。"这项历经艰辛的文字工程,涉及许多不足为外人道的甘与苦,白先勇不但用文字记载下来,且在2000年12月莅港参加中文大学举办的"新纪元全球华文青年文学奖"时,与当时一起来港颁奖的高克毅先生共同举行了翻译讲座,把苦乐参半的经历,娓娓道来。

  印象中,我最记得清楚的是有关一个花名的翻译。在白先勇的名篇《永远的尹雪艳》当中,主角尹雪艳是个活色生香的人物,她一出场,就令人印象难忘。"那天尹雪艳着实装饰了一番……。为了讨喜气,尹雪艳破例地在右鬓簪上一朵酒杯大血红的郁金香,而耳朵上却吊着一对寸把长的银坠子。"(《台北人》,香港:中文大学出版社,2000,21页)这"郁金香"三个字的确用得妙。"郁"点出了神态,"金"代表了"色泽","香"带出了"气息",可是一译成英文,就变成了"tulip",不但是个双音节字,而且语音急促,绝无"郁金香"三字引发的美感可言,这可如何是好?译者商讨之下,决定改译为camellia(茶花),取其音节绵长有致、婉约动人之故。谁知后来《台北人》出了中英对照版本,这样一来,不得不把"郁金香"还原成"tulip",免得读者诸君以为这个"翻译团队"竟连这么浅显的花名也译错了。

  翻译,尤其是上乘的文学翻译,的确是件煞费苦心的工作,译者在思忖如何换码的过程中,有种种考虑的因素,而中英两种文字,又相距太远,不如英文与法文之间关系密切,恍如近亲,好比英文的tulip,译成法文就是tulipe,翻译起来又何须如此煞费周章?

  在《台北人》中,还有一个有关花的妙译。话说《游园惊梦》里钱夫人的妹妹名叫"月月红",这名字既包括叠字,也包含颜色在内,译成英文,又是一项极大的挑战,所幸高克毅先生译艺精湛,很快就解决了问题。"月月红"指的是月季花,也即是玫瑰的意思,汉英词典译为"Chinese rose"。根据白先勇所说,高先生想到了"red-red rose"的译法,源出于英国诗人彭斯(Robert Burns)的名诗句"My love is a red, red rose."这么一译,不但有颜色,连叠字也迎刃而解了(见白先勇,《树犹如此》,台北:《联合文学》,2002,95页)。

由于上述两个例子,令人想起有关花卉的名称,中英往往差异极大,因而翻译时造成不少困难。"Rose"译成中文时,至少可以有"玫瑰、月季、蔷薇"三种说法,有时要视语境的不同而作出适当的选择。爱插花的人都知道,为了托出主花,可以配以"满天星",这是一种美丽的小白花,枝挺花秀,插在瓶中,远望正如繁星点点,悦目怡神。这种花,英文名字叫作"baby's breath",令人想起婴儿吐气如兰、美如天使的神态,的确是少见的中英俱美的花名。其他有些花就未必如此幸运了。

童年时,从上海迁居台北,住在当时尚为郊区的和平东路三段。每日晨起,曙光初现,走到园中,只见篱笆上爬满了紫色的花朵,就如少女的浅笑,煞是好看,只可惜这种花到了午后就没精打采,收敛笑容了。听大人说,这叫牵牛花。为什么叫"牵牛花"?一点都不明所以,后来才知道这种花的英文叫"morning glory",意指上午精神奕奕的花朵,这名字似乎比中文名贴切多了。

印象中还有一种花朵,花开紫色,在巴黎时曾经于南郊的大学城里见过。夏天盛放时花朵闲闲散散地舒展出来,像双邀人一握的盈盈玉手。后来,在旅英途中,又看到满山满谷都是这种花,问当地人这叫什么,告之为"honeysuckle"。一直不知道此花的中文名,后来查阅有"活植物百科全书"之称的胡秀英博士的新著《中华食用植物》,才知道叫作"金银花"。这花开放时既不闪金,也不耀银,到底因何得此名称?看来这谜团有待下回见到胡博士时当面请教了。

同样一种花,可以有很多不同的名称,有的是属科名,有的是学名,有的是俗称,正如每一个人可以有名、有号,有乳名、学名、绰号、别称等等,翻译时,一不留神,也可能产生错误。以下是我的亲身体验。

原来一直到前几年,我才弄清楚荷跟莲是同一种植物,一向以为荷的英文名是"lotus",莲的英文名是"water lily",也曾见过大如台面的荷叶,小可手握的莲花,因此,总觉得这两种花虽然都生于水中,总有些区别吧!谁知请教过今年欢庆百龄的胡秀英博士,才知道自己多么无知!荷跟莲根本是同一种花的不同名称,不但如此,此花还可称之为"芙蓉"。那么,古华的名著《芙蓉镇》译成英文时,是否是

Lotus Town 呢？这又不然！到底是什么原因呢？

  我们假设一个翻阅词典的历程，翻译前，在看到"芙蓉"两字时，先会查一下《汉英词典》。据《汉英词典》的解释，"芙蓉"其一为"cottonrose hibiscus"，其二为"lotus"，到底该译成哪一个？再查一下《辞源》。《辞源》中指出"芙蓉"之意："（一）荷花的别名。其实名莲；（二）木名，以别于莲花之称芙蓉，又称地芙蓉，木芙蓉，木莲。其花八九月始开，耐寒不落，故亦名拒霜。"接着又引东坡诗曰："千株扫作一番黄，只有芙蓉独自芳。"由此可见，芙蓉既是莲花的别称，又是另一种花名，因此，翻译时就不得不小心应付了。

  假如原文提到的是"芙蓉出水"，即指荷花，比喻清新秀丽之意，那么翻译时就该译成"lotus"或"water lily"，如白居易《长恨歌》中提到"归来池苑皆依旧，太液芙蓉未央柳"，那芙蓉是指荷花；而前述苏东坡句或《芙蓉镇》上所指的芙蓉，则应译为"hibiscus"。但把"hibiscus"一名中译时，又有不同的讲究，在《牛津高阶英汉双解词典》第六版中，"hibiscus"译为"木槿"，并没有列出"芙蓉"两字。换言之，莲、荷、芙蓉可以是同一种花，生于水中；芙蓉又可以是另一种花卉，长于树上。前者英译为"lotus"或"water lily"，后者则为"hibiscus"；但"hibiscus"中译时除"芙蓉"外，又可称为"木莲"、"木槿"或古雅的"拒霜"，译者如何取决，完全要视乎文章的性质及名称出现时的语境而定。

十九
修饰词的翻译问题

2004至2005年度上下学期,我都负责教授香港中文大学翻译硕士班的"翻译工作坊"。我把授课的内容分为三个阶段:第一阶段是Drill,即集体练习,好比新兵入伍后的操练,为上战场做出准备;第二阶段是Presentation,由学生个别翻译自选的篇章,并在课堂上择取其中若干片段轮流报告,每一篇都有另一位同学担任Commentator(评述员),对翻译的策略、取向、技巧等加以评论;第三阶段则为最后的总结,学生可以就翻译这篇作品时所遭遇的"疑难杂症"提出问题,与全班同学及教授一起探讨,共商对策。这种授课方式,前两阶段行之已久,功效显著,第三阶段则需视全班人数多寡而定。一般来说,香港大专院校的学期较短,以中文大学为例,每学期只有十三四周上课时间,因此,"工作坊"的学生人数倘若多于十五六位,以每课两位同学作报告计算,在轮流报告的程序完毕后,就很难再有时间进行第三阶段的讨论了。

在同学讨论各自在翻译过程中所遭遇的"疑难杂症"时,发现大家面对的难题大同小异。当然,由于各人的程度参差不齐,也曾产生过某甲的问题,在某乙的眼中根本无足为奇的现象。但翻译毕竟涉及两种不同文化之间的交流,而同学之间的教育水平相若,生活背景相近,因此大家遭遇的难题,也就有许多互通的地方,以下就各类问题分别说明。

先讨论有关修饰词的翻译问题,初学者往往以为翻译时,看到原文有一大堆形容词,就必须根据其先后次序,依序排列,不可擅改,例如看到"a short, slight, pretty girl"或"a tall, dark, handsome man"这样的原文,就会译成"一个矮小、瘦削、美丽的女孩"及"一个高大、黝黑、俊俏的男子"。这样的译法不能算错,但绝不理想。翻译时遇到一连串修饰词时,至少该注意几项问题。第一,这些词出现的前后次序,英与中并不一定相同。前述两句先说"矮"、再说"瘦"、再说"美",以及先说"高"、再说"黑"、后说"俊",固然不成问题,但有些句子翻译起来,却不能如此。例如"a little, red, fragrant flower",倘若译成"一朵小红香花",则肯定不合中文的习惯说法,译者一般会改译为"一朵芬芳的小红花",但这是不是唯一的译法呢?却又并不尽然。翻译时首先得注意一下全文的语境,倘若前文提到满院花开,群芳尽显黄、白二色,突然瞥见红花一朵,译者欲把 red 一字凸显出来,即可译成"一朵颜色艳红、气味芳香的小花",或"一朵纤小芬芳的红花";假如原文依语境,需要强调 little,则可译成"一朵小小的花,又香又红"。第二,原文中的修饰词,并非逐字对译就可了事,正如前述的许多译法,有时可把两个词并成一个,有时可把一个词变为四字成语,何时需要加强或压缩,必须随机应变,灵活处理。第三,原文修饰词的次序,在译文中既可先后调动,那么,译者翻译时,就必须注意语感、修辞与音律之美。中文里多用双语词或四字结构,当然,有时为了错落有致,也会用一些三个字的形容词,但是译出来的句子,如用"二、五、三、四"字连成的长串,则看来碍眼,念来绕口。通常,把字数较多的形容词放在最后,如"二、二、四";"三、三、四",节奏感会较佳。第四,形容一样事物或一个人物而使用连串的修饰词,即使彼此之间在原文并无抵触之处,一旦译成中文,也往往由于文化的差异,而显得互不协调。

英文里出现"a short, slight, pretty girl"这样的句子时,由于是一名美女,译成"矮小、瘦削、美丽的女孩",自然毫不协调,译者可以译成"娇小玲珑、面貌秀丽的姑娘"或"娇小玲珑的美女"等多种方式。英美文学作品当中,形容人的五官相貌时,正如《齐向译道行》六、七两文中所述,往往与中文颇有出入,因此翻译时更需留神。由于审美观之不同,英文形容美女时,可以说她有 thick lips,翻成中文,千万不可译为"厚嘴唇",这与我国传统美女的"樱桃小口"无论如何都沾不上边,译者必须在连串修饰词中作出调整,译成"嘴唇丰润"之类,以便在译文中维系原文美女的形象。此外,即使与中英文化差异无涉的连串修饰词,翻译起来也不可掉以轻心,如"an ugly, sickly witty, charming face",既"ugly"又"charming",那怎么译?总不能说"又丑又美",这就必须考验译者的功夫了。又如"a beautiful, slim, talkative old man",既是老人,又如何会"beautiful"?"美丽"用不上,"英俊"用不上,好看的老人大概可用"清瘦"来形容。因此,翻译连串修饰词时,讲究极多,译者必须在词序、语境、语感、节奏、音律、修辞、协调等多方面注意,方能有所领会。

有关修饰词的问题,除了上述各项之外,还有一点要特别注意,即英文里有不少词汇,如 wonderful, great, kind, magnificent, terrific, spectacular 等等,这些字看似简单,其实涵盖的范围极广,普普通通的一句如"How wonderful he was!"要译成中文也颇不容易,若翻成"他是多么美妙啊!"念来简直不像中文!当然,这又必须视语境来小心揣摩了。即便"good"这个字,也是很难翻译的,在中文里,起码有"优、良、妙、佳、善、秀"等等说法,不能一概把"good"译成"好","better"译成"更好","best"译成"最好"。英文里常有"for your better understanding","to lead a better life"等句子,译成中文,应是"为了使您加深了解","过较高尚的生活",而不能动不动就译成"更好地了解"、"更好地生活"。

二十
别开生面的美语词典

香港中文大学出版社在2004年夏出版了《最新通俗美语词典》的增订版。这本词典是由高克毅及其兄弟高克永合力编著的。一般来说,词典都是"编"的,不是"著"的,这本词典却由两人"编著",这就点出了该词典与众不同、别开生面的地方。

早在十年前,也就是1994年,该词典的初版已由读者文摘远东有限公司印行,经过了十年的悠长岁月,世界在各方面都改变了,正如编者所言,这十载光阴,不但跨越了两个世纪,也见证了科技的突飞猛进与时局的瞬息万变。经济及文化的全球化,促使英语(尤其是美语)成为通行世界各地的语言,许多新词新语不断衍生,因此,为了适应社会的需求,《最新通俗美语词典》增订本的面世,可说是适逢其时。

一般词典都会列出词条、释义、例句或图表,但这本厚达六百多页的美语词典却远不止此。编者谦称这本词典是项"家庭工业",也是"与人无忤的苦工",原因是在每一条目之下,不但列出精彩恰当、时有神来之笔的中译,附有详尽清晰的定义,加以"解说和注释,并搜集实用的例句",最难能可贵的还是全书乃"根据编者旅居美国多年的第一手经验,以个人观点和随笔体裁编写"而成的。高克毅先生祖籍南京,于美国密歇根州出世,三岁回国,在中国成长,毕业于燕京大学,后返美定居,是当今译坛难得一见的双语人才,毕生从事促进中外文化交流的事业,这次与胞弟高克永先生协力合作,编著《最新通俗美语词典》增订本,在原有基础上,加添了一百多页崭新资料(例如2003年蔓延全球的世纪疫症SARS一词等),使内容更为丰富充实。

这本词典之所以称为通俗美语词典,正因为词典中所收的许多条目,既有趣又实用,而且在一般英语甚或美语词典中是找不到的,唯有像高先生这般事事关怀的有心人,学贯中西的大译家,才有这种功力与魄力,把千丝万缕的通俗美语分门别类,把其间的来龙去脉娓娓道来。历来有不少用功的学子,喜欢精读字典,甚至背诵字典,这种做法,毕竟稍嫌枯燥乏味,但这本词典中的每个条目都包含一个或多个小故事,往往令人读之欲罢不能。词典里还包括许多有关美语的双关语与笑话,妙趣横生,令人莞尔,处处透显出两位编著者的机智与幽默。

譬如说,在"Age before beauty"条目中,高先生就举了非常生动活泼的例子。中国人一向敬老,但是,在今时今日大都会拥挤不堪的公车上,年轻人是否还有让座的习惯,抑或一见空位,就一个箭步抢先坐下?高先生给大家提供了一个妙计,遇到这种情况,上了年纪的人倘若正待坐下,忽然有个小伙子或年轻姑娘来抢先,你就不妨说句"对不起,age before beauty!"(长者在前,美人在后),包管奏效。当然,这也得那位年轻朋友有文化、懂幽默才行。

这本与众不同的词典所罗列的条目,都是活生生的日常用语,而非死僵僵的过时教条。书出版后,我曾经向高先生越洋致电,以示贺忱。高先生告诉我以下一个小故事,更表现出这本词典可供活学活用的精彩面貌。话说2004年7月4日,英国温布顿举行网球冠军争夺赛(Wimbledon Tennis Tournament, 2004),刚开场时,美国选手Andy Roddick以凌厉发球攻势占了上风,谁知连着几局敌不过瑞士对手Roger Federer的稳健技法,终于败北,使后者卫冕成功。第二天《纽约时报》引述Roddick的赛后语曰:"I threw the kitchen sink at him, but he went to the bathroom and got his tub."这句话中,"the kitchen sink"三个字出自成语"everything but the kitchen sink"(见《最新通俗美语词典》增订版,205页),意即"包罗万象",指"家里所有东西一股脑儿都拿出来了,只有厨房里的水槽拿不出来,因为水槽是钉牢的,无法移动"。Roddick在此意指自己在决赛时,使出浑身解数,用尽全力,可是对手太强,自己祭起"kitchen sink"的法宝,对方却居然用"bath tub"(洗澡缸)还以颜色,故虽输球,亦心服口服。这是一句不折不扣的俏皮话,因而记者认为Roddick虽败犹荣,因为他"won the battle of one-liners"。"One-liner"意指"俏皮话"(见《最新通俗美语词典》增订版,424页),也是通俗美语,可见出言幽默,在建立公众形象方面,确实占了不少便宜,赢尽人心。

随着中国越来越进步开放,年轻朋友接触的美语电影书刊也越来越多,很多时候,单凭一两本正经八百的传统词典,解决不了理解上的困难,高先生的词典正好弥补了这方面的不足。比如说,年轻学生收到一张同学会的请帖,上面注明"B. Y. O. B."字样,这又是什么意思呢?一般正式请帖都会印上"R. S. V. P."(那是由法文来的),表示"敬请回复"出席与否的意思,但"B. Y. O. B."却是"Bring your own bottle"的缩写,意即"自带酒来"。又如"dress to kill",这是目前香港年轻人常爱用的说法,意即某人"打扮得漂亮煞了",现在的流行语是"漂亮得杀死人"。这说法,可能就是根据美语直译而来的。

书中有趣的条目还很多,如"bill and coo"、"catch-22"、"cold turkey"、"blame game"、"gobbledygook"等等,五花八门、不一而足。这本书,正如编著者所言,虽然是一本字典,却"也不止于一本字典"。其实,《最新通俗美语词典》可说是本窥探美语缤纷天地的入门宝典。

二十一
钟摆的两极(一)

有关翻译的比喻很多,林林总总,不一而足。大部分的比喻与翻译的本质、翻译的过程、翻译的技法等有关,而我在这里所讲的,却涉及翻译的类别。

记得大学毕业之后,第一份工作就是当"亚细亚石油公司"的翻译与期刊编辑。由于公司的业务所致,任内所涉的翻译文件范围很广,包括化工、农药、机械,以至于人事、推广、宣传等,当年香港第一本《天然石油气(当时称丁烷气)使用手册》,就是我翻译的。其实,在大学时代,我是念英国文学的,念文学而去从事科技翻译,几乎是风马牛不相及的两回事,但是记忆所及,我当年并没有遭遇多大的困难,了不得遇到连串的专有名词而弄不清时,请教一下同事或上司,查阅一下词典,问题都可迎刃而解,我对基本语法及翻译技巧的掌握,大都可以通过文学的修养而得到种种启发,并且在实际翻译时举一反三,灵活变通。

自从那时候起,数十年来,我与翻译结下不解之缘,往后不论做翻译、教翻译、改翻译、谈翻译,甚至推动翻译及双语工作,都在不同的层面上接触过各种范畴的翻译,包括长中短篇小说、诗歌、论文、书信,以及新闻、财经、历史、哲学、科技以至法律等多种文学与非文学类的作品。由于经验的积累,我终于领悟到,翻译不过是一个总称,而译不同类型的文本,实在需要运用迥异的手法与技巧。

假如翻译活动是一个钟摆,那么,钟摆的两极就是文学翻译与法律翻译。这两种翻译对译者的要求,一左一右,南辕北辙。文学翻译中倡导的种种原则,一运用到法律翻译,几乎都行不通。

我在 1988 年至 1997 年间,由于因缘际会,参加了一项极有意义的工作,即在香港双语法例咨询委员会(The Bilingual Laws Advisory Committee,简称 BLAC)中出任委员,前后经历八年半,其主要的职责为"审阅法律草拟科所翻译的当时现行条例的翻译本",并提出意见,务求中英文本的内容一致,以便推行双语立法。当时,香港现行条例共有 31 卷,其中所载公共条例凡 523 条,共达两万页之多,而委员会虽包括法律专家及语言翻译专家,但人数不多,故全体委员必须殚精竭虑,全力以赴。

在逐字逐句审阅种种条例的过程中,我发现凡是以文学翻译惯用方式来翻译法律文件时,几乎都不获法律专家的认同,而法律专家提出的意见,又往往不为语言学者接受。老子曾言,"信言不美,美言不信",在法律翻译中,这句话得到了最大的验证。的确,法律文件若要优美流畅,朗朗上口,则往往失诸疏漏,有欠缜密;要句句相扣,字字精准,则又往往冗长累赘,难以卒读,这就是法律翻译的矛盾与困难所在。

文学翻译要求的,正是傅雷所提倡的"行文流畅,用字丰富,色彩变化",三者缺一不可,在翻译的过程中,创造的空间越大越佳;而法律翻译着重的,却正好相反,字里行间所表达的意义,最好不要有弦外之音,越明确严谨越好。法律翻译的每一个词汇,每一个短语,都有固定的译法,正如孩童所玩的 Lego 一般,每一块有其本身不变的色彩形状,移至任何一个模型,都可恰如其分地一嵌而就。因此,法律翻译中的每一个词汇在翻译时,必须先确定一系列可能出现的译法,而不能任随语境灵活应变,否则必然会出现差错,并造成法律上的漏洞。

犹记得 BLAC 运作期间,曾经有不少内地的法律专家表示,翻译香港法律文件,交由内地众多法律界人士联手协作就行了,保证不费半年就可把两万页英文条例译成中文,何必大费周章,在香港劳师动众,旷日持久,足足要花八年半的工夫?若以效率来说,此话不差,若以法律精神来看,则此法不通。原来香港实行的是普通法,跟内地法律截然不同。以下,举个最明显的例子说明。

"Attempt"这个词,字典一般译为"尝试、努力、试图"等,而"attempted rape/murder/robbery"等罪行,倘若查阅 *A New English-Chinese Law Dictionary* 及其他参考资料,就会发现一般都译成"强奸/谋杀/抢劫未遂",这"未遂罪"在中国的刑法中是常见的用法,如此翻译,似乎顺理成章,但却跟普通法的原有精神大有出入。根据法律专家的意见,普通法中"attempt"的概念与中国大陆及台湾的"未遂罪"并不相同。我在另一篇名为《香港法例中译的几个问题》的文章中,对此点曾经详细解释,现转录之,以兹说明:"'Attempt'着重尝试,尝试的结果可以成功,也可以不成功,而'未遂'却侧重犯罪目的没有达到,再者,根据中国刑法,'犯罪未遂'、'犯罪预备'和'犯罪中止'都属罪行范围,但在普通法中,'attempt'与'preparation'却是一个罪行与非罪行的问题,因此,把'attempt'译为'未遂罪',很容易使人产生误解,以为普通法的'未遂罪'和中国法的'未遂罪'意义相同。"

因此,我替《牛津高阶英汉双解词典》(第六版)审订译稿时,就把"attempted rape/murder/robbery"改正为"企图强奸/谋杀/抢劫"。"未遂"两字虽念来通顺,但一旦涉及法律意义,就不得不舍弃不用了。

# 二十二

钟摆的两极(二)

上一篇文章曾经提到,假如翻译活动是一个钟摆,那么,文学翻译与法律翻译就是钟摆的两极,现在再举例说明。

香港的公共条例共有 500 多条,即以我所任教的中文大学,就必须受到《香港中文大学条例》(第 1109 章)(The Chinese University of Hong Kong Ordinance)(Cap. 1109)所规管,有关大学的组织,如校董会、教务会、评议会的设立及其个别的权力与职责,教职员的聘任,大学的规程、学位及学术资格等事项都有明文规定,学校必须依法办事,一切公正、公平、公开,并向公众负责。

在双语立法的过程中,为了确保中英文本意义相等,每个文本都以同一形式出现。1993 年年底,当时的"香港律政司草拟科"把 The Chinese University of Hong Kong Ordinance 译成中文,并邀中大校方对译本提出意见,以便于 1994 年先由双语法例咨询委员会(Bilingual Laws Advisory Committee,简称 BLAC)审阅,经定稿后再交由当时的"立法局"审批,并正式颁布为香港法例。当时,我既为中大工作小组的成员,又是 BLAC 的委员,身兼双重任务,因而出入两方会议,从中对法律翻译的本质,更有所认识。

中文大学既以"中文"为名,当然对行文流畅、用字精确等原则十分执著,凡有语气不顺的地方,立即提出更改,但是 BLAC 成员却注重法律的概念是否正确,法例中的形式与语言是否前后一贯,所谓牵一发而动全身,由于中大条例只不过是众多条例之一,香港还有其他大专院校,万一中大在条例译文中修改一字一词,则势必牵涉其他院校的条例,是否也该跟着改呢?譬如英文原文在"弁言"里提到中大的职责之一为"Stimulate the intellectual and cultural development of Hong Kong and thereby to assist in promoting its economic and social welfare",律政司草拟科原先将之译为"刺激香港的学术及文化发展,从而协助促进香港的经济及社会福利"。这句话译得颇不顺,因为用"刺激"两字来配合"文化发展",实在是患了配词不当的毛病,再者,"经济及社会福利"也有问题,"社会福利"一词常见,"经济福利"

则不然,那么,该怎么改进译文呢?中大工作小组遂提议改译为"促进香港之民智与文化,藉以提高区内之经济效益及社会福祉"。这个译法,一送到BLAC,立即遭到否决,因为"经济效益"之英文为"cost-effectiveness",而原文并没有提到这个词,故顺则顺矣,但不精确,而"social welfare"一词,早有定译"社会福利",并通行于所有其他的法例,此处若改为"社会福祉",虽然看来很优雅,但与其他法例不符,故只好割爱。最后,经多次探讨,这一句遂决定译为"促进香港的民智与文化的发展,藉以协力提高其经济与社会福利。"由此可见,法律翻译,往往必须在"流畅"与"精确"两者中间落墨,倘若两者不能妥协时,则必须取"精确"而舍"流畅"了。

法律翻译往往还受到诸多因素的牵制,吾人必须兼顾的有法律、语言、翻译及其他各种问题。单以法律问题来说,一词之译,我们必须先了解其立法的背景与过程,其确切的法律定义或解释,日常用语的司法解释、法律概念、法律规则及法律程式的阐释等等复杂的问题,假如再涉及句法、词汇及社会因素等语言问题,那就更千丝万缕、纠缠不清了。

以BLAC的运作来说,我们曾经以长达两年的时间,一共开了40次会议来讨论"barrister"及"solicitor"的中译。香港根据英国的普通法,把律师分为两种,"barrister"译为"大律师","solicitor"则译为"律师",两者专注的业务范围不同,但地位相等,但由于译名之故,往往引起不少行外人的误会,以为"barrister"的地位比"solicitor"高,有从事"律师"事务者,曾经遭亲友询问"何日方能升任大律师",令听者啼笑皆非。即使行内人,也会闹出笑话,有一回,内地的"中华全国律师协会"致函"香港律师会",却称之为"香港小律师公会",致函者认为香港既有"大律师公会",则必有相对应之"小律师公会"。其实这件事,也恰巧显示出两地由于司法制度不同,不时造成理解上的偏差。其实"barrister"与"solicitor"职责不同,前者多数为委托人上庭辩护,但必须通过"solicitor"转介方可与委托人接洽业务,后者则不一定就诉讼案件为委托人上庭辩护,多数处理一些事务性的工作,因此,如将两者分别译为"讼务律师"及"事务律师",似为可行之法。谁知由于约定俗成,且由来已久,BLAC这种建议的译法,终因"大律师公会"坚决反对而作罢。时至今日,香港的法律界仍然以"大律师"及"律师"来译"barrister"及"solicitor"。

换言之,不论在钟摆的哪一极,不论是文学翻译或法律翻译,往往都受到种种错综复杂因素的影响。翻译之奥妙,可想而知。

二十三
翻译中的"点烦"与"添烦"

前些日子,收到前《译林》社长李景端先生的来函,信中附了一篇他的文章:《学术评论切忌"扣帽子"》。文章中提到有一位先生重译了西班牙文学名著《堂吉诃德》,这位先生认为杨绛的译本可作为"反面教材",主要的原因之一是他自己的新译有83.9万字,而杨绛的译本只有72万字,这少了的11万字,就变成了"杨绛删节误译的证据"。

李景端的文章提到为了弄清原委,他特地向杨绛请教,得知杨译原本也有八十多万字,后来经过"点烦",才删成七十多万字。"点烦"是唐代刘知幾《文史通义》(外篇)中的主张,认为写文章必须删繁就简,去芜存菁。其实,不仅写文章如此,翻译就更应如此,假如译文佶屈聱牙,冗长累赘,看来似通非通,读来绕口碍耳,谁还会去看翻译作品?杨绛在她的名篇《失败的经验》中,曾经把翻译的过程仔细剖析。她说:"翻译包括三件事:(一)选字;(二)造句;(三)成章。"而在"成章"的环节中,杨绛又特别提到"点烦"的步骤,她认为"芟芜去杂,可减掉大批'废字',把译文洗练得明快流畅。这是一道很细致,也很艰巨的工序。"可见,"点烦"是她一贯的主张,不但身体力行,也在文章里恳切陈述,详尽阐发。杨绛虽然是翻译大家,本身却是一个虚怀若谷的学者。还记得1985年我以香港翻译学会执委身份,随团访问北京译界人士时,在社科院的接待会议中,正好坐在杨绛身旁,那时候,她就告诉我要写一篇文章,把自己翻译《堂吉诃德》的心得如实记录下来。她说这篇文章的篇名将会是《慢镜头下的剖析》,后来,文章成形时,却称之为《失败的经验》,可见,杨绛是一位极其谦逊的译家,从不以自己的翻译成就而沾沾自喜,反而要把自己的宝贵经验书之成文,公诸同好。这一篇文章,极有分量,我多年来每次上翻译课时必定列为参考资料,此处也向读者郑重推荐。

我不懂西班牙文,因此杨绛的译本,与目前的新译本,到底孰高孰低,无从置评,然而任何一本经典名著,在译介的过程中,必有先后之序,却未必有高下之分。先驱者在羊肠小径上披荆斩棘,后继者在康庄大道上勇猛前进,两者都有其历史上不可或缺的功能,但是以译本字数的多寡来判断译本的优劣,倒不见得是一种合理的说法。

我教翻译超过 30 年,历年来,不论是长篇翻译或翻译工作坊,都发觉一个有趣的现象,就是习作规定的字数若以译入语(target language)计算,譬如学生于学期末必须交 3000 字或 5000 字的译文,则成绩越好的同学往往越吃亏,因为译得越差的,越可草草了事。凡译文累赘不堪、拖泥带水的,大可尽快填满字数,可惜给我一改,往往就缩成一半,学生必须再加努力,才可完成任务。其实,这就是"点烦"的功夫,经"点烦"之后,不但学生的作业缩短很多,优越的翻译家所拿的稿费,可能也减去不少。

年轻的读者近年来到国外访学旅游的机会越来越多,在出入国际机场的时候,往往会看到多种文字如中、日、英、法、德等并列的告示,请大家不妨细心观察一下,到底哪种文字最短、最精简?我记得季羡林教授曾经说过一句至理名言,他说,由于中国语文的简约精致,我国全体人民自古以来,在日常生活中不论书写阅读或交流沟通,不知节省了多少精力与时间!可惜,目前的趋势是中文越来越受恶性欧化的影响,大家下笔往往会化简为繁,语多冗词,在翻译中尤其如此,不见"点烦",只有"添烦"。

翻译时,很多人喜欢对号入座,一看见"share"就译成"分享",一看见"success"就译为"成功"。譬如说,"She never shares her feelings with her mother"一句,学生一见原文就译成"她从来不跟她的母亲分享她的感觉",这一句若经过"点烦",岂不是可以改为"她从不跟母亲谈心"?15 个字减成了 8 个。其实,岂止翻译而已,现在的学生有不少在写文章或写便条时,也不知不觉沾染上这种化简为繁的译文体,譬如说,最近有很多同学想上我的"翻译工作坊",因为名额有限,要抽签决定,其中有位同学来信说:"在抽签中没有成功获分配,甚感失望",这一句,经过"点烦",岂不是可以变为"因抽签抽不中,甚感失望"?

凡是中文功力越好的译者,越不能忍受啰苏不堪的文字,翻译或写作时,宁可自己多下些工夫,也不让读者念来受罪。杨绛的文字,炉火纯青,返璞归真,她在 1988 年,获香港翻译学会颁授荣誉会士衔,由我撰写赞词。当时杨绛未克前来香港,于是就写了一篇答词,嘱我代为宣读。这篇答词很短,但十分精彩,其中第一段是这样写的:"翻译大概是没有止境的工作。译者尽管千改万改,总觉得没有到家。世界文学杰作尽管历代都有著名译本,至今还不断有人重新翻译,表示前人的译本还有遗憾。所以译者常感叹'翻译吃力不讨好',确是深知甘苦之谈。达不出原作的好,译者本人也自恨不好。如果译者自以为好,得不到读者称好,费尽力气为自己叫好,还是吃力不讨好。"杨绛在这里连用几个"好"字,看似简单,其实奥妙无穷,译成英文,可不是一个"good"就应付得了。"翻译吃力不讨好",在英文里应该是"Translation is a thankless job","原作的好",可以说是"the merit of the original work","自恨不好"指的是译者的功力不够,应该是"not satisfied with one's own translation","自以为好",是"complacent","读者称好",即"highly appreciated(或 praised) by the readers",而"自己叫好",是"to boast(或 to brag about, to talk with too much pride about something that one can do)",最后的"还是吃力不讨好",则应是"still in vain"或"useless"。

由这一段答词,可见杨绛是位"点烦"高手,再深奥的内容,她也可以用简约精要的文字表达出来。杨绛在钱锺书辞世后翻译的力作柏拉图的《斐多》,就是用简单的日常用语来讨论严肃的哲学问题的。试想想,上述的答词,如果翻成英文后,再依现在一般人对号入座式的翻译方法还原,岂不是变成了"翻译是一项得不到感谢的工作"、"原来的作品的长处"、"一个人对自己的翻译不感到满意"、"自我感到满足"、"被读者们高度欣赏(或赞扬)"、"自我夸耀(或自我吹嘘,以太多的骄傲谈论一个人能做的某一件事)"、"仍然是白费工夫(一点用处也没有)"之类的中文了吗?

有关翻译中"添烦"的例子还有很多,留待下一篇再续,可是翻译时,要"点烦",还是要"添烦"? 相信明智的读者一定心中有数。

二十四
骑自行车的启发——翻译中的生与熟

香港翻译学会成立于1971年,迄今已经历34个年头,明年即将庆祝35周年纪念了,学会为一非营利性专业团体,现有会员300余人。30多年来,积极举办各项文化活动,以提升双语水平及推动翻译事业为宗旨。学会最主要的活动之一就是颁授荣誉会士衔予译界翘楚,迄今为止,获授荣衔的包括杨宪益、杨绛、方平、余光中、高克毅(乔志高)、林文月、齐邦媛、赖恬昌等多位名家,还有 Eugene Nida(奈达)及 John Minford(闵福德)等外籍翻译家,可说人才济济,阵容鼎盛。

今年,自我重新接任学会会长以来,经全体执委通过,决定颁发荣誉会士衔予三位杰出人士,即南京大学的许钧教授、台湾大学的彭镜禧教授和香港的罗志雄先生。

彭教授与许教授于9月初应邀来港,与罗先生一起举办"荣誉会士专题讲座",分别就各自的专长及译道行的心路历程发表精彩的演讲,有关专文以后将在香港翻译学会的学报上发表,以飨读者。此处要提的,却是许钧教授在会前闲谈中提到有关翻译的一则妙喻。

他说,在2003年SARS肆虐期间,为了避免搭乘公共交通工具,特地买了一辆自行车,准备每天自寓所至南大骑车上班,以策安全。谁知新车到手后,总共只骑了一次,共摔了四跤,还在半路上给年轻小伙子奚落一番,终于不得不放弃大计,簇新的车自此给冷落一旁,再也没派上用场。许教授时时刻刻以翻译为思考对象,念兹在兹,由此事件,不由得悟出做翻译犹如骑自行车的道理。原来初学者越紧张,骑车时越用手使劲握住把手,牢牢不放,越易摔跤;相反,老手即使双脱手,只要重心把握得好,也可轻轻松松,飞驰而去。换言之,一个刚做翻译的入行者,一看到原文,就抓住一字一词,绝不放松,这样译出的文字,必不堪卒读,而一位译坛老手,不必自囿于原文的表面意义、句法结构及行文次序,只要懂得掌握文中的深层意义及风格氛围,就可以译得行云流水,挥洒自如。

以下,举一些实际的例子以兹说明。

2004年12月,诺贝尔奖得主James A. Mirrlees爵士莅临香港中文大学领受荣誉社会科学博士学位,并代表其他荣誉领受人致辞,在讲词中,他提到杰出的词典学家Dr. Samuel Johnson,并有一段精彩的言论:"In his dictionary, which is not without jokes, Dr. Johnson had defined a lexicographer as a 'harmless drudge'. He was indeed a busy man, but not too busy. He had plenty of time for the marvelous conversations Dr. Boswell recorded. The breadth and depth of his interests are a model for all. Drudgery may help one to a doctorate, but I hope a doctorate may be held to declare at least that one is harmless."

这一段讲词,幽默机智,且言出有典。稍具有英国文学知识的听众都会知道,Dr. Samuel Johnson是18世纪英国知名作家、批评家、词典学家,在当时的文学圈子中举足轻重,以出言机智闻名于世,而Boswell则是Johnson的传记作者,把Johnson的一言一行都如实记录,流传后世。我曾把这段文字,请硕士班工作坊的同学翻成中文,硕士班中的同学,有的在翻译这一行中浸淫已久,有的则只读过译论译著,从未真正动手翻译,结果就产生了种种问题。

"harmless drudge"一词,同学分别译成"无害的、从事繁重乏味工作的人"、"无害的沉闷苦工"、"品性善良的苦工役使"、"无害的苦差"、"憨厚刻苦之人"、"无害的苦工"、"不祸害社会但单调乏味的工作"、"不会危害人间的苦工"、"从事无恶意苦差的人"、"不足为患的劳人"、"不害人的苦力"等等。且不说其中有些译法是错误的,例如把"harmless"译成"憨厚"、把"drudge"译成"苦力";有些译法不合习惯用语,如"劳人";有的译法不合语法,例如把lexicographer(词典学家)译为"苦差"(由人变成差事),大多的译法,都失诸烦琐,"harmless drudge"这两个字,原文运用得巧妙,假如译得啰唆冗长,在句子中一再出现,岂不令人昏头转向,厌烦不堪?初译者之所以译出"不祸害社会但单调乏味的工作"等句子,全都是患了初学自行车者紧紧抓牢把手、不肯放松的毛病;字典把"drudge"解释成"单调乏味的工作",就不敢不帖帖服服、搬字过纸。其实,译成"无害的苦工"或"不为祸的苦工"即可,否则,译起讲词中随后出现的句子来,如把巨木顽石搬来搬去,岂不累煞?名翻译家高克毅编汇《最新通俗美语词典》时,就借用Dr. Johnson这句隽语,自称是个"与人无忤的苦工"。

"The breadth and depth of his interests are a model for all"一句,同学的译法亦林林总总,不少人都显出初学者生拙慌乱、不知所措的毛病。例如"约翰逊博士所关心的事情之广之深给所有人一个很好的模范"。"模范"则已,为什么前面要加"所有人"、"一个"、"很好"这些冗词?又如"他治学范围之广之深堪称所有后进楷模",这一句译出"堪称后进楷模"已经不错了,为什么要画蛇添足,加"所有"两个字?原来一看原文,"a model for all"之中,有"for all"两字,译者骑在自行车上,战战兢兢,两手牢抓,两眼直望,一点也不敢放松,这就忘了中文以精简为主,译者应该"点烦",不必"添烦",这"所有"两字,不用也罢。另一位同学译成"他的学术研究范畴的深和广,绝对是我们的榜样","绝对"两字想必是译"indeed"的,但"堪称典范"是中文惯用的表达方式,措辞较为优雅,翻译时不必一看到"indeed"、"absolutely"等字,就译成"绝对"。想想看,中文里还有什么好的说法?

"He was indeed a busy man, but not too busy",这一句简单的英文,翻译时居然也使初学者手忙脚乱。同学译成"他实际上是一位忙碌的人,但并不十分忙碌"、"他实在是很忙的,但仍然有空,跟宝云博士交流"、"约翰逊博士真的很忙碌,但不会过度忙碌"、"庄信博士是一位大忙人,但他并不是一位太忙的人"、"其实忙碌的他并不十分忙"、"约翰逊博士努力不懈,但他不会过于忙碌"、"他是个很忙的人,但其实又不太忙"、"其实他日理万机,但又并非忙得不可开交"、"他其实是一个大忙人,但不至于忙得不可开交"、"博士贵人事忙,然非忙得不可开交"等等。这种种译法,有些太拘泥于原文,但又表达不出原文中轻松俏皮的语气,反而读来令人有语无伦次的感觉,不知当事人到底是"忙",还是"不忙"。原文的意思是约翰逊博士毕生孜孜不倦、勤于工作,但仍有闲暇与文艺圈中的友好交游往来,一代鸿儒留下无数隽言妙语,足为世人典范。

做翻译,确实像骑自行车,有一位朋友曾经骑着单车双脱手,还能吃一碗打卤面,翻译时,要达到这种境界,又谈何容易呢?

二十五

缤纷的色彩

欣逢新春季节,举目所见,都是璀璨的灯饰、缤纷的色彩,令人心情欢畅,隆冬时分的灰与沉,仿佛都已一扫而空。色彩,在我们的生命中,原来是如此不可或缺的要素!

除非是色盲,否则我们在日常生活中所视所见的一切,都是颜色分明的,因此,在每一种语言里,都有各式各样的颜色词,而在翻译的过程之中,颜色词的领会与表达,就成为非常巧妙而又极其重要的环节。

最早接触到有关颜色词与翻译的一本好书,就是张培基先生的《英语声色词与翻译》。这本书于1964年就出版了,可说是讨论颜色的先驱。根据张先生的分析,颜色词可分为实物颜色词及基本颜色词两种,例如"ruby"与"red","gold"与"yellow","sapphire"与"blue",每一组词汇都表达相似的颜色,但前者为实物颜色词,后者却是基本颜色词。

翻译时,是否一定要把实物颜色词译成实物颜色词,基本颜色词译为基本颜色词? 当然不必! 因为实物颜色词容易引起联想,而每一种语言的文化背景不同,对同一种颜色的表达方式,在译出语与译入语读者的心目中所唤起的美感经验,并不相同。譬如说,"米色"是一种素净的颜色,很多高雅的女士都对之情有独钟,但转换成英文时,译为"beige"即可,不必硬译成"rice colour",因为西方的主食是面包而非米饭,西方人进餐时并没有非大米饭不欢的习惯,假如原文中的"米色",带有温润的光泽,倒不如译成"cream colour"更为妥当。

由于种种微妙的关系,如何译好颜色词,就成了相当深奥的学问。首先,红、黄、蓝、白、黑等等基本颜色词,随着个别民族的喜好与习俗,各自带有不同的象征意义,这在很多有关翻译的文章里已经讨论过了,此处暂且不赘。这里要举的一个实例是我翻译文学作品时的亲身经验。多年前,我翻译了加拿大名诗人布迈恪(Michael Bullock)的诗集《石与影》(*Stone and Shadow*)(北京:中国对外翻译出版公司,1993),其中有一首诗"Blue Shadow"是这样的:

A blue shadow

sweeps over the landscape

turning the yellow wheatfield green

the red poppies purple

and tinging the white lilies

a pale azure

like fragments

of fallen sky

记得我最初翻译时,对着原文中的颜色词煞费思量。作者选用了 blue, yellow, geen, red, purple, white 等基本颜色词,再加上"azure 天蓝色"一词,构成了一幅七彩缤纷的画面。作者在这首诗中,用字简洁,译成中文,不宜太华丽,但又不能完全用"蓝、黄、绿、红、紫"等最简单的词汇,因为如此一来,必然使诗意荡然无存。权宜之下,采用了不少叠词(reiterated locutions),顺便也照顾了原诗采用头韵所表达出来的韵味,译诗如下:

蓝色的影子

轻拂过苍茫大地

把黄澄澄的麦田变成青绿

红艳艳的罂粟转为鲜紫

更为白色的百合染上

淡淡的浅蓝

犹如片片穹苍

自天而降

用中文的叠词来译颜色词,可以营造很好的艺术效果。不同的叠词,有不同的层次感,例如"白皑皑"指"snow white","白亮亮"指"shiny-white","白茫茫"则是指"misty and murky",还有"白晃晃、白花花、白闪闪"等。"黑森森"是"dark black","乌油油"则是"shiny black"。能够善用叠词,在翻译文学作品时,就不至于捉襟见肘了。

有的原作者喜欢选用简单的基本颜色词,如海明威,有的则比较喜欢用华丽的辞藻,如康拉德。但是即使是同一个颜色词,在不同的译者手中,也会因为行文气势、语气、音调、节奏,译者本身的风格、笔调,对原文的理解、体会,以及翻译时的文化背景及心理状态,而产生种种不同的译法。譬如说,看到"snow-white hair",译成中文,起码就有"白发、银丝、皓首、素发、华发、雪白的头发、银白的头发、斑白的头发、花白的头发、白发苍苍、白发如霜、满头白发、一头银丝"等十多种说法,到底该怎么译,必须要如余光中教授所说的"顾左盼右",如彭镜禧教授所说的"瞻前顾后",在译文语境中仔细揣摩,才能下定论。

翻译硕士班有一位同学翻译了一篇小说《无名父亲》(Lesley Pearse,*Father Unknown*),其中提到女主角 Daisy 的养母身患癌症,接受放射治疗后,美丽的金发脱落,后来又生出一些头发来,原文有一句"the new growth was white and as soft as a baby's",这一句中的颜色词"white"该怎么译?结果引起全班热烈的讨论。负责翻译的同学原先译成"新生的银发像婴孩的一般柔弱",有的同学认为译成"银发"太美化了,不像是接受放射治疗后的状态,于是提议改译为"白发";其他的同学则认为译成"白发"太凄凉了,既然"as soft as a baby's",为什么不可译成"银发"?还有同学认为不如译成"灰发",当然,中文提到"白发"时,英文常用"grey hair"来表示,但这次原文明明是"white hair",又何必译成"灰发"? 其实,问题出在原文的后半句上——"and as soft as a baby's",既然跟婴儿毛发相似,那么前面用"银发"、"白发"、"灰发"来译"white",都会显得突兀,为了协调起见,这一句或可译成"新生的头发柔柔白白,恰似婴儿的毛发一般"。同一段也提到这位女士生病后形容憔悴,"and even her blue eyes have faded to a duck-egg colour",这"duck-egg colour"该怎么译呢?同学译为"原本蓝色的眼珠也褪成淡青色",以"淡青"来译"duck-egg"是可以接受的,因为"青"色既为"绿色",也为"蓝色",蓝眼珠黯然无光,当可称为"淡青",有同学却认为"duck-egg colour"是灰色的,但一个人病后,蓝眼珠若变成灰眼珠,倒是比较少见的。

由以上实例所见,颜色词的翻译,相当复杂,以后看到"豆沙色、虾肉色、蟹青色、鱼肚白、鹅黄、葱绿、菱色、藕色"时,可要小心对付了。

二十六
性、元、度、化、值

  在心理学家 Linda Winkley 一本讨论儿童及青少年行为的经典作品 *Emotional Problems in Children and Young People* 中，有一章涉及"Conduct Disorders"。作者说："Children with conduct disorders frequently cause major problems for teachers because of aggressive, disruptive and defiant behaviour."这一句，学生在翻译班上译成："患有品行障碍的儿童，行为具侵略性、滋扰性和违抗性，经常为老师带来严重的问题。"译文念来颇通顺，似乎并没有什么可挑剔的，但是再进一步细究，却发现了一个有趣的现象。

  一般来说，英文喜用抽象名词来表达，如在字里行间常出现 feasibility（可行性）、aggressiveness（侵略性）、intensity（强度）、flexibility（灵活度）、expansionism（扩张主义）、modernization（现代化）、multiplicity（多元性）等字眼，译成中文时，除非是科技、法律类文献，一般不必非译成抽象名词再硬嵌在前言后语中不可，但是坊间所见，这种译法比比皆是。译者不是未受训练，不知翻译为何物；就是时间急促，未花心思去斟酌。结果译出来的文字，往往充满了"性、元、度、化、值"而不自觉，久而久之，积非成是，影响了年青一代思维表达的方式。这种不中不西的译文体，已经成为一时风尚，翻译写作时，下笔不带一些，仿佛就跟不上潮流似的。上述学生的作业，原文是"aggressive, disruptive and defiant behaviour"，根本没用抽象名词，译文却一连用了三个"性"，就是最明显的例子。

  何谓"译文体"？即英文中的"translationese"，以前曾经有人称之为"翻译腔"，即译文中带有浓重欧化语，念之佶屈聱牙，令人不忍卒读的腔调。但是，到了目前，我认为"翻译腔"已经不足以描绘这种现象了，因为演变迄今，已经形成了一种文体，这种文体不但在译文中出现，也在日常生活的写作、会谈、交流中出现。你不是经常会看到"可行性研究"、"持续性发展"、"积极性教育"、"多元化推广"、"高度赞扬"、"一定程度的贡献"等说法吗？北京一家五星级宾馆的餐厅，在客人用餐完毕后，送上问卷，其中一条问题居然说："我们如何才能提高您的就餐期望值？"耳濡目染之下，不少年轻人认为这就是中文最正宗的表达方式了。其实，上述学生的例子，为什么不可以译成"患有品行障碍的儿童，好勇斗狠，行为乖张，反叛成性，常为老师带来严重的问题"？

我在拙著《认识翻译真面目》(香港：天地图书有限公司，2002)中，谈到译文体时，曾经有一段话，兹摘录如下：

> "译文体"之所以可怕，不是因为现代中文里多了一些新的词汇、新的句法、新的表现方式，这原是无可厚非的事。可怕的是背后隐藏的一些思想概念，认为中文落伍过时，不够精确，在现代社会科技发展一日千里的情况之下，无法表达衍生出来的新事物、新观念。这种想法，在一般民间甚至学术界都相当普遍。
>
> 其实，中国自古至今，千百年来积累的文化遗产，何其丰盛；中国人的思想感情，何其深奥复杂。除了某些科技词汇、法律用语等需要借助外来语，或译制新词之外，日常生活中形形色色有关起居作息的用语，甚至思考推理的抽象概念，又何愁没有精确恰当的表达方式？

要直译死译英语中的抽象名词，其实也不是一件容易的事。例如有一位学生翻译名家 Doris Lessing 的小说 *The Diary of a Good Neighbour*（《好邻居日记》），话说做女儿的得知母亲罹患绝症，心情惶恐不安，眼见母亲病入膏肓，日渐消瘦，不知如何自处，于是说"I hate physical awfulness."这"physical awfulness"，该如何译？难道译为"身体上的糟糕度"不成？这样的译文可以接受吗？这位学生思索再三，依上下文译成"我讨厌看那副瘦骨嶙峋、形容枯槁的样子"。姑不论这是否是最佳的译法，起码她明白文学翻译中不乏创作的空间，可以让译者沉浸其中，先入后出。

类似的情况很多，在《牛津高阶英汉双解词典》第六版中，可以找到不少精彩妙译的例子：

1. Good writing is unfortunately the exception rather than the rule.（见 exception 条，588 页）

可惜优秀的文字作品真是可遇不可求。

（请比较"例外性而并非常规性"的译法）

2. "You're wearing a tie!" "Full marks for your observation."（见 mark 条，

1067 页)

"你打领带啦!""你真眼尖,我给你打满分。"

(请比较"你的观察度"的译法)

3. Her writings have extraordinary depth and solidity.(见 solidity 条,1671 页)

她写的东西立意极深,内容特别充实。

(请比较"非寻常深度和坚固性"的译法)

译文体目前在海峡两岸暨香港、澳门风行一时,肆虐成灾,以下是我根据最常见的流行语模拟出来的一段对话:

> 新世纪某著名大学两位高才生的对话:
>
> A. 昨天在课堂上王教授因应学生的需要,作出一项针对性很强的课外读物推荐。有一本可能是世界上其中最好的一本作品。
>
> B. 你作出了阅读吗?哪一本可读性最高?哪一本最有卖点?
>
> A. 昨天在图书馆当我正准备以多元化策略更好地进行高度集中的阅读时,忽然在邻座来了一位可观性很高的女孩子,穿了一条垂坠感很强的裙子,现出了多层次的姿采,使我第一时间兴起了追求的企图心,频频增强回头率。与此同时,我在心中进行了有关此事可行性的深化考量。作为一名新纪元的青年,在强化女性形象的操作过程中,不免产生了矮化自我的形象投射,深知要装备自我,内外增值,方可展开全方位攻略,成功获得成果。于是我对书本的集中度及注意值即时被影响,随之作出相应的调低,以致面对书本时,无法得出符合成本效益的增值。
>
> B. 谢谢你跟我分享痛苦的经验,我一定会铭记在心。

读者朋友看了这段话,不知有什么感觉?假如我们任由译文体中的"性、元、度、化、值"泛滥下去,习以为常,以后就得天天在日常生活中面对这样的文字。这种情况,正如余光中教授所说,英文没学好,中文却带坏了。

二十七
乐在其中

时常都会提到翻译之难、翻译之苦,仿佛这是天底下最吃力不讨好的一桩差事,既然如此,年轻人为什么还要入这一行呢?正如最近有位硕士生叹道:"干翻译,既辛苦,又赚不到钱!"事实也的确如此,天底下很少人能纯靠翻译,尤其是文学翻译而谋生的,更遑论因之而飞黄腾达了。

其实,不论自己做不做翻译,我们身处这个日趋全球化的社会,在日常生活中,不知不觉都会受到双语文化的影响,因而翻译的作用是无所不在、无远弗届的。认识一下翻译的面貌,在乐中求进,在趣中成长,倒不失为一种可行的办法。

翻译时应注意"过犹不及",我们必须采取中庸之道,不能译得太死,不能译得太活,要恰到好处,拿捏分寸,依上文下理揣摩语境,才能下笔。

有一回,听一位语言学家演讲,他提到倘若有人说一句"It's so cold here",按语境,起码可能有多重意思:其一,大冬天,天气真冷,要关窗了;其二,大热天,室内空调太冷,要调低或关掉冷气;其三,男女在月下共游后花园,女方暗示要男方脱下外套为她披上;其四,开玩笑之意,指友人唱 Karaoke 难听,如冷气开放,叫人起鸡皮疙瘩;其五,语带讽刺,周遭环境其实热不堪言……。语言其实是很难捉摸的,同样一句话,因不同场合,以不同语气、不同声调,由不同人物来说,就有截然不同的意思。因此,学翻译,能教我们心思敏锐,鉴貌辨色,下回看到"I have read your work"这样的句子,就知道可以依语境译出"我已经批改了你的作业"(老师对学生)、"我看过你的作品"(平辈之间)、"我拜读了您的大作"(客套语)等不同层次的话语。"Later they got married"可以译成"后来他们结婚了",也可以译成"其后他俩缔结良缘"、"盟订终身"、"共谐连理"、"永结同心"等等。总之,任何一个简单的句子,都应仔细推敲,悉心衡量,才可以译得恰当。译者经常接受这种训练,久而久之,在为人处世方面,必有所裨益。

做翻译时,初学者以为专有术语难译,浅字则容易对付,其实却不然。专有术语如学术名称,往往有确切内容,只要肯勤查字典,就不难解决。反之,浅字的内容变化多端,译来绝对不可掉以轻心。这光景,恰似看到严肃木讷者,我们往往敬而远之;遇上满脸堆笑者,我们却以为极易相处,而事实往往正好相反。有几个普通的动词最常见,又最变化莫测,如 to do, to run 等,翻开字典一查,含义极多,一不小心,就会掉入陷阱。普通的名词也难缠,例如"eyes"是眼,"dove"是白鸽,那么把"dove's eyes"译成"白鸽眼"就准没错了,谁知这句话在粤语中表示"趾高气扬、瞧不起人"的意思,而英文原义却指"温柔如情人的眼睛"。另外,指人"胡说八道"时,香港俗语谓"你的头!",这句话译成英语,绝不是"your head!",而是"my foot!"。

某些抽象的观念,如 good, bad, beautiful, ugly, 实在不容易处理,因为何谓好、何谓坏、何谓美、何谓丑,在不同的时代、不同的文化中,都有不同的含义。古人以"三从四德"为天经地义的事,现代女性大概不会认同了。古人以"三寸金莲"为美,时代女性却对"三英寸高跟鞋"情有独钟。因此,翻译起这些似简单又复杂、似寻常又不凡的字眼,最伤脑筋。有一篇由 Mother Teresa 发表的讲词 *Beautiful Smile and Love*,提到某一晚她在街上看到几个贫病交迫的穷人,就把他们带回照顾,她说:"The poor are very wonderful people. One evening we went out and we picked up four people from the street. And one of them was in a most terrible condition.... So I did for her all that my love can do. I put her in bed and there was such a beautiful smile on her face. She took hold of my hand as she said just the words 'Thank you'. And she died."这一段文字,我曾经叫"文学翻译"课的同学翻译。文中"a beautiful smile"一句,得出了种种不同的译法:"她脸上泛起祥和的微笑"、"她脸上泛起醉人的微笑"、"挂一个动人的微笑"等等。为什么有种种不同的译法?我在指示学生翻译的时候,也要求他们把运用的策略列出,以便体察他们翻译时的用心所在。第一位同学说:"beautiful,本想译成'安详的',但'安详'较适合老人,故选了'祥和的'";第二位同学说:"可以想象得到,那个女孩当时濒临死亡,但仍努力挣扎出来一个笑容,送给那个对她献出爱心的人。这是一种何等动人的情景。用'醉人'译 beautiful,就是希望能够显出那个笑容除了美丽之外,更多一层令人心动的醉。"第三位同学直接译成"动人的微笑",未作解释。由此可以窥见,不同的译者在翻译过程中,心中都有一把无形的尺,在不断量度,仔细推敲,然后再作出选择,这种功夫,在翻译中不可或缺,在人生中,不也是时时如此吗?

上述片段中,还有其他的字眼,如 wonderful, terrible 等,都是含义甚广的,其中包括极大的想象空间,让译者在脑海中驰骋奔腾,再下定论。类似的形容词如

great, terrific, spectacular, magnificent, graceful 等等，翻译时一旦遇上，下笔思若泉涌的朋友，当可饱尝"再创造"的乐趣。

翻译中有些动作词很难对付，因为涉及不同文化中的生活习惯与风土人情。以问候语来说，有些语言中分为早、午、晚三种，有些分得不严密，有些则不分。中国人午间碰到朋友，常说："吃过饭没有？"这句话如直译成英语，当令洋人莫名其妙，不知所云。先前在本书提到过斟酒的问题，说及洋人斟酒时常说的"say when"，中文不好译，因为在中国，主人斟酒应斟满，哪有问客人该斟多少的道理。最近又得知韩国人斟酒，必须待客人喝光一杯才可倒第二杯，如杯空一半就倒，只有祭祀时才会如此。此举令人不悦，因兆头不好之故。再如英文里常有"to sink to the chair"，"to sink to the sofa"的说法，由于西式家具松软软，一坐下去，身子就往下一沉，而传统中式家具，如梨木椅则硬邦邦，坐在上面必须腰板挺直，才有坐相。同理，中国人说"睡在床上"，英语则谓"in bed"，而不是"on bed"，因此令初学者时常犯错。翻译时，仔细领悟两种语言的不同，再体会分歧的背后原因，从而了解两种文化的差异所在，的确是乐趣无穷的事。

二十八

诗情与画意

翻译有很多种,译科技文献宜精确,一字之误,足以使机件失灵,航道偏离;译法律文件需贴切,一词之差,与讼不绝,官司不断;译广告文句宜生动,否则内容呆板,成效全无;译文学作品,尤其是译诗,却是另一番境界,另一种要求。

香港中文大学中最年轻的成员"逸夫书院",最近为成立20周年志庆,出版了一册《逸情——油画·诗歌集》。院方为了郑重其事,早在两年前就邀请了内地著名画家陈铿先生为驻院艺术家,在背山面海的校园中,日日面对优美景色,将书院在晨曦夕照中的面貌,透过敏锐的眼光、灵动的笔触,一一捕捉下来,成为二十多幅充满形、色、光、影的作品。不仅如此,这些充满19世纪法国印象派大师风格的作品,经书院院务室主任吴宁女士的策划,变成了一场多媒体的盛宴。

首先,画家以"逸情"写"逸景",将吐露港畔的良辰美景一一入画,接着,由中大的荣休英文系讲座教授姜安道(Andrew Parkin)为每幅画赋诗,再由岭南大学翻译系讲座教授黄国彬把英文原诗译成中文,三位艺术家的衷诚合作,乃把诗情与画意融会得天衣无缝。

原画中的美、原诗中的情,通过翻译,如何才能表达出来,甚至发挥得淋漓尽致?这就要靠译者的功力了。拙劣的译者,足以把原文"谋杀",使诗意荡然无存;平庸的译者,可以把原文如实转述,然而平淡无奇,使诗变成散文;唯有上乘的译者,方可在译诗中注入生命,使之诗情洋溢,仿如原创作品,所以很多人认为译诗者本身必须为诗人。这种说法,未免要求太高,但这次艺术的合作,译者黄国彬的的确确是一位出色的诗人,他不但历二十余年从意大利原文译出但丁的《神曲》,并且出版过诗集12本,以下,且举一些实例,以窥探译家译诗时的用心所在。

画家陈铿最欣赏印象派大师莫奈(Claude Monet),他的作品也带有这位大师的风格,以光影色彩的组合与变幻见称,因此,姜安道的诗作也不时提到光影色彩的元素。这些元素是飘忽空灵、若有似无、虚实交替的,而翻译的过程,即将译出语转换为译入语的操作,又往往得化虚为实,大胆落墨,这就考究译者的功夫了。这二十多幅画作,二十多首英诗,几乎都与光、影、形、色息息相关,为了篇幅所限,此处不能尽情引述,只能取其直接涉及这些要素的片段来加以剖析。

原画有的素净淡雅,有的缤纷多姿,画家依晨昏光影的不同来描绘校园的景色,正如莫奈以早晚变化、四季交替来画鲁昂大教堂的不同面貌一般,且看诗人姜安道如何娓娓道来。在 *Moments Amid Flux* 一诗中,画家以明亮简洁的光与线描写太阳伞下的桌椅,点出忙中偷闲的片刻安适,诗人写道:

> This brings another style,
> these angled forms,
> that block of pencil grey
> green, yellow, white
> above the flux of deeper orange
> topped by triangles of colour
> white umbrellas offer shade.

译家黄国彬译为《流动中的刹那》:

> 这幅画展示另一风格,
> 这些有角的形状,
> 那一块铅笔灰
> 绿色、黄色、白色
> 在更深的橙色流动之上。
> 橙色为彩色三角所笼罩。
> 阳伞呢,则为人遮阳。

注意,此处画作选用最原始简单的几何图案,营造出一种简约朴素的美感,诗人运用大量基本颜色词来形容,译者亦步亦趋,所用的词汇亦朴实无华,但仍然带有诗情。在另一幅图《祥云》之中,画家落笔浓郁有力,饱酣淋漓,诗人的笔锋一转,写出一首气势磅礴的作品 *Auspicious Clouds*。

> Palette—knife and brush
> paint's viscosities,
> bolder forms juxtaposed

in just proportions,
colours of life's dream:
they spread shapes, tones, light
to fashion even more
auspicious visions.

Sky's daily battle done,
the sun sinks, dying, out of sight
and leaves vast blushing glories,
celestial effects of light,
like an artist framing
splendour's vision for our human eyes.

这首诗写来壮丽奇诡,气象万千,且看译家如何处理:

画刀与画笔,
油彩或稀或浓的黏稠,
更遒劲的图形并列对照,
比例恰到好处,
生命之梦的斑斓色彩,
舒展着光和各种形状、色调,
以塑出更多的
祥瑞景象。

天空每日的战斗结束,
太阳下沉、转暗、消失,
留下无边的赧红灿烂——
光的非凡效果,
仿佛艺术家为我们的凡眸
把壮丽所见的梦境装框。

这一首诗,包括许许多多的抽象名词,正如本书以前所述,是极不容易翻译的。

"Paint's viscosities"一句,倘若你去查"viscosity"一字的含义,字典会告诉你这是"a fairly technical word",其解释为"the quality that some fluids have of being sticky and therefore, not flowing easily"(*Collins Cobuild English Language Dictionary*),即"流质的黏度",此处原作者又用了复数"viscosities",假如直译为"各种流质的黏度",则仍然无济于事,这种中文,能放在译作中表达诗意吗?又如"bolder forms"、"colours of life's dream"、"auspicious visions",不但抽象,而且是复数,译者依次译为"遒劲的图形"、"斑斓色彩"、"祥瑞景象",不但贴切,而且把原诗的澎湃气势都表达出来了。

原诗的第二段提到"the sun sinks, dying, out of sight",译者译为"太阳下沉、转暗、消失",译来层次分明,先后有序,以"转暗"译"dying"极妙,有种"进行式"的感觉。"And leaves vast blushing glories"一句译成"留下无边的赧红灿烂"更属神来之笔,"glories"是抽象名词,"blushing"为拟人化的笔法,都不好译,"无边的赧红灿烂",译来气象万千,与原画、原诗互相呼应,诗意盎然。"Human eyes",初译者必定会译成"人类的眼睛",这种译法,与"凡眸"两字,其间的意趣,相差何止十万八千里?

译诗应有诗情、诗才,此话当真不假。

二十九
一场公平的竞赛

由香港中文大学文学院主办的第三届"新纪元全球华文青年文学奖",自2005年3月推出,至该年11月中截稿,前后经历八个月长的征稿时期,以便全球各地大专院校的在校生可以利用充分时间来踊跃投稿。结果,这次比赛的参赛作品打破历届纪录,单以文学翻译组来说,就收到1200多份稿件,成绩令人鼓舞。

翻译组共设冠、亚、季军各一名,一等奖3名,二等奖10名,鼓励奖10名,总共26名(其中冠、亚、季军及一等奖除奖金、奖品外,还可以获得来回机票,前往香港参加翻译文学讲座及颁奖典礼,并与终审评判共聚一堂,就种种翻译问题,讨论交流),换言之,要在1200份来稿中脱颖而出,成为终审得奖者,真是谈何容易!

翻译,尤其是文学翻译,可说是一门高深的学问。前两届翻译组冠军从缺,第三届的比赛题目增为四题(英语原文刊于《英语世界》2005年第7期,124～126页),难度也相应提高,对芸芸参赛者来说,的确是一场相当艰辛的竞赛。

这次所选的四篇题目内容悬殊,风格迥异,依次为 Max Beerbohm(1872～1956), *Going Out for a Walk*; Joseph Epstein(1937～), *Narcissus Leaves the Pool*; Samuel Johnson(1709～1784), *Pope*; Michael Bullock(1918～), *The First Rose of the Summer*。其中 Beerbohm 为19世纪末至20世纪中叶的散文家; Johnson 为18世纪的文学名家,既为诗人、散文家,也是传记作家、文学评论家及字典学家; Epstein 及 Bullock 则为当代作家,前者以散文、小说见称,后者则为加拿大著名诗人、翻译家及创作系教授。第一篇文章风格幽默机智,洒脱自然;第二篇论述精辟,语词锋锐;第三篇为辞藻华丽、工整严谨的文学评论;第四篇则为流畅清新、优雅动人的抒情小品。这四篇文章,恰似从清茶到烈酒,浓淡不同,深浅有别,译者要以不同的笔触、文风,一一译出,其难度虽不至于如过五关斩六将,但也相差不远了。

有鉴于第一、二届文学奖的文学翻译组冠军皆从缺,主办单位认为这次一定要在出题方面周全一些,以便在众多参赛作品中分出高下,这就是连出四题英文原文的目的所在。此外,在评阅方面,最后决审评判共有三位,分别是上海复旦大学的陆谷孙教授、台湾大学的彭镜禧教授及我本人。审阅的过程其实不止三重,而有四重:首先,收到各地稿件后,立即编上号码,隐去姓名及学校名,随即交由中文大学文学院有关教授担任一审工作,从1200份中选出约400份;继而由文学奖筹委会成员负责二审工作,选出约30份;最后送交终审评判,先分别审阅,再经电话会审,将稿件逐一详细讨论,决定最终名次,待一切就绪,才揭晓参赛者姓名,经核实身份,再公布成绩,因此,这一场竞赛,过程虽艰辛漫长,却绝对公平公正。

现在,让我略述一下从这次文学翻译比赛中观察所得的一些现象。

首先,在众多参赛作品之中,发现译者大致可以分为两种:一种是"循规蹈矩"型,对原文唯唯诺诺、亦步亦趋,不敢偏离半步;一种是"才子才女"型,自己创造欲强,才情难抑,虽有原文在旁,但总是勒不住马头,随时想脱缰而驰,露一两手本领。前者失之刻板,翻译时往往罔顾中、英语文的不同,连最琐屑的地方也不敢略过,例如逢复数必译"们"、逢被动式必译"被",结果便堕入硬译死译的陷阱,使译文充满恶性欧化语,令人难以卒读。后者则流于失准,翻译时加添了许多不必要的繁枝芜叶,译者有时认为原文过于简约,意犹未尽,必须加以说明;有时则认为原文长篇累牍,语多冗词,必须加以剪裁,于是下笔难收,在行文中加插了不少"想当然耳"的意见。

翻译时,过犹不及,要恰如其分,既准确又练达,面对原文,虽亦步亦趋然不受其束缚,虽中规中矩而不失诸僵化,实在是一件很难办到的事。下面,我们举一些实例来谈这些问题。

先看看Beerbohm这篇文章起首的几句:"It is a fact that not once in my life have I gone out for a walk. I have been taken out for walks; but that is another matter."这段文字够浅了吧!任何初学英语的人都能明白,但是一译成中文,就产生了形形色色的表达方式,而且优劣分明,高下立判。上述"循规蹈矩"式的译者大约会译成"事实上,我这辈子从来没有自己外出散过步。以前我确实被别人带出去散步过。不过这就另当别论了。"原文中的被动式真扰人,复数"walks"也不好译,于是也有人译"我有被携带散步的经历"、"我被带出门走过"、"别人曾带我出去过多次"等等。这种译文,理解固然无误,表达却欠流畅,把"walks"译成"多次"散步,也不够精确。其实,译者大可译成"我一生从未出去散步,这是事实。虽然也曾有人带我出去走走……"。由此可见,中文里的被动式不一定用"被"字,中文里的复数也可用其他方式表达,如"走走",这样的译法,不是既信又达吗?至于上述第二类译者,翻译时总想凭自己的想象力,添些什么,于是译为"老实说,我从没有主动出去散过步,一次都没有。倒是被人拽着出去过……",这"拽着"两字,岂非有点添油加醋,自作主张?

同一篇文章中另有一句提到总有人认为散步是桩好事,逼友人一起同行,受逼者只好假装伏案写信,直到逼人者离开房间为止,原文是:"It compels you to rise from your chair ... and sit improvising a letter to somebody until the walkmonger ... shall have lumbered out of the room."这一句之中"lumbered"一字,原为一个动作,意即"to move in a slow, heavy and awkward way"(《牛津高阶英汉双解词典》第六版),"迈着缓慢而沉重的步子"。动作词在翻译时一向颇难处理,也因而激发了不少译者的"创作欲",译成了"无奈地离开"、"郁郁难耐悻悻而去"、"悻悻地、慢悠悠地踱出房间"、"摇摇晃晃地走出了房间"、"心悦而退"等。

三十
白以为常，文以应变

第三届"新纪元全球华文青年文学奖"的文学翻译组经四重甄选，终于评出了冠、亚、季军。这一组由于前两届皆冠军从缺，因此更显得引人注目。

本届翻译组的原文共有四题，每一题风格不同，译来各有难处，有的考理解能力，有的考表达功夫，若以后者论，最能表现译者文采的，恐怕莫过于第三题 Samuel Johnson 所撰的 *Pope* 一文。这段文字是由诗人兼散文家、翻译家余光中教授所选的。众所周知，Johnson 是 18 世纪文学名家，由他所撰的文学评论当然是文情并茂，才学兼备的。这一段文字，典雅富丽、洗练雄浑，其中对仗工整的排比句极多，参赛者若非早有国学根基，恐怕是译不出原文的精髓与韵味的。

何谓对仗工整？那是一种炼字、炼句的语言技巧，作者写作时若刻意使用 parallel structure，译者翻译时就应该悉心揣摩，尽量仿效。以 Johnson 的文字为例，且看下面这一段：

> The style of Dryden is capricious and varied, that of Pope is cautious and uniform; Dryden obeys the motions of his own mind, Pope constrains his mind to his own rules of composition. Dryden is sometimes vehement and rapid; Pope is always smooth, uniform, and gentle. Dryden's page is a natural field, rising into inequalities, and diversified, by the varied exuberance of abundant vegetation; Pope's is a velvet lawn, shaven by the scythe, and leveled by the roller.

大多参赛者尽管前两个题目以白话文译得错落有致，至此亦语调一转，有意识地运用不同翻译策略，以不少四字成语或四字结构来翻译，这是可喜的现象。

参赛作品中有不少佳句，如"就文风而论，德莱顿变化多端，不拘一格；蒲柏则小心谨慎，格调统一。德莱顿信马由缰，蒲柏中规中矩……"，"德莱顿的文风变化多姿，蒲柏的文风严谨一致；前者天马行空，心随意走，后者则侧重章法，以囿其心......"等等。大部分得奖者皆善于运用四字成语及四字结构,在我国古典文学的宝藏中,撷采取之不尽、用之不竭的资源,从而使译文显得精练简约,鲜活灵动。这就使我对不少人认为文言文陈腐守旧、不合时宜,因而多学无用的说法引起一些反思。

近日与白先勇教授谈天时,大家都认为,目前海峡两岸暨香港、澳门的年轻人对经典文学,不论中英,都看得太少。翻译恰似一座长桥,倘若代表两种语文的桥墩不够扎实,奔波往返于两岸之间的译者,又如何能负起传递信息、交流文化的重任?

余光中教授论翻译,曾有一段名言,他说:"在白话文的译文里,正如在白话文的创作里一样,遇到紧张关头,需要非常句法、压缩字词、工整对仗等等,则用文言来加强、扭紧、调配,当更具功效。这种白以为常、文以应变的综合语法,我自己在诗和散文的创作里行之已久,而在翻译时也随机运用,以求逼近原文之老练浑成。"

"白以为常,文以应变",这句话说得十分有道理。试想想,假如在创作或翻译时,我们只知道以欧化语、舶来品充场面,而不懂得运用千百年来含蕴丰富的文化遗产,不啻把自家的宝物抛出去,把别人的垃圾捡进来。这一进一出、一弃一用之间,所谓的现代汉语已经起了翻天覆地的变化,不知不觉间显得苍白无力、面目可憎了。译文体之所以肆虐为患,其实是由于许多死译劣译充斥坊间直接造成的。

"白以为常,文以应变"是一项原则,真要实行起来,若没有一些国学根底,也并非易事。学生翻译时,时常不知文白调配与文白夹杂的分别。调配得当,固然可"水乳交融",夹杂失当,却显得"水火不容"。再以上述的例子为例,能善用文、白综合语法的译者,译来老练浑成:"观德莱顿之一页,犹如田野一方,高低错落,自然天成,其花草树木,郁郁葱葱,更使其姿态万千。蒲柏之则似碧草一坪,柔如鹅绒,其平整有序,刀割碾压。"不善用综合语法的译者,则译成:"德莱顿的作品是一片天然的土地......而蒲柏的作品就像一片刚被镰刀割齐又被碾轧机轧平了的天鹅绒一般的草地。"后者译文中"被被不绝"、"的的不休"的长句,完全是因为翻译时受外文语法操控,亦步亦趋所致。为什么不尝试摆脱牵制,向母语求援呢?

这一篇原文的参赛作品之中,还有不少善用文言语法的精句,例如"Of genius... the superiority must, with some hesitation, be allowed to Dryden",译为"以天赋论,虽断之不无犹豫,必谓德莱顿更胜一筹",又如将"extorted by domestic necessity"译为"鬻文养家"等,一般功力稍浅的译者,是无法企及的。

话虽如此,很多名翻译家却认为四字成语或四字结构不宜多用,否则不但会将原文的细微之处抹杀，且易流于陈腔滥调，失去语言的新鲜感。已故名译家冯亦代在《一九九五年翻译界的一场大辩论》一文中，就曾经说过，"就'四字成语'这一条，笔者就持相反的看法，认为译文应尽量少用为好。用多了，文字易显呆板，流于油滑……。"冯氏又称："如果今天我们的语言中还有四字结构，那是一部分被现代普通话所吸收了的，不能再说是'四字结构'的遗物。在翻译中偶有四字结构的出现，那是现代普通话所吸收的，而不是原封不动的四字结构。……凡事不能绝对化，我们在一些译文中运用一些四字结构，但不能说用了四字结构就是好的译文。"我相信亦代先生此处是指一些四字成语用来不得其法的情况。的确，用成语，有时可能不够精确，例如"out of the blue"不能一概译成"晴天霹雳"，因为原文是个习惯语，含义中性，没有好坏之分，只指"出乎意料"而已，中文里的"晴天霹雳"则绝非妙事。成语有时也用得不够恰当，名译家蔡思果先生曾经写过一篇有关译文中如何运用成语的文章，提到凡是涉及文化差异的成语如"东施效颦"、"东山再起"等，不宜多用。又有时学生喜欢篡改成语或四字结构，如将"烈日当空"改为"白日当空"，或在"蓝天碧云"前加两字为"美丽蓝天碧云"，"青山绿水"后加两字为"青山绿水之至"等。这些做法多不可取。但严格来说，四字成语并不等同于四字结构，前者是特定语，后者是语法结构。翻译时四字成语或许不宜多用，但四字结构又当别论，我认为还是"白以为常，文以应变"的原则较为实用中肯。

三十一
勿搬石头砸自己的脚

我们小时候,大都听过这个故事。话说在晋朝的时候,有一位刚毅果断的军事家,名叫陶侃。陶侃曾任广州刺史,在广州时,"朝运百甓于斋外,暮运于斋内,以励志勤力"(《辞源》)。记得当时,所有同学听后都颇受感动,认为不论读书做事,必须持之以恒,自强不息。现在的年轻人,不知有没有听过陶侃运甓的事迹?什么是甓?就是砖头,又沉又重,每天搬进搬出,只是为了勉励自己,这对当下的年轻朋友来说,大概是匪夷所思的事。

运甓可以强身健魄,也可以磨炼自己的意志力,但是,砖头也罢、石头也罢,现代人要自我锻炼,大概可以上健身室,而不再需要这样的土法子了。但是,年轻的朋友可知道,从另一个角度、另一重意义来说,我们仍然天天在搬砖头、搬石头,搬得大汗淋漓而不自知,不但不能励志,还不时砸了自己的脚呢!

在中西文化交流极为频密的今时今日,我们每天都从各种媒体或网络上接受大量的信息,一方面,我们固然学会了很多英语词汇,很多崭新的表达方式,但另一方面,当我们把这些所谓的词汇、观念翻译成中文,运用到中国文化的环境中时,如处理不当,就会无可避免地带来污染与冲击。不错,在学习英语的过程中,我们就像陶侃运甓一般,不过,每天搬出去与搬进来的不是同一批砖,弄得不好,还把家里祖传的彩砖搬出去,把别人抛弃的土砖运进来,这一进一出,英文没学好,中文的生态却破坏殆尽了。

最近因为盛情难却,多教了一班年轻的学生,年龄介乎十几二十,中学毕业后一两年。这些年来,所教的都是硕士班,很久没接触过这么年轻的学生了,因此,能切身体会他们的所需,真正了解他们的程度,也颇有收获。从课前调查所得,这些年轻学生的阅读范围以网上读物或报刊文章为主,真正涉及经典名著的,不论中外,少之又少。由于这个原因,他们以中、英文写作或翻译时,都感到捉襟见肘,吃力非常。手中之笔,重若砖石,要挥动起来,辛苦万状,往往心有余而力不足,以下是一些实际的例子。

学生译一篇有关青少年谈恋爱及约会的文章,文中提到男女双方"eating together"大有好处,因为"It provides a good opportunity for intimate conversation and helps people feel like something is being shared and appreciated—together."(Meg Schneider, *The Rules for Teens*, Chapter 10: Don't eat like a bird on a date)同学译成:"它让彼此有机会作更亲密的对话,还让人们觉得——我们一起分享和体会一些事情。"别的不说,"有机会作更亲密的对话"这一句,到底像不像中文?难道我们天天在跟知己或亲友"作亲密的对话"吗?中文里传统的用语与说法到哪里去了?自古以来,父子、母女、爱侣、友侪之间,不是一直都有机会"谈心"吗?为什么学英语、做翻译时,要把家里的好砖抛出去,换一块"作更亲密的对话"这样的坏砖回来? 其实,英文里还有"heart-to-heart talk",及"tête-à-tère"的说法,后者由法文转借而来,原义"头碰头",也即是"促膝谈心"之意。

另有同学译一篇有关转换工作及生活环境的文章(Dick Lyles, *Winning Habits*)。其中一句"Although Albert's job wasn't a promotion, it was at least in an area that fit nicely with his interests and talents."学生译成:"虽然阿尔伯特在新公司没有晋升到职级,但工作总算符合他的兴趣,也在他的才能之内。"这种译法,不能算错,但总嫌累赘,可以改译为"阿尔伯特履新,虽说不上擢升,但总算胜任愉快"。翻译时切忌对号入座,必须学习翻译大家傅雷,先吃透原文才可下笔。

另一名学生翻译一篇谈梦的文章(Helen Fitzgerald, *The Grieving Teen*),其中有一句,"Sometimes you wake up in the course of a dream and briefly wonder if that really happened or if it was just a dream."学生译成:"有时候,你从睡梦中醒来,那一瞬间,会怀疑这真的发生了?还是这只是一个梦?"这一句可以译得精简些,"有时从梦中醒来,一时里不知梦境是真是幻。"

还有一名学生译一篇由中国作者以英文撰写的文章(Da Chen, *China Son: Growing Up in the Cultural Revolution*)。翻译这类文章,涉及把文化底蕴还原的问题,可以说是文化上的双程路,自有其一定的难度,但是,译者如果熟悉中国的传统习俗与习惯用语,困难就可迎刃而解,反之,则又如搬巨石砸自己的脚,译来吃力而不讨好。原文有一句,"Ours was a big family, and I was at the bottom."学生译成:"我有一个大家庭,而我是在最底层的。"这一句念起来当然不像中文,意义也不清晰,正确的说法是"我家人口众多(我有一个大家庭),而我的辈分最低。"

另外还有同学外语及母语的词汇量太少,不论什么语境,都用现代常见但极为有限的词句来译,如把"great presentation"译成"优质演说","excellent advice"译成"优质建议"等,其实前者可译成"精彩演讲",后者可译成"精辟见解"。也许因为香港天天在提倡"优质教育",这"优质"两字,无形中深入民心了。

上述的学生,学习努力,态度认真,到了学期末,大家的翻译技巧都已有了显著的进步。借此机会,寄语本书的读者,在中英或英中互译时,切勿搬石头砸自己的脚。学英文,是要好好掌握这门外语,正如利用一把钥匙,打开一扇门,从而进入西方文化浩瀚无涯的天地。学英文,不是要重洋轻中,抛弃自己的传统文化,让半生不熟的恶性欧化语来污染中文。例如"似易实难",以英文来说,即为"deceptively easy",难道要译成"欺骗地容易"不成?

有人母语越好,学外文越容易;有人学了外文,却以忘中为荣,以再也不能用中文表达自己思维而扬扬自得。其实,学翻译,是要在两种语言、两种文化中能入能出,举重若轻,就如练就一身本领的陶侃。

三十二
小提琴与钢琴(一)

五月下旬,主办及参与了连串的文化活动。首先是香港翻译学会为庆祝成立35周年,特举办了"翻译、语言、文化"杰出学者讲座,身为会长,我必须悉心筹划。5月20日的讲座,有幸请来了名翻译家林文月教授,她曾经以五年半时间,译出了日本经典名著紫式部的《源氏物语》,此外,还译过同一时期作家清少纳言的《枕草子》,以及《和泉式部日记》、《伊势物语》,近代日本女作家樋口一叶的短篇小说集《十三夜》等作品。林文月教授此次演讲,是以《最认真的读者——谈谈我的翻译经验与心得》为题,将自己多年来从事翻译的所思、所感、所得,公诸同好(请注意此处"公诸同好"四字,若以英文来说,即"to share my experience with my fellow translators"或"to share my experience with the audience",按一般目前使用中文的习惯,一定会译成"与翻译界的朋友们分享我的经验",或"与听众们分享我的经验")。

林文月教授在演词中,凭借其丰富的翻译经验,讲了一段极有见地的话,她说:"一般来说,日文和中文给人的感觉,就好比音乐的小提琴和钢琴。同一首曲谱,以小提琴演奏和以钢琴演奏,予人的感受并不一样。……通常日文给人的印象,句子较长,而且比较缠绕迂回,中文则较为简短;而同为中文,文言又比白话文更接近钢琴趣味。所以虽然我翻译的都是日本古典文学,却都用中国的白话文。"尽管如此,在真正翻译的过程当中,林教授要考虑的问题仍然很多,原文毕竟是日本的古典名著,为了再现原文的风格,她必须采取一些特别的策略。她说:"不过,我又想让读者感到有别于现代的文章,所以一方面避免使用过分现代化的语气,尤其是西化语气,另一方面则有时故意放入一些较浅近的文言,造成文白交织的效果。"此一说法,不是跟余光中翻译或写作时"白以为常,文以应变"的原则,彼此呼应,互相唱和吗?

最近,时常看到讨论翻译时应"异化"(foreignization)或"归化"(domestication)的文章,两派往往各执一词,互不相让。其实,在翻译的过程中,认真的译者也是"最认真的读者",他必须对原文再三精读,仔细研究,到真正吃透了,才敢动笔。但下笔时,除了宏观策略的厘定,也有微观操作的考虑,可以说,每一字,每一词,每一句,每一段落的翻译,都必须视乎语境而决定。译者当时心中所思所虑的,大概不是自己该采用异化还是归化的问题,而是如何贴近原文,如何将原文的风格再现,如何将原著的神髓保留的问题。把原文(source language)变成译文(target language),译者要经过长长的译桥,曲折迂回,迤逦行来,往往煞费思量!

以日译中为例,就如同一首乐曲,先以小提琴演奏,再以钢琴演奏,乐器不同了,但曲谱一样,神韵犹在。很多人听过俞丽拿以小提琴演奏的《梁祝》,如果再听到其他名家以钢琴甚或古筝演奏同一首名曲,那凄美悱恻的情致,回肠荡气的韵味,或多或少应依然不变、依然感人,但是,二三流的演奏者尽管同样用小提琴演出,由于琴艺不精,荒腔走板,《梁祝》也就不成为《梁祝》了。这也是我对文学翻译的认知与感受。

很多人提倡译文应有些翻译味,认为如果读来像中文的创作,那就太滑太溜了,总使人不放心,以为译者"美言不信",不少人也因此而诟病傅雷的翻译。我个人对此,倒有另一种看法与体会。

根据多年来做翻译及教翻译的经验,一般初学的译者的确分为两种:亦步亦趋型与天马行空型,这两种类型,各趋极端,都不可取。其实,做翻译最要紧的是要贴近原文,先入后出。林文月教授谈到"一人多译"时如何掌握不同风格的问题,她说:"至于一个译者如何对待不同的作者、不同的文字趣味风格,也是在《源氏物语》译成后,想另译《枕草子》时,考虑的一个问题。因为二书的作者虽属同时代,但她们的个性不同,文风有别,紫式部的文字更为委婉缠绵,清少纳言则比较刚直简洁。我想把自己读二书的这种感觉在译文里表现出来。其实,按原文贴切地译出,便可以大概把握住其文风了。"这段话,令我深有同感。我曾经译过傅雷的多封英、法文信件,包括家书、致杰维兹基函及致梅纽因函三种。原信虽为同一作者所撰,但由于对象不同,语气有别,因此译者也必须吃透原文,再以白话、文言、文白交织三种语气译出。在翻译的过程中,我从未想过应全盘异化或全盘归化的问题,只考虑到文化差异与原作者造句遣词的用心所在,以及译者应如何揣摩体会,再如实译出。

傅雷曾经就翻译巴尔扎克的经典名著,说过一段类似的话:"鄙见以为作家如巴尔扎克,如左拉,如狄更斯,译文第一求其清楚通顺,因原文冗长迂缓,常令人如入迷宫。我的译文的确比原作容易读……如福禄贝尔,如梅里曼,如莫泊桑,甚至如都德,如法朗士,都要特别注意风格。我的经验,译巴尔扎克虽不注意原作风格,结果仍与巴尔扎克面目相去不远,只要笔锋常带情感,文章有气势,就可说尽了一大半巴氏的文体能事。"(致宋淇信,1951年10月9日)此处傅雷虽说不刻意去注意巴尔扎克原作的风格,但因译者与作者对文学的看法一致,写作的风格相近,故译来得心应手,畅顺自然。但是法文与中文毕竟是两种文字,语感不同,文化底蕴有别,以钢琴奏出原用另一种乐器表演的曲谱,又是否能完全雷同?傅雷在吃透原文之后,按中文内在的结构、习惯的用语,顺理成章译出,因而译文读来洗练传神,这原是译文的一种优点长处,如今又怎么会误认为短处缺点了呢?

三十三

小提琴与钢琴(二)

根据个人的经验,我曾经译过康拉德(Joseph Conrad)、厄普代克(John Updike)及布迈恪(Michael Bullock)的作品,分别为长、短、中篇小说。三位作者的国籍不同(康拉德原籍波兰,以英文创作;厄普代克为美国作家;布迈恪是英国作家),背景相差,文章的体裁有别,但是翻译时,如能尽量贴近原文,悉心揣摩原著的风格,译文中自然而然会显现出不同的风貌,而不必刻意把文字译得生涩冗赘,佶屈聱牙,以求读来有"翻译文学"的味道。

布迈恪于1918年生于英国伦敦,年轻时曾进美术学校习画,课余从事写作与翻译,1968年以英联邦学人身份访问加拿大英属哥伦比亚大学,1969年,重返该校创作系任教,主讲翻译课,1983年以荣誉教授身份退休,全力创作,诗歌、散文、小说、剧本,样样皆能,迄今笔耕不辍,时有新著面世。

我是在1971年游学加拿大时认识布迈恪的,当年曾旁听他的"翻译工作坊",获益良多,嗣后与布氏时相往返,并有幸翻译他的诗作《石与影》(Stone and Shadow)及《黑娃的故事》(The Story of Noire)。《石与影》于1993年由中国对外翻译出版公司出版,《黑娃的故事》则于1996年由南京的译林出版社出版。

《黑娃的故事》是一本自传体小说,作者以超现实主义的表现手法,讲述自己与黑娃的恋爱故事。书中的种种情节,都是真人真事,两人之间的热恋,却以热情洋溢的笔法,恣意驰骋,写来奔放不羁。这一场爱恨交缠、刻骨铭心、离离合合、时断时续的交往,在作者细腻精妙的笔下,乃演化成一段段似真似幻、虚实交错的片段。我当年在翻译时,曾遭遇过不少困难,虽悉力以赴,仍时有力不从心的感觉。

以下,试以《黑娃的故事》中若干片段的翻译,来看一看再现原著风格的问题:

例一:作者与黑娃别后即将重逢,前者在候车室中静待情人出现的情景:

The waiting-room appears to me like an aquarium and the arriving and departing travellers swim to and fro at all levels between the floor and the ceiling. This is very disconcerting and induces in me a kind of soporific reverie in which past and future combine and inextricably overlap, so that it is impossible for me to tell what I am looking back upon with nostalgic regret and what I am looking forward to with anticipatory delight. It is as though I am lying at the bottom of a river swayed by contradictory currents. The traveller-fish keep moving this way and that in endless shoals above my head.

  候车室看来像个大水族箱,来来往往的游客在地板与屋顶之间各处穿梭往返,情况相当混乱,只引得我昏昏沉沉,一时里但觉过去与未来交融相叠,难分难解,所以无法说出自己究竟在缅怀什么而满腔惆怅,展望什么而衷心喜悦。我好似躺在河床的底部,受到互相对冲的水流摆弄,而旅客鱼群继续不断在我的头顶处无止无休地进进出出。

  作者在这段的起始用了两个长句,第一句长 27 字,第二句更长达 50 字,而长句之中,又不断以连接词"and"来串联,两句共用了"and"八次。我相信作者刻意用这种句法来表达内心等待的焦灼与期盼,这是每一位热恋中的爱侣都曾经体会过的,但是,翻译时,我必须注意中文,即译入语的生态,我必须知道自己正在用钢琴演奏另一乐器奏出的同一曲谱。为了维系原曲的美感神韵,为了善用钢琴的优点长处,我不能在弹奏时猛踩脚下的踏板(pedal),故意让音符变得绵长延宕。扼要来说,原文头两句的八个"and",假如我每个照译,必然惨不忍睹。试以第一句为例,我当然不愿译成:"候车室看来像个大水族箱而来的以及去的旅客们游来以及游去在地板和天花板之间。"我在译文中,用了中文里的叠字"来来往往"、"昏昏沉沉"以及四字结构"穿梭往返",以营造连绵不断的感觉。此外,在第二个长句中,由于原文用了排比句(parallel structure), "what I am looking back upon with nostalgic regret and what I am looking forward to with anticipatory delight",我也还以一句对仗工整的排比句。全段念来,应似中文写作,但并不损原文中超现实主义表现手法的意趣,而译者翻译时心中并没想到译文该"异化"还是"归化"的问题。

  例二:作者与黑娃重游公园的情景:

We enter the garden with some trepidation, fearing that at this time of year, with the trees leafless and the flowers dead, it may create an impression of desolation very different from the spring and summer face with which we are familiar from the past. True, it is somewhat bleak, but the leafless trees exhibiting the shapes of their branches more clearly than at other times of year have a special beauty of their own. In places they are hung with dangling strand of green moss that take the place of leaves and suggest waterweeds streaming in a flowing current.

  我们走进花园时有点忐忑不安,唯恐在这个季节,花谢树凋,园景看来可能很荒凉,跟我们往日在春浓夏盛时看到的面貌很不相同。不错,园里的确有点萧瑟,可是光秃秃的树使枝桠的形状更加凸显,看上去另有一种美感。有些地方树上挂着串串青苔,代替了绿叶,看来恰似湍流中飘浮的水草。

  作者在这一段中用了一些抽象名词(abstract nouns),如"trepidation","impression of desolation","beauty"等。英译中时,抽象名词往往导致一些困扰,一不小心,就会在译文中纠结成块,突兀不平。此处译者不能为了保持"翻译味道",而把英文的抽象名词原封不动译成中文的抽象名词,我的方法是尝试在译文中逐一化解。此外,最末的长句亦已切短,但并无损原文的风格。

  由于《黑娃的故事》是部超现实主义小说,翻译时为了再现原作的风格,一方面必须注意破折号、括号、长句、时态的译法,在不损害中文生态的情况下,尽量保持原状;一方面又必须打破不必要的长蛇阵,化解纠缠不清的抽象名词等。译者时时得注意自己在用钢琴演绎原用另一乐器奏出的曲谱,乐器虽异,但韵味犹在。

三十四
从翻译的向心、离心到翻译的增与删

2006年11月底,香港翻译学会为庆祝成立35周年,特颁授荣誉会士衔于四位翻译界杰出人士,包括:台湾名翻译家、作家黄文范教授,香港中文大学翻译系讲座教授黄国彬教授,中国社会科学院外国文学研究所译审、名翻译家罗新璋教授及Professor Nigel Reeves(Pro-Vice Chancellor and Professor of German, Aston University, UK)。四位学者出席香港翻译学会荣誉会士讲座,分别以中、英文发表论文,内容精辟,语多创见。

其中黄国彬、黄文范及罗新璋发表的论文,题目虽不同,但内容主旨却大有互通之处。难得的是,这三位名家,虽然各有专著译论,但都是从事多年翻译的老手,换言之,在翻译的版图上,他们既是运筹帷幄的都统,也是冲锋陷阵的骁将。他们身经百战,知道如何用兵,如何攻防,因此笔下立论有据,针针见血,所言所述,绝不会给人隔雾看花、隔靴搔痒的感觉。

中、英其实是两种截然不同的语言,两者不论语义、语音、词法、句法都相距甚远,较诸欧语如英法、英意、英西等之间的差距,实在不可同日而语,因此中英互译与欧语互译的难度,有天渊之别,前者,黄国彬称之为离心翻译,后者为向心翻译。做惯向心翻译的译者,根本不理解离心翻译之苦,而两种翻译所得的报酬,又往往与付出的代价与精力成反比。记得多年前我译了康拉德名著《海隅逐客》(*An Outcast of the Islands*),尽管费尽心思揣摩原著风格,字斟句酌,悉力以赴,译完后出版商(先由台湾联经、后由南京译林出版)既不着意推介,读者群自然难以辨识,译著恰似童话王国中的睡公主,自此就静静躺在书库里,乏人问津。至于所得译酬,在电脑尚未普及的年代,只够支付抄写稿件的秘书。相反,我在巴黎进修时,看到康拉德此书的法译本,不但用圣经纸印刷,还堂而皇之放在橱窗显眼处,同一本书,向心翻译与离心翻译的命运,何其不同!

黄国彬在论文中指出,由于中英之间是离心翻译,故两语相遇时,要从一语过渡到另一语,困难极大。一般初学者往往会死扣词典的定义,对号入座,这样做当然行不通,一来,词典的释义,未必详尽细致,包罗万象,很多时候,哪怕有十几二十种释义,也未必挑得出一种,适用于翻译所涉的语境之中。因此,黄文范教授在其论文《英汉文学翻译词典刍议》中就提出,"翻译易学而难工",而"英汉词典为翻译工作者必不可缺的重要工具书",惜乎目前一般通用的英汉词典"大多都自英英字典'翻译'而成,译译相沿,以致文学翻译的西化程度日益加深"。他认为海峡两岸暨香港、澳门学者共同努力,编汇一部"以中国文化为基础的《英汉文学翻译词典》",乃是当务之急。

黄文范教授倡议,这样一部词典,除增加单词数量之外,最要紧的是要"纳入文言与俗俚的引例",我认为他的说法十分有理。坊间所见的字典、词典,一般以所谓现代通行的汉语为基础,收词量极少,据我教授翻译硕士班的经验所得,几乎所有较深的词汇在这些词典中都消失无踪,难怪现在学生笔下的文字越来越简化,越来越缺乏弹性了。词汇贫乏,必然导致思维粗疏,两者相循,正是翻译的大忌。

黄文范教授在论文中举出很多实例,阐明词典的引例越多越好,搜罗的范围越详尽越有用,不但如此,他还认为引例需"引经据典",多列出"属于文学的句子"。这是一种非常理想的做法,也是各位有心从事文学翻译的学者与译者努力以赴的方向。

尽管如此,词典中的引例始终不能巨细无遗,因此,译者要做好翻译,还需归功于自身双语的造诣。最近有人以一句常见的英文习用语"ups and downs"相询,拟译成通顺而合乎中文习惯的说法,如此简单的英文,在翻译中竟然构成始料不及的难题。

"Ups and downs",根据《牛津高阶英汉双解词典》第六版,可译为"浮沉;兴衰;荣辱",这已是十分难得的译法了,但是,实际上够不够用呢?例如原文是"Sino-British relationship: Ups and downs",那么,"浮沉、兴衰、荣辱"皆不适用。"浮沉"可以指仕途,"兴衰"可以指国运,"荣辱"可以指声誉,但三者皆不能指关系。一般来说关系应以"亲疏"来形容,例如"Friendship between Tom and John: Ups and downs",但一旦涉及国与国之间的交往,却不宜用"亲疏"来指称,那么,应用什么词汇呢?假如指两国关系时好时坏,时松时紧,可能得用"张弛"两字来翻译。因此,这"ups and downs"的译法,绝非一般词典所能尽述的,假如原文是"ups and downs in life",那么,按语境,至少可译成"祸福"、"贫富"、"成败"、"起伏"、"得失"、"浮沉"等说法;如原文的"ups and downs"指的是心情,那么就可译成"喜怒"、"哀乐"、"起伏";如果是指国运,则还有"安危"、"治乱"的说法;如果是指举措,则可译为"进退"、"松紧"等。总之,翻译时,译者必须用心揣摩,寻章摘句,假如单靠一部坊间常见的词典,下笔不假思索,采用词典释义的第一、二义来译,则怎么译得出好文章来?

现在翻译界不少译者提倡为了要保护原汁原味,译文不妨尽量"异化"、"欧化",他们认为译文应尽量依附原文,减少增删,这样才能丰富中文的词汇及表现方法,这样才能使中文现代化。罗新璋教授在《译文增删》一文中明确指出"中外语言,扞格难通,障碍依然会存在"。译文增删,自古已然,"所以增删也是对译者能力与识见的一种挑战,可谓:难在增删,妙在增删。"

坊间但见不少初学者借"异化"之名,行"躲懒"之实,翻译时根本不辨"向心"、"离心"之殊,按简单词典对号入座,这样的译文,往往如罗新璋所言,以最多的字数,带出了最少的信息,与传统中文的精简扼要背道而驰。

三十五

最难掌握是分寸(一)

常感到,翻译如做人,最难掌握是分寸。同样一句话,小儿说来显童真,大人出口能伤人;同样一个表情,西施蹙眉亦动人,东施效颦吓坏人。翻译也相同,原文的一字一词,一言一语,由不同的译者来处理,其效果就有天壤之差,云泥之别。

教"翻译工作坊",在学期之初,我通常先让学生做连串练习,随后才要他们自选篇章,着手翻译后,逐一在课堂中报告,先让另一位同学评论,再由全班参与共同讨论。第一阶段的练习,我们时常按奥运会或亚运会中花式溜冰或跳水的说法,戏称为"大会指定动作",第二阶段则称为"各人自选动作"。

最近,在"大会指定动作"的程序中,为了考验学生在翻译中掌握分寸的能力,我特别选了一篇演讲词,让大家练习。这篇演讲词是由一位英国学者撰写的答词,在香港中文大学颁授荣誉院士的典礼上,代表一众荣衔领受者向听众宣读。答词不长,但是只选了头一两段,就难倒了译者。

第一段是这样写的:

①It is a great privilege for me to accept on behalf of my fellow recipients and myself, the Honorary Fellowships you have so graciously conferred upon us today. ②The University Public Orators have, on your behalf, delivered a very generous and personal eulogy about each of us. ③Although these were quite appropriate for each of my distinguished colleagues, I do wonder who is the Professor Ken Hobbs about whom he spoke. ④I did not recognize him, but would like to meet him. ⑤He sounds like a nice fellow. ⑥On a more serious note, the Orator's words were very kind although very embarrassing, and I thank you for them.

这一段话,用词非常简单,句子也不算长,按说,翻译起来不会太难,可是几十位同学译完后,却出现了种种问题。

首先,这一段话是由霍布斯教授撰写并宣读的,但是由第三句的后半截开始,这位教授却处处显出英国绅士特有的幽默感，说校方的赞词撰写人笔下所写及口中所述的霍布斯教授实在太卓越了，自己不认识此人是谁，倒颇想一见。这是自谦的另一种表述法，翻译时处理得不当，就会流于轻率或失诸虚伪，因此，译来不可不慎。

翻译整段文字时，我们必须了解中英语文背后文化底蕴的不同，同样一件事，同样一番话，同样一个场合，用英文或中文来表达，就会有完全不同的说法。在这段原文里，讲者用了许多人称代名词，如 it, me, my, you, us, I, he, him, them 等等，如果每一个都按字直译，对号入座，则译文一定惨不忍睹，因为在中文与英文里，有关代名词的用法是迥然相异的，必要时，代名词要还原成名词，否则通篇"你"、"我"、"他"、"你的"、"我的"、"他的"，再加上死物"它"，以及"这个"、"那个"、"这些"、"那些"，这样的文章，还念得下去吗？反之，中译英时，却得处处留神，字字小心，不时把缺失的代名词增补进去，否则译文写来，一定不合语法，难以卒读。

除了代名词与名词之间互换的问题，就算名词与名词之间的转换，也是颇有讲究的，上述那段原文之中起码有三个名词，让学生煞费思量，顺序为"my fellow recipients"，"the University Public Orators"和"my distinguished colleagues"。先说"fellow recipients"，指的是与致答词的教授在当天一起领受荣誉院士衔的杰出人士，不少同学一看到"fellow"一字就闹不清楚，译成"我的组员"、"授衔者"，这当然是错的，但是，译成"各位同僚"、"受颁人"、"领受者"、"荣誉领受人士"、"荣誉院士得主"、"获奖者"、"得奖者"，也不适合，因为"Honorary Fellowship"是一种荣衔，而非一项奖项，"my fellow recipients"直接译为"其他荣誉院士"即可，而不必巧立名目，大费周章。"The University Public Orators"一词，可能同学不太熟悉大学颁授荣衔及荣誉博士学位的制度，依英国大学的传统，这是一项相当重要的职务，通常由校方邀请资深教授担任。"Public Orator"在典礼前，先撰写有关荣誉博士或院士的赞词，再在典礼上当众宣读。赞词内容必须典雅优美，恰如其分，而典礼场面则庄严肃穆，学术气氛浓厚。"Public Orator"一词，在中文里并没有现成的译法，一般称之为"赞词撰写人"或"公众演讲人"，同学翻译时，有人误为"校方发言人"、"演说代表"，也有人译为"赞词宣读员"、"赞词组成员"、"大学典礼官"、"致赞词者"、"公开演讲人"、"赞词宣读人"、"大学赞词宣读官"、"致赞词人"等等。我曾经于1996年至2006年出任中大"Public Orator"逾10年，写过40多篇赞词，却从未意识到自己担当的这项差事，到底是该称为"官"、"者"、"人"还是"员"。这使我更加体会翻译中最难掌握的不外"分寸"两字,尤以外译中为然。中文是这么含蕴丰富、层次分明的一种文字,例如我们说某人是做学问的,如将之称为"学人"、"学者"、"学子"、"学员"、"学生"、"学徒",其间就有很大的差别。在英文里,"学人、学者"是"scholar","学员"是"learner","学生"是"student","pupil","学徒"则是"apprentice","trainee"。再以"translator"一字为例,英文简简单单一句"He is a translator",译成中文时,就必须根据前文后语,了解语境,才可以决定该译为"他是一位翻译家",还是"翻译工作者"、"译者"、"译员"或"译匠"。目前,银行金融界有不少常见的职位,例如"Financial Analyst",一般译为"财务分析员",最近在电视上赫然看见"财务分析师"的译法,看来是想以"师"一字,来提高一般人心目中对此职位的看法吧!

上述例句中第三个词汇,即"my distinguished colleagues"中"colleagues"一字,同学译起来更是形形色色,不一而足,计有"同行、同僚、同事、同伴、同仁、同工、同袍"等等,可是这些译法都不恰当,其中"同行"是指从事同一行业的人士,而荣誉院士来自各行各业,故不适合;"同僚、同事、同工、同仁"都是指服务于同一机构的人士,因此,也不适合;"同伴"通常指从事某一活动的伴侣,而颁授荣誉院士是一项庄严的典礼,并不适用;"同袍"通常指同属某一纪律部队的人员,因而更不适用。由此可见,翻译时,单靠字典的解释并不足够,我们必须对译入语"target language"中每一个词汇的精确含义有所认识,翻译时掌握分寸,灵活应用,才不会犯错。此处"colleagues"一字,译成"其他荣誉院士"即可,译者不必拘泥不化,在上述各种说法中团团打转,而找不到出路。

三十六

最难掌握是分寸（二）

上文提到"translator"一词如何翻译的问题，因而想起了一则真实的故事。

目前，中国翻译界最具规模的组织就是"中国翻译协会"，英文名称为"Translators Association of China"。其实，这组织先前的名称为"中国翻译工作者协会"，跟英文名称较为贴近，为什么改成现在的模样呢？

早在20世纪80年代，中国译协第一次召开全国理事会议时，我就已经应邀出席了。记得在那时候，连续数日的会议中就有会员指出为什么从事写作的人（writer），不论其作品有多少，哪怕只写过几首诗，几篇小说、散文，就可以称为"作家"，而从事翻译工作的人（translator）动辄译过上百万字，却得自贬为"翻译工作者"而非"翻译家"？于是有人提出正名，要求把译协改称为"中国翻译家协会"。这主张，有人赞成有人反对：赞成者为提高"translator"地位而呐喊；反对者却认为翻译工作分门别类，差异极大，如从事商业、法律、科技等范畴的译者，其工作只限于实务的层面，谈不上创作，只讲技巧而无艺术，故不能称之为"家"。如此这般，反反复复，经过了历届的讨论寻思，中国译协终于在21世纪初改称"中国翻译协会"，既不自抑为"翻译工作者"，也不自称为"翻译家"。这一段经历，正好表现出翻译时，一名之立，背后蕴藏着多少转折，几许思量。翻译这门学问之所以难，所以妙，所以思之不尽、探之无穷，正在于此。

前文提到霍布斯教授（Professor Ken Hobbs）的那篇英文演讲词，语带幽默，庄谐并重，译者要把原文的意趣译成中文，并非易事。霍布斯教授认为Public Orator把所有的荣誉院士都赞颂得恰如其分，唯独把自己夸得言过其实，因此他说："I do wonder who is the Professor Ken Hobbs about whom he spoke. I did not recognize him, but would like to meet him. He sounds like a nice fellow."

这一段文字之中，没有一个难字，但翻译起来却不见得毫无困难。首先，"I do wonder"三字是加重语气的说法，而"He sounds like a nice fellow"中的"fellow"，究竟该怎么译才恰当？同学的译法包括"他似乎是一个很好的同僚"、"他像个不错的伙伴"、"这位友善的朋友"、"他该是一位不错的志同道合之士"、"相信他是位好先生"、"这位优秀人才"、"他是一个非常优秀的人"、"他是位不错的人士"、"他是一个很好的人"、"他确是位不错的仁兄"、"听起来他蛮好"、"听起来他是一个好人吧！"、"他似乎是个友善的家伙"、"他似乎为人不俗"、"这位完人"、"听起来人品似乎不错"等等。所有这些译法，都不太妥当，原因是"nice fellow"这两个字太普通，太平实，而越是平实普通的字，所涵盖的意义却越广泛，也因而越难捉摸，越难下定论。

"He sounds like a nice fellow."是一句简简单单的话，但是放在上述讲词的语境中，却令译者犹疑不决，难以下笔。"nice"是指什么呢？直译即"好"，但是到底"好"到什么程度？有人认为是"蛮好"，有人认为是"很好"，有人认为简直是"完人"。至于究竟"好"在哪里呢？有人说"优秀"，指的是才情能力；有人说"友善"、"人品不错"，指的是性格操守；有人说"为人不俗"，似乎是指为人处世之道。这种种译法，都把原文含义较广的描绘，通过译者自身的观点与角度，重塑成较为片面的陈述，因而都有不足之处。那么，直译成"好"又如何？例如译成"好先生"、"好人"、"好伙伴"，但这种种配搭法，在中文里会形成另外的意思，与原文不合。把"fellow"译成"家伙"、"仁兄"又如何？根据词典的解释，"fellow"，指"a way of referring to a man or boy"，译成中文，即"男孩；小伙子；家伙；哥儿们"（《牛津高阶英汉双解词典》第六版）。词典又说"fellow"一字的用法"informal"，因此，按理可译成"家伙"、"仁兄"甚至"老兄"，但是在上述的场合，也即荣誉院士的颁授典礼上，毕竟讲者所言要不失庄重，过分调侃的说法，并不合宜。"He sounds like a nice fellow"，其实可以译得平实无华如"此人听来不错"，不但与前文衔接，亦可泛指多重意义。至于整段文字译成"赞词述及的霍勃斯教授，究竟是何许人士，却令我费解。此人听来不错，我虽陌不相识，倒也颇想一晤"，应该与原文语调相去不远。

霍布斯教授在讲词中接着说"on a more serious note"，意即打趣完毕，"言归正传"，他认为"the Orator's words were very kind although very embarrassing"，这一句的译法，又成为译者是否能把握分寸的一大考验了。首先，"kind"一字的内涵也是缤纷多姿的。我曾经为《傅雷家书》担任译注工作。全书中需译注之处，约七八百项之多，原因是傅雷先生在家书中用了许多外文字眼，家书写就的时候，原不是为了出版的，因此，傅雷在行文中往往把他认为恰当的用语信手拈来。有一次他在信中向儿子傅聪提到儿媳弥拉少不更事，收到家姑礼物后毫无表示，不知言谢,故希望做儿子的能从旁提点,但又要顾及儿媳的感觉,故曰:"也别露出是我信中嗔怪她,只作为你自己发觉这样不太好,不够 kind,不合乎做人之道。"(《傅雷家书》增订第五版,三联书店,1999,343 页)此处的"kind"一字就不易还原了,既不能译成"客气;仁慈;贤慧;温柔",也不宜译成"谦厚",经再三考虑,我译成"周到"两字,以配合上文下理。话说回来,霍勃斯讲词中,把"kind"与"embarrassing"并列,又该如何处理?

有不少同学按词典义把"kind"译成"亲切的评价"、"仁慈的赞颂"、"这样好的赞词"、"赞词非常包涵"、"赞词很宽容"、"中肯的评价"、"善意十足"、"非常礼貌"、"颂词友善"、"令人感动的说话"、"精彩的颂词"、"客套"、"十分客气"等等,而"embarrassing"则译为"尴尬"、"脸红"、"害羞"、"难为情"、"不好意思"、"心生窘意"等等,其实,这些用语,在上述场合说来都有失分寸。这两句客套话,译为"溢美之辞,令我汗颜",或"赞词中的美言,令我受之有愧",应该是比较中肯恰当的。

三十七
险中求胜、窄处回旋

常有人说,创作与翻译不同,创作如天马行空,万里穹苍,无边无疆,作者大可任意翱翔,尽情挥洒;翻译恰似戴着镣铐起舞,一举一动都受制于人,想潇洒也潇洒不起来。事实是否真的如此?

翻译的确像戴着镣铐起舞。这镣铐就是原文的句式、语法、词汇、字义,文化的底蕴,历史的积淀,这一切都各有分量,加在一起,变得沉甸甸,压得人透不过气来。因此,翻译是一桩吃力的工作,不管新手老手,要认真慎重地译一篇文章、一本著作,都不是轻而易举的事。然而,这镣铐虽不能解脱,但通过学习、通过锻炼、通过锲而不舍的努力与经年累月的浸淫,竟也可以变得轻、变得巧,变得不再磨人、不再沉重。行军讲求绝处逢生,险中求胜;翻译,又何尝不可窄处起舞,回旋自如呢?

文学翻译,有人称之为再创造,在翻译的过程中,的确具有创作的空间,但这空间有多大,却往往与译者的语文造诣有莫大的关系。换言之,创作空间的大小,与语文能力的高低是成正比的。所谓的语文能力,可以包括对原文的理解是否透彻,对两种语言背后文化底蕴的认识是否深入,对各类常识的接触是否广泛等多方面,就算具备了这种种条件,译者仍需一点慧心,一丝悟性,加上不断求进与长期熏陶,才可以译出好文章来。

投身译事数十年来,改过的学生作业及其他译作超过千万字,我发觉翻译作品大约可分为译得不错、译得通顺及译得精彩妥帖几个层次。译得不错,是把原文理解对了,再依样画葫芦搬出来,至少意思没有歪曲,行文不会有"假传圣旨"之嫌,但是读者看来总觉淡如清水,毫无吸引力。译得通顺,是把原文的内容,用现代汉语重述一遍,意思是传达到了,意味却荡然无存,这样的做法,仍然未尽翻译的能事。在进一步的层次上,不但要译得对、译得通,还要译得精彩、妥帖,这才是最考功夫的,也就是罗新璋在"译事三非"中所言:"外译中,非外译'外';文学翻译,非文字翻译;精确,非精彩之谓"的本义。

要译得精彩、妥帖,就恰似舞者在窄处回旋,不在乎地广,而在乎舞技过人。同理，译者要译得好，就必须精通双语，译入语（target language）尤须功力深厚。中华文化五千年来的丰富遗产，明明无处不在，唾手可得，惜乎年轻人往往弃而不顾，嗤之以鼻。最近在上课的时候，发现了一个有趣的现象。硕士班翻译工作坊中的一个主要环节为轮流报告，每次先由一位同学提出报告，再由另一同学予以评论。一般来说，语言能力较强的同学往往善于运用成语、习语，以及在必要时以文言句法将语气扭紧、加强，以达到回旋自如的效果；语言能力较差的同学，则往往以冗长累赘的欧化句子来阐述表达原文，结果篇幅虽长，却词不达意。前者实践的，正是余光中"白以为常，文以应变"的原则；后者所做的，却如罗新璋所言："以最多字数，带出了最少的信息。"以下举例说明。

先谈谈篇名的翻译。有位同学选译了克林顿夫人希拉里·克林顿（Hillary Clinton）的演讲词 *Women's Right Are Human Rights*，这篇讲词发表于1995年于北京召开的联合国第四次世界妇女大会上，内容简洁，立场鲜明，按理，题目译起来应毫无困难，但事实上，却引发了不少讨论。同学首先译为"妇女的权利是人权"，但再经考虑，却认为"Women's Right"跟"Human Rights"两字前后译得不太对称，有头重脚轻之弊，于是改为"妇女的权利也是人权"，但如此一来，语气变弱，态度也软化了，希拉里似乎在跟男性中心的社会妥协，说："请你们垂注，我们妇女的权利也是人权呀！"这种说法，难道是希拉里这位坚强女性的原本口吻吗？有同学评论道，不如变成"妇女的权利就是人权"，意思虽不错，但听来仍然不如原文铿锵有力。其实，此处借助一些文言的用语，当可解决问题。这篇讲词的题目如译成"妇权即人权"或"女权即人权"，恰恰可以表示出克林顿夫人干脆利落、简洁明快的语调，我们为什么还要犹疑呢？其实所谓的现代汉语，是自古传承而来的，文白之间，没有绝对的分水岭，假如平常作文翻译，只看现代汉语字典，不涉辞海、辞源，则一定出不了好成果。

除了文言句法、词汇，有时候也应借助一些新鲜活泼的口语及习用语。翻译时，不同的文类，需用不同的表现方式，戴着镣铐跳芭蕾舞或 Hip Hop，自有不同的跳法，不可一概而论。譬如说，原文用字浅显，不涉典故，但由于词义笼统含糊，这又如何是好？有位同学选译 Mimi Chan's *All The King's Women*。原文涉及一名小女孩，其中有一句为："The little girl, Ying, was so small."译者翻为"英是个小女孩，年纪很小"，评论者认为"small"应指"个子很小"。倘若翻查字典，"small"既可指"年纪小"，又可指"个子小"，那么，此处到底该怎么译？作者为什么先用

"little",后用"small"?按说,小英应为年纪又小、个子又小,但翻译时,译者往往需化虚为实,审慎落笔,因此,这么简单的英文原文,也会造成困难。经过思量,乃建议学生译为"小女孩英,这么个小不点儿",因为在口语中,"小不点儿"既可指"年纪",又可指"个子",译来既妥帖又传神。

翻译时,由于英文原文中的抽象名词作梗,常使译文读来生硬死板,不知所云。有位同学选译 Nadine Gordimer 的小说 *The First Sense*,文中提到女主角怀疑丈夫有外遇,但不知其所恋为何人,因此不断猜测。其丈夫是乐队的大提琴手,与另一位小提琴手朝夕相处。小提琴手已婚,才艺超凡,女主角认为丈夫不会对她动情,因为她固然貌美,但大提琴手对她十分尊重——"his respect, his human feeling, would be stronger than sexual attraction",译者译为"可是他对她的尊重会胜于性欲的吸引"。这一句,全班讨论良久,始终不得要领。其实,按中文地道的说法,可以译为"他对她很尊重,慕才多于慕色"。这"慕才"与"慕色"的说法自古已有,但是,现代汉语的词汇却越来越贫乏了。

要戴着镣铐在窄处回旋起舞,我们必须在中英(或中法、中日、中韩等)双语的宝库中去发掘、去寻求,久而久之,必能举重若轻,舞姿翩翩。

三十八

书里与书外

　　学期结束了,硕士班的同学完成学业后整装待发,各奔前程,大家临别依依,不舍之情,溢于言表。来自内地的同学,有的留港发展,有的返回原居地的工作岗位,继续努力。

　　这一年我教的硕士生特别多,其中有不少是来自内地的,所涉地域甚广,自辽宁至广东,由福建到四川,可说是遍布东西南北各地。这些内地生与香港本地生相处融洽,合作无间,我发现在上课时,两地的学生各有优点,互补短长,正因为如此,他们能彼此学习,互相激励,在交流切磋的过程中,感到兴致勃勃,乐趣无穷。

　　一般来说,内地生的优点是能够在课堂上全神投入、勇于提问。也许是因为从小培养所致,他们多半充满自信,积极进取,做报告时有条不紊,理路清晰。这些都是他们在书本之外,由长期实践而来的才能。至于从书本之中学习所得的本领,则是对语法的认识及对理论的掌握。内地生一出口,就是"主语、谓语、宾语",一分析,就是"定语、状语、补语",他们侃侃而谈,往往使香港的同学既羡慕又叹服。至于这些同学在翻译技巧上尚可改进的地方,大致可以分为以下各项。

　　以选译的范畴来说,内地同学一般阅读的兴趣比较偏向于现、当代的作品,或有关中、美现状报道的内容,报刊如 *Time Magazine* 和 *China Daily* 或一些旅游书中的文章,常常是选译的对象。此外,也有一些以英文写作而涉及中国事物的小说,如 Anchee Min 所写的 *Wild Ginger*,Hilary Jenkins 所写的 *Learning the Western Alphabet* 等等。翻译这些作品时,同学的长处在于熟谙中国的社会体制及风土人情,而在英译中的过程中,有许多细节往往是"还原"的步骤。一些香港同学认为有隔阂的地方,内地生译来却驾轻就熟,毫无困难,但是一涉及较为经典的作品或正式的用语,需要借助典雅精练的表达方式时,却往往有辞穷之患。原因是现代人涉猎的古典文学作品太少了,不论中或英,都不足以成为基石来铺建翻译长桥上必需的桥墩。经典文学作品表面上看来没有实用的价值,不如一些财经科技文献那样内容扎实,数据详尽,信手拈来,就可使用,但是这些作品却是一切写作或翻译活动必须仰仗的素材,取之不尽的宝藏。其实,不论内地或香港的同学,凡有志于翻译的,先下工夫把中外名著好好研读一番,对日后的译事总有好处。

中文是个精致的语言,中国社会里人与人之间的伦常关系又相当复杂,因此许多在英语中简单的用语,一旦译成中文就有尊卑之分、庄谐之别。英文中的"to read",用在中文的场合,如把自己的文章请别人看,是不能用"拜读"的;"scandal"只是丑闻,如不涉及男女之情的,不能称为"绯闻";自己的妻子,按理不会称为"夫人",尽管内地如今已通用"我的夫人"一词;同理,我们也不能说"你的家父"、"我的令尊"。这些说法,都是最近耳闻目睹的实例,并非凭空杜撰出来的,可见多读一些传统的典籍,对写作或翻译时有关分寸的掌握,必然有一定的帮助。

对于书本以外的知识,例如对异国文化的了解、对欧美习俗的认识,那就需要随时留心、不断接触,从现实生活中去学习、去体验了。举例来说,有一位内地生译了一篇文章,文笔洗练,清畅可读,但是其中有"red Indian"一词,居然译成"红棕色印第安人",这对香港的学生来说,是绝对不会犯的错误。香港年轻人是自小看好莱坞电影长大的,看惯西部片白人拓荒者策骑飞驰、与土著枪战激烈的场面,一见到"red Indian"一词,就会说"红番",这自然是贬称,正式的说法就是"印第安人"。又如在另一篇文章里,作者为访华的洋人,以撰写旅游文章为业。文中提到作者在西安邂逅了一位中国女郎,对之发生好感,于是相偕夜游。原文有一句:"Yesterday, I marveled, I had not even met this woman who now filled the evening."学生原本译为"我觉得很奇妙,昨天我还未曾与这个女孩相识,而今却和她共度良宵"。这译法,表面上看来没错,进一步考虑,却颇有问题。原来在英文里,正如先前在本书提过,"evening"跟"night"是大有分别的。原文只是"filled the evening"而已,假如译成"共度良宵",就变成十分暧昧,因为外国男子纵使开放,中国女子却比较保守,男女双方相识才一日,在西安古城里怎会"共度良宵"?经建议,学生把这句改译为"而今晚却和她把臂同游"。同理,作者在文章里描述夜游之后,男方送女方回家,"I kissed her good night"。这一句,又有一些可斟酌之处。原来中西习惯不同,中国人之间,哪怕是至亲好友,相见或握别时,不一定会相拥相吻,可是在西方社会,这是常见的习俗,不以为怪,特别是法国人,朋友亲戚之间常以"左右左"三次亲面颊为见面或道别时的礼仪,因此,要翻译"kiss"一字时,因中西文化的不同,就应特别留神。学生把这句话译为"我亲吻了她,与她送别"。这种译法并不错,但似乎把语气加重了。其实"kissed her good night",只不过是"亲亲她,道声晚安"而已。此外,还有一些习惯用语,如"She did not want me to see her to the door",译成中文,即为"她不愿让我送她到门口",而不是"她不愿让我看着她回家"。这些,都是英文里常见的说法,跟西方人多接触、多看、多听,翻译时当可有所改进。

不论中或英,要学好一种语言,都必须经年累月不断留心,在书里寻,在书外觅,两者缺一不可。

三十九
距离感与切入点

有关译文语言定位的问题,一向是译界学者争论的焦点之一。不少人说,翻译无定本,译得再好的作品,经过若干年,必须要也必然会受到时间的淘汰,因为新一代的读者已经产生了,他们使用的语言跟前一代有若干差距,为了迎合他们的需求或口味,译作的文本也必须随之改变。

这一种说法,乍听颇有道理,想深一层,却有逻辑上的问题。同样是一种文本,为什么创作的无须改变,翻译的却必须随波逐流?

有"翻译理论之父"之称的尤金·奈达(Eugene Nida)博士曾经表示过,任何作品的译本,不论多么成功,其"寿命"只应有50年,超过此限,所有译著都应由新的译本来取代了。随着时代节奏的转变、生活频率的加快,这50年一换的说法已经更新。知名法国文学翻译家施康强在《文学翻译的后傅雷时代》一文中,就曾经指出近来更有论者认为"译本每隔20年就需要更换,以迎合新一代读者的习惯"。施康强本人却主张"优秀的译本最好符合或接近原文给予母语读者的感觉"。他的解释十分精彩,值得转录如下。他说:"同在19世纪,巴尔扎克的风格诚然不同于梅里美。另一方面,他们两位使用的法语与当代法语是有差别的,好比风格各不相同的鲁迅、茅盾、巴金他们使用的汉语与王朔,与70后、80后作家群是不一样的,傅译巴尔扎克,语言当时在新旧之间,越往后越见其旧,惟其旧,如绍兴酒越旧越醇,我们才感到这是19世纪的作品,不是新小说,不是当代某一部法语畅销小说。"

几年前,我教过"文学翻译策略"(Literary Translation Strategies)的科目,课前要求学生填写问卷,问他们有否看过中国文学经典名著如《三国》、《水浒》、《西游记》、《红楼梦》等,学生填回来的数据高得出乎意料,令我十分高兴。后来,年轻的助教却说,我在问题后面应加括号,注明涉及文本到底是"原著、删节本、漫画本",还是"电影、电视改编本"。我听后从善如流,修改问卷,这一来,收回的答案才原形毕露,真相大白。不错,年轻人越来越不看经典作品了,基于他们的语言取向及阅读口味,他们可能情愿看漫话三国、漫话红楼而不看原著,为了迎合他们的爱好,坊间是否应以漫话本来取代原著呢?假如答案是否定的话,为什么上佳的翻译作品,每过若干年就必须更换甚至淘汰呢?倘若是为了市场经济,难道我们就不容许多元存在、多重选择吗?

其实,翻译的道理既简单又复杂,为了保持原汁原味,译本应尽量贴近原文,既然如此,原文中表现出来的时空距离感,就不能不顾。原著内容所述的时代与作者身处的时代是有所不同的。作者可以身处现代而描绘历史事件,叙述者采用的口吻、立场、观点、笔法、叙述的方式往往因人而异,但因为是今人说往事,阅读起来,总会有一些沧海桑田的遥距感。此外,倘若原著是 18、19 世纪的作品,甚至 20 世纪上半叶的作品,今人看来,也有一种疏离的感觉,这些作品翻译起来,用现今惯用的日常话语,总会显得格格不入,因为今人既不穿绣花软底鞋,古人也不穿有洞牛仔裤。举例说明,名翻译家高克毅先生曾经译过元朝关汉卿所撰杂剧《赵盼儿风月救风尘》,高先生把剧名译为 *A Sister Courtesan Comes to the Rescue*,哈佛大学中国文学教授 Stephen Owen 也译过此剧,他却把剧名译为 *Rescuing One of the Girls*。单看剧名,从"courtesan"及"girl"两字,读者可知前者指风尘女子,而后者的可能性就太多了,可以是名女学生,也可以是位酒吧女,定位并不清楚。既是元朝的作品,经过翻译,为什么就硬要缩短距离呢?

在硕士班上,有位同学选译了 Mimi Chan's *All The King's Women*,其中有一篇"The Gods Are Just:Fourth Concubine Surnamed Kam (1900～1981)",叙述者转述其家姑幼年上学的故事,文中有一段:"She tried to run the distance from the 'school house' to her home in her bare feet... school was actually a makeshift tutorial group set up in the big house of a benevolent local landlord, who had hired a scholar to teach the neighborhood children."年轻的学生译成"她赤脚努力地从'学校大屋'跑回家里。……当时的学校只不过是临时的指导小组,也就是当时某位善心的地主借出了大屋,并聘任一位饱学之士来教导邻近的孩子"。姑不论这译文有多少可待改善之处,仅仅是"学校大屋"、"临时的指导小组"、"饱学之士"等字眼,就值得斟酌。中国的教育制度一直到 20 世纪初仍然有其传统的特色。从不少文献或传记可以得知许多知名之士都曾经自幼跟从业师熟读四书五经,当时的"school house"是"学堂",所谓的"makeshift tutorial group"即是"私塾",而那位受聘授业的"scholar"则是"塾师"。学生因为年轻,又少接触传统文学,才会依英文直译出"临时指导小组"这样的字眼来。其实,原文作者是中国人,她虽用英文写作,讲述的仍是中国的故事,因此译者在翻译时,在某种意义上,是在做"还原"的工作。

然而是否所有英语文本中述及中国文化的事物,都必须还原?这又未必。翻译时,译者还必须顾及原作者的身份以及写作时的意图,换言之,切入点也是关键所在。

钟玲教授曾经提到叶慈(W. B. Yeats)在一首咏中国文物的诗《青金石》(*Lapis Lazuli*)中,有这么几行:

> Two Chinamen, behind them a third,
> Are carved in lapis lazuli,
> Over them flies a long-legged bird,
> A symbol of longevity...

钟教授认为由于原诗由爱尔兰诗人所写,诗中所述中国文物"富异国情调"(exoticism),因此不宜用中国人的切入点来翻译,而应用直译的手法来处理,她举出两种译法,第一种将"long-legged bird"译为"白鹤","a symbol of longevity"译为"长寿的象征";第二种则分别译为"长足鸟"及"不老的象征",她认为第二种译法较恰当。(钟玲,"还原问题——翻译涉及中国文化之美国诗歌",见金圣华主编《外文中译研究与探讨》,135～136 页)

Mimi Chan 及 Yeats 一为熟谙本国文化的中国人,一为喜爱东方文物的外国人,万一作者是华裔人士,对中国文化心有企慕而又一知半解,这又如何?譬如若干年前曾经风行一时的 *The Joy Luck Club*,作者 Amy Tam 在书中有关中国事物的种种描述,由于自身文化及语言背景的制约,往往与事实有所偏差,这时,译者又该如何取舍?

我曾经写过一篇有关 *The Joy Luck Club* 翻译的文章(见"翻译工作坊"简介——谭恩美《喜幸会》的翻译),文中有一段话是这么说的:"作者在原著中有失误的地方,无损作品在艺术上的成就,身为译者,担当的是一种中介转达的任务,原文有讹,也只能'以讹传讹',最多在译注中加以说明而已。"例如谭恩美提到过年摆蟹宴、中秋吃粽子等,译者也只好依书直译。谭恩美又说粽子是"wrapped in lotus leaves"的,"lotus leaves"是"莲叶",不是"粽叶",但翻译时并不能随意修改。

原著的距离感及切入点,常会直接影响翻译时的策略与取向,因此不可不顾。

四十
隔岸相望与中流相遇

最近收到季羡林的《谈翻译》,是 2007 年刊印的新书。

真高兴能看到这样的佳作,《谈翻译》,由身兼学者、诗人、散文家、翻译家、评论家多重身份的作者执笔,书中的点点滴滴、字里行间,都是过来人语。假如你站立在译道入口处窥探前路,准备整装待发;假如你原已踏上译道,却正在某个路口彷徨踯躅,心生疑惑,不知何去何从;甚或假如你已深入此山,却因云雾缭绕、山径曲折,而迷失了方向,那么,这样的书就是指路的明灯,去困解惑的良方。

季老是我国名闻遐迩的翻译大家,除德国文学作品之外,毕生以译介印度古典文学名著为己任,曾翻译《五卷书》、《优哩婆湿》、《罗摩衍那》、《沙恭达罗》等名著。季老在"文革"末期,开始翻译《罗摩衍那》(《罗摩衍那》与《摩诃婆罗多》合称为印度两大史诗),全诗共两万颂,季老自 1973 年至 1983 年,十载光阴,几许心血,终于完成了洋洋八册译著,季老历来翻译的印度文学,共计 450 多万字,这样的翻译巨匠,在译途上经过呕心沥血的磨炼,长年累月的砥砺,他的经验之谈,谁说是个人的、主观的、琐碎的?而目前不少翻译"理论家",却一提到名家经验谈,就嗤之以鼻,认为是无足轻重、不屑一提的。

个人认为,有实战经验的译家之言,是弥足珍贵的,绝不能因为较少套用时尚术语或舶来理论,而予以低贬。记得 2000 年我在翻译学讲座教授就职演讲词中,就述及翻译理论与翻译实践的关系。当时曾经提到翻译系的设置,除香港一地之外,在海峡两岸,都仍然未算普及。翻译要成为一门学问、一科专业,甚至在大学成为本科生的修习方向,必须要有完整的体系与严谨的设计,因此,翻译理论有其存在与发展的必然性,但是,翻译正如音乐、艺术、建筑一般,不能空谈理论,而避开实际,否则,学习数年后,毕业生只能夸夸其谈,而不能着手翻译,那么,就算翻译系遍置全国,我国译坛上仍然会出现青黄不接的断层带。

我在《认识翻译真面目》一文中曾谓:"学翻译、做翻译或研究翻译好比泛舟河上,不论从理论出发或由实践入手,即不论从左岸登船或由右岸乘槎,都不重要,重要的是必须从对岸相望的敌对立场,经浑然相忘的融会阶段,而进入中流相遇的和谐境界。惟其如此,方能携手同游,共享放舟译河的乐趣。"这段话,成文于2000年,可惜七年后的今天,这中流相遇的和谐境界,不但仍未达成,而对岸相望的敌对情况,仿佛越演越烈了。

2007年上半年,曾经应邀分别在海峡两岸的大学作有关翻译的专题演讲。据观察所得,目前对翻译产生兴趣的大学生越来越多,有关讲座亦反应热烈,至于国际研讨会中发表论文的年轻学者,对西方译学理论亦多耳熟能详,这现象是值得鼓舞的。可是,从另一方面来说,在不少学术文章中套用西方译论而漠视本国译史及译坛现状的情况,也越趋明显。目前译界似乎有一种不成文的共识,仿佛谈翻译,可以从与翻译相涉的历史背景、社会状况、文化现象等等来讨论,但绝不能涉及翻译本身,因为他们认为这种做法是守旧的、落伍的、闭塞的、残缺的,当然更不能对翻译的好坏作出评价。换言之,你必须过译门而不入,才显得有学问。其实,赏花不涉花,谈月不及月,而只可研究土壤、雨水与风向,这难道是必然而唯一的途径吗?

6月上旬,在台湾政治大学参加该校翻译中心主办、以"翻译与跨文化研究"为主题的第三届国际学术研讨会,在会上遇见了许多旧雨新知,彼此切磋,交谈甚欢。其中很高兴的是见到了在当地师范大学当客座教授的罗新璋,他说是特地为听我演讲而来的。会后他交给我一份文稿,题目"傅译百例",罗新璋是"傅译传人",对翻译大师傅雷的作品研之甚深。这份文稿,罗新璋将会发表,但其中的几个标题,如"化为中文,不宜太实"、"推波助澜"、"尽其义蕴"、"巧避'人们'"等等,确实把傅译妙处,一一点出。

罗新璋是另一位将实践与理论合而为一的翻译名家,在当今译坛上,是不可多得的人物,多年来泛舟中流,遨游译河,放眼两岸而逍遥自得。

四十一
是"连体人",还是"孪生子"?

名诗人及翻译家余光中先生有鉴于中英语文程度的低落,曾经慨叹道:现在的学生,写中文像英文,写英文像中文。这句话的确是一语中的。根据我多年教学的经验,发现很多年轻学生写英文未必流畅,往往带有许多中国腔,但写中文时,却又念起来句句像英文,至少是带了浓重的欧化语,令写作看起来像是拙劣的翻译。这种现象,在海峡两岸暨香港、澳门都十分普遍。

翻译,是把一种语言转换成另一种语言的智性活动,讲求的是"先入后出"。入,是指对原语(source language)的彻底了解;出,是指对译语(target language)的充分表达。入时,要与原语紧紧相守,耳鬓厮磨;出时,要对原语挥手握别,扬长而去。最忌讳的是"入而不出",跟原语纠缠不清,藕断丝连,把原文一些不必要、不相干的元素都拖泥带水地搬到译文中来。

以英译中为例,英文是英文,中文是中文,这根本不同的两种文字如何在翻译中产生关系而又互不干扰,彼此独立?这就使我想起几年前一则有关"连体人"的新闻。

在2003年夏,伊朗有一双姐妹,由于生来连体,在行动、生活上诸多不便。两位姐妹生性乐观,为了向往美好的自由,决定要千里迢迢到新加坡去开刀。她们明知成功的机会只有50%,若手术失败,则性命不保,也不惜冒险一试。结果,手术不幸失败,两姐妹终于不治,遗体运返故土时,万人空巷,举国哀悼。这则故事告诉我们,连体不仅是肉体上的痛苦,也是精神上的折磨。上天让人人独立自主,不必依赖仰仗他人,生活如此,婚姻如此,文化、文字又何尝不是如此?不幸的连体姐妹为争取独立而丧生,许多独立自主的人又为何甘心变为连体人?

在翻译的过程中,两种语言在相遇,两种文化在交流,由甲语言转化成乙语言的时候,最要紧的是把含蕴其中的信息、内容、理念、意境、神髓传达过去,而不拘泥于一些不必要、不相干的枝枝节节。若以人来比拟,则原文是一个个体,译文是另一个个体,两者可以是音容笑貌相似的孪生子,却不是一对切不断、分不开的"连体人"。

英文与中文的表达,有相似之处,也有截然不同的地方,即使同一位作者,写同

是"连体人",还是"孪生子"?

一首诗、同一篇散文,分别用中、英文来作为媒介,在表达的形式方面,也会产生一些偏差。许多名家如余光中及黄国彬都有类似的经验,即一位作家若想把自己的作品译成另一种文字,不论他的双语能力有多高,也很难成为一个"忠实"的译者。当然,这"忠实"两字的定义有待商榷。此处所谓的"忠实",指的是"亦步亦趋"、"安分守己",这种译者,翻译时战战兢兢,不敢越雷池半步,往往会堕入硬译、死译的陷阱。

以我个人的经验为例,最近,刚写了一首小诗《黄金岁月》,这首诗是先用中文写,后用英文译的,兹列如下:

> 锁起一串长长的日子
> 绿的、蓝的、红的、紫的
> 搁置记忆的宝盒里
>
> 往后的岁月
> 听说,都是金色的
> 阳光灿烂时闪闪发亮
> 天色阴沉时暗淡无光
>
> 有你在,亲爱的朋友
> 相信闪亮的时候多
> 暗淡的时候少

我翻译的英文如下:

> *I lock up a long string of days*
> *Green, blue, red and purple*
> *In my jewel box of memory*
>
> *The forthcoming years*
> *I heard, will be*
> *All golden in colour*
> *Glittering under the sun*

And dim in the shadows

Together with you, my dear friend
I believe they will be rarely dim
And mostly glittering

  这首小诗是自由体,不押韵,共分为三节。第一节翻译得很贴,改变得最少,几乎是亦步亦趋的,但中文诗里没有主词,英文本却补上了主词"I";此外,中文诗里没有所有格,英诗里加了"my"一字。第二节里,原文说"往后的岁月",英文却译为"forthcoming years",这就涉及中英表达方式的不同,而"years",在中文有"岁月"、"年华"、"时光"、"流光"、"韶光"、"年年月月"等多种说法;"岁月"译成英文又有"years","time and tide","year after year","year in, year out"等说法,完全要视语境的不同而定夺。"往后的岁月,听说,都是金色的"一句,译成英文时,就必须注意动词的时态,因为说的是将来的事,所以要译成"will be all golden in colour"。最不同的是"阳光灿烂时闪闪发亮,天色阴沉时暗淡无光",这两句在中文里是对仗的,字数相同,都是9个字;译成英文时,"闪闪发亮"即"glittering","暗淡无光"即"dim",前者三个音节,后者一个音节,为了表达原文的意境与氛围,没有必要把两句的音节硬凑成一样。再说,原诗中的"阳光灿烂"及"天色阴沉",主要意指生命中的起与伏、甘与苦,即等于英文中所说的"ups and downs",故用"sun"跟"shadows"来比喻已经足够,而不必一定要译成"bright sunshine"或"dark colour of the sky"。至于第三节,"有你在"一句,译成"together with you",可表达出一种与朋友彼此契合、相知相交的感觉,假如硬译成"your presence"之类的话,就会显得格格不入了。结尾两句,中英正好相反,中文提到"闪亮的时候多,暗淡的时候少",先说"多",后说"少",先说"亮",后说"暗",完全合乎习惯用法,但译成英语,把"dim"放在前,"glittering"放在后,则是因为"dim"一字短而促,"glittering"一字则较长,且与"lingering"一字相似,有余音袅袅的感觉之故。

  由以上的分析可见,一个作者翻译自己作品的时候,表面上虽极难"忠实",但实际上由于他或她深知自己要表达的意念到底是什么,因此不会受拘于语法的诸多钳制。换言之,作者是在用两种不同的语言分别表述内心的情致理念,因而所成的产品乃是各自独立的个体,而不是纠缠不清的连体人。一般人翻译时,往往不能如此洒脱不羁,这也是翻译的困难所在,以及译坛老手与翻译新手的区别所在。

四十二

讲词的精练与重复

最近有机会目睹中国文坛及学苑两位才女的风采,并聆听她们精彩的演讲。前者是中国作协新主席铁凝,后者是有"国学超女"之称的于丹。

铁凝是文坛健将,目前出掌中国文艺界,任重道远。我是在香港作家联会庆祝成立20周年的晚会上认识她的。身为嘉宾,铁凝当然会应邀讲话。她所致的贺词,说得不徐不疾,大方得体,使人充分见识到她的领袖风范。在另一个场合,亚洲周刊20周年文化讲座上,请来了炙手可热的于丹与易中天对谈。当天的题目是"论语 vs. 三国"。两位名家在台上你来我往,针锋相对,擦出了火花,两个多小时里,台下笑声不绝,掌声不断,也使我真正体会到锐利词锋的威力与魔力。于丹本身是学者,但身为北京师范大学影视传媒系的系主任,果然口才了得,舌粲莲花,难怪一位记者说,她讲起话来,"是一条淘不尽的大江浪头翻呀滚呀,浩浩荡荡奔流,气魄壮阔得紧。"(见《江流石不转——于丹专访》,《明报》,2007年7月25日)

上述两位才女,一位说起话来,气定神闲,铿锵有力;另一位却雄辩滔滔,扣动人心,两者各擅胜场,都可说是杰出辩才的典范。

口才是先天生成的,还是后天练就的?怎么样才能滔滔不绝、口若悬河(eloquent, torrential, talk on and on in a flow of eloquence)?怎么样才言之成理(convincing)、令人信服(persuasive)?怎么样又激动人心(stirring)或挑衅煽动(provocative)?怎么样才使人无法抗拒(overwhelming)、印象难忘(impressive),因而感动不已(touching, moving)、影响深远(influential)?

很多人的口才的确得自天赋异禀,但也有不少是后天练就的,二次大战中的英国名相丘吉尔(Winston Churchill,1874~1965)就是一个显著的例子。丘吉尔并非早慧,自小读书毫不出色,且口才笨拙,他是靠努力不懈、自淬自砺,才出人头地的。丘吉尔一生于1940年及1957年两度为相,在第二次世界大战期间,带领英国奋勇抗敌,走出黑暗;1953年,荣获诺贝尔文学奖,得奖的因由乃"for his mastery of historical and biographical description as well as for brilliant oratory in defending exalted human values"。丘吉尔毕生写过不少传记、报告、回忆录，同时也发表过许多脍炙人口的著名演说，因此，诺贝尔评奖委员认为他不但"著书"精湛，且"立说"出色，他为维护人性尊严而发表的"brilliant oratory"（精彩演说），正是他获得殊荣及名垂青史的重要原因之一。

1940 年 5 月 10 日，丘吉尔出任首相，三天后，他会见内阁说，"I have nothing to offer but blood, toil, tears and sweat."其后，他在下议院中要求大家对新政府投以信任票，并发表了著名的演讲 Blood, Toil, Tears and Sweat，这篇演讲，我曾经要求学生作为翻译练习，仅仅是题目那几个字，就衍生出许多问题来。

假如你参考坊间的某些译本或网上的暂定译法，你会发现这样的中文——"鲜血、辛劳、眼泪和汗水"，一板一眼，对号入座，似乎译来毫无困难，但是再望一眼，假如没有原文，这样的题目，是否能打动人心？题中提到的四项之中，"鲜血、眼泪和汗水"三项似乎都与人体生理有关，而"辛劳"一项，就显得突兀了。

现代汉语惯用双音节词，因此翻译"blood, toil, tears and sweat"时就依次译为"鲜血、辛劳、眼泪和汗水"，但是"鲜血、眼泪、汗水"这些用语，倘若出自丘吉尔的口中，却失去了带领全国人民奋勇向前、同仇敌忾的气概，而显出哀兵自叹、眼泪涟涟的窘态。一般来说，如要表现不惜为国流血捐躯时，"blood"一词应译成"热血"，如"抛头颅，洒热血"，或"碧血"（讲述二次大战的名片 The Longest Day，中译为"碧血长天"），而不是"鲜血"；"tears"，也往往译成"热泪"，而非"眼泪"。在中文里，"碧血"与"热泪"的含义及引起的联想与感受，当与"鲜血"与"眼泪"不同。此外，"血"与"汗"又常放置一词，如"血汗钱"等。问题在于，原文中"blood, toil, tears and sweat"这四个字既是丘吉尔自述胸臆之言，也是激励同胞之辞，丘翁不可能说自己的血是"碧血"，自己的泪是"热泪"，因英国人一向处事低调，更何况以措辞精练闻名于世的丘翁？这便如何是好？

其实，按中文行文的习惯与逻辑，blood, toil, tears and sweat 这四项之中，"血与泪"是应该放在一起的，而"辛劳与汗水"也不可分离，为了忠于原文的意思及依顺译文的次序，我们为什么不可以译为"血、泪、辛劳与汗水"呢？再者，原文中的连接词"and"是英文陈述连串名词时在最后一词之前必加的习惯，中译亦可略去，译成"血、泪、辛劳、汗水"，又有何不可？要知道丘翁的名篇，题目必须醒目、精简，才能深深烙在听众及读者心目中，历久难忘。

除了用词精练，一篇上好的演讲词，必须在节骨眼上运用一些对仗工整的句式,一些立竿见影的词汇,不断重复,再三提点,务使内容如袅袅余音,令受众听后,在心中萦绕不散。在上述讲词中,有一段精彩的话:"You ask, what is our aim? I can answer in one word. It is victory, victory, at all costs, victory in spite of all terror, victory, however long and hard the road may be; for without victory, there is no survival."在这一段文字中,"victory"一共出现了五次,讲者是有意重复的,就如不断的锤音、连串的鼓声,一下下,激荡于空中,流泻入耳膜,植根在心坎。因此,如要翻译这一段讲词,"victory"这个字也必须用同一个词汇如"胜利"来处理,译者不必为了追求变化而"一词多译",例如译为"凯旋"、"奏捷"、"告捷"等。

丘翁先说,"for without victory, there is no survival",接着,词锋一转,又说:"Let that be realized; no survival for the British Empire, no survival for all that the British Empire has stood for, no survival for the urge and impulse of the ages, that mankind will move forward towards its goal."这里,他又一连串用了三次"survival",恰似澎湃奔腾的大江,滔滔不绝,一泻千里,词锋之锐利,令人心为之动。

要翻译讲词,该精练处宜精练,该重复处且重复,确实是一门值得努力学习及细心揣摩的功夫。

四十三
讲词的语感与气势

最近与翻译系硕士班毕业的高材生午膳,席间谈起了有关翻译的种种问题,根据这位年轻有为的学者的体会,翻译理论有助理清一些概念,那是做学问、写报告时必须参考的资料,但是到了真正下笔翻译的时候,最重要的还是对原文语感及气势的体会,这时候,个人的学养,双语的造诣,以及经验的积累,就起了关键性的作用了。

前文提到讲词的精练与重复,并以丘吉尔的讲稿为例,其实,在丘翁之前,或丘翁之后,凡是名人的名篇,也就是所谓的"famous speeches",或多或少都有一些共同的特点。

首先,这些名篇都有一个旗帜鲜明的立场,为一些人类普世永恒的价值观念而振臂高呼,Liberty, Freedom, Democracy, Human Rights, Peace(自由、民主、人权、和平)等是时常涉及的中心思想;其次,为了推行或倡导这些思想,必须触动听众的心弦,于是,讲者往往会提到 Love, Dream, Aspirations, Vision(爱、梦、抱负、愿景)等字眼,以提升情操,并以 Sacrifice, Persistence, Fight, Struggle(牺牲、坚持、战斗、斗争)等字眼来激励士气;再次,就必须在行文时注意语感,加强气势,因此,重复词、排比句是不得不常用的修辞技巧。

希拉里·克林顿(Hilary Clinton)竞选美国总统时,频频出击,气势如虹。希拉里本身的确才华过人,她于1995年在北京发表的演说"Women's Rights Are Human Rights",已获公认为演说名篇,在这篇讲词中,她除了开宗明义指出"妇权即人权"的主旨之外,还采用了大量活泼鲜明的实例,来印证自己的论点,她说:"Over the past 25 years, I have worked persistently on issues relating to women, children and families. Over the past two-and-half years, I have had the opportunity to learn more about the challenge facing women in my own country and around the world."("在过去的25年里,我坚持不懈地致力于与妇女、儿童、家庭相关的问题。自过去两年半以来,我有机会了解更多有关我国及世界各地妇

女面临的种种挑战。"〔学生译,经教师修改。〕)

接着,希拉里就提到她在世界各地所见过的各式各类女性,包括在印尼初为人母的女士、在丹麦的在职女性、在南非为争取种族平等而努力付出的女斗士,还有在美国、印度、孟加拉、乌克兰等地各行各业的女性等等,每一句,她都以"I have met"开始,一共六句,浩荡而下,势如破竹。学生在课室中曾经询问,在这种情况下,译者是否需要改变译法,例如译成"会见、会晤、面晤、邂逅、看见"等等,以便读来不致呆滞刻板。谁知此处正是原文高明之处,这六句排比句,气势逼人,雄辩滔滔,恰是令人心有所感、印象难忘的因由,因此,译者亦必须连用六个排比句来处理,每一句都以"我见过"来开始,例如"我见过南非妇女,……"、"我见过西方世界的女领袖……"、"我见过白俄罗斯和乌克兰的医护人员……"等等。

在全文稍后之处,希拉里又采取了同样的修辞方法,她说:"It is a violation of human rights when women and girls are sold into the slavery of prostitution."当然,此处为了语感,不能以"这是对人权的践踏"作起首句,于是学生就译为"贩卖妇女及女童去卖淫,这是对人权的践踏"。希拉里接着又以六句排比句来描述世界各地女权饱受摧残的状况,每一句都以"It is a violation of human rights"开始,而在中文的译文里,每一句也都以"这是对人权的践踏"结尾。

希拉里的演说词最后以一种许愿的口吻作为总结:"Let the Conference be our—and the world's—call to action."她希望"And let us heed the call so that we can create a world in which every woman is treated with respect and dignity, every boy and girl is loved and cared for equally, and every family has the hope of a strong and stable future."经教师修改,学生译为:"让这次会议成为我们——乃至整个世界的——行动号召。"接着又说:"让我们响应号召,借此我们可以创造这样一个世界,那里每位妇女都能有尊严并获得尊重,男孩和女孩得到平等的关爱,每个家庭都兴旺可期,稳定有望。"

要译出一篇上佳的演讲词绝非易事,例如林肯(Abraham Lincoln)的名篇《葛底茨堡演说》(*Gettysburg Address*),历来就有很多译者翻译过,但似乎都未臻完善。前些年,名译家高克毅先生曾经重译此文,刊载于香港《明报月刊》,使我们终于见识了名篇名译相得益彰的美事。

其实,很多美国总统的就职讲词都很精彩,包括当年肯尼迪于1961年1月20日就职的那篇讲演,其中一句"And so, my fellow American: ask not what your country can do for you—ask what you can do for your country",的确脍炙人口,历久弥新。香港翻译家汤新楣曾经翻译出版过《肯尼迪讲演选萃》(香港:今日世界社,1972),书中,他把这一句译为:"所以,同胞们,不要问你们的国家能为你们做些什么,而要问我们能为国家做些什么。"其实,这句子当中,有些代名词可以省略,如译成"不要问国家能为你们做些什么,而要问你们能为国家做些什么",似乎更为精简。王建华选编的《美国总统就职演说》一书中,则译成:"因此,美国同胞们,不要问国家能为你们做些什么,而要问你们能为国家做些什么。"此处,既是美国总统向美国公民致词,文中"美国同胞们"中的"美国"两字,也就可省略了。

译演讲词,文中的语感与气势不可不顾。

四十四

来龙与去脉

通常,在一些社交饮宴的场合,你会遇上一些陌不相识的生面孔,万一在席次上安排于身旁的是一位素未谋面的陌生人,你该如何打开话匣子呢?当然,你会先跟他交换名片,以便得知他的所属机构及工作范围,万一大家是仍然在校的年轻人,你总也得问问对方是哪所学校的,念的是什么科系。彼此的籍贯、家庭、工作岗位、兴趣嗜好等等,自然是引起谈兴的好话题。换言之,在与人相交相识的过程中,"来龙"是十分重要的,有了"来龙"的认知,才有"去脉"的可能,否则,两人相对,默默无言,几小时过去了,开席时互不关心,竟席时扬长而去,茫茫人海中,偶尔相遇的两点微尘,转瞬间,在大气中又各飘西东了。

其实,不仅社交如此,翻译何尝不如此?

初涉翻译的人,往往以为只要略通 A 与 B 两种语言,就可以在 A、B 之间进出自如,做久了翻译,才知道这门功夫的深奥与艰辛。也有不少人在翻译圈中讨活儿,却认为每日的工序不过是搬字过纸,例如英文有 ABCD 四句,译成中文,也顺序排成甲乙丙丁共四句就行了。殊不知,原文是句句相连,字字相扣的,文中的任何一字一词,都必须依前言后语的意思来推断,来审度,因此,原文那四句的次序,未必一定是译文中的次序,例如中文讲究前因后果,文章里经常先说因,后述果;英文则刚刚相反,往往先说果,后述因,如果译者不用心揣摩,前后调度,则会显得十分欧化,这也是译文体中常出现倒装语法的缘故。翻译最讲究的就是"语境",也就是 context。假如没有语境,突然看到的一句话,可以有种种不同的解释,既模棱两可,又正反莫辨,遇到这种情况,就使译者束手无策,甚至连有经验的老手也不能幸免。

最近,《牛津高阶英汉双解词典》准备出第七版了。新版中增添了不少新字新词和新的表达方式,以适应时代的需求。这些新的元素要译成中文,真是谈何容易。多年前,香港翻译学会鉴于英语新词新字不断涌现,乃决定汇编一册《英语新词词汇》(*A Glossary of New English*),由我出任主编。当年所有编委会的委员都是义务工作的,在编纂过程中,为了要求词义明确,翻译通顺,除了参照多种专科词典、词汇之外,又将所有新词分门别类,就教于各行各业的专家学者,经反复审订,方始定稿,《词汇》终于在1979年于香港成书面世。当年,凭借的是一番热忱,可谓初生之犊不畏虎,后来历经波折,才了解到编这类书是多么艰辛的一回事,更遑论审订带有释义及例句的双解词典了。

所幸牛津大学出版社是词典出版界的翘楚,在编纂的过程中,集思广益,经过了一道又一道的翻译程序,等到最后稿件送交审订者手中时,已经大致上完整无瑕了,偶有小疵,问题也应可一一解决。

说起来,词典中的例句之所以这么难译,主要的原因是没有context,也就是不知句子的来龙去脉,译者一来必须在众多的可能性中选译其一,以免含糊不清;二来必须译得包容性最大,以免挂一漏万,这两难的情况,使人煞费思量。以下是一些实际的例子。

在acceptance词条之下,有一句短例:"He made a short acceptance speech/speech of acceptance."这句子,有人译为"他简短地作了一个接受提名的演说",另有人译成"他作了一个简短的获奖感言"。acceptance这个词,根据词典的定义为"the act of accepting a gift, an invitation, an offer, etc."【即"接受(礼物、邀请、建议等)"】那么,在上述短例中,如何确定到底是"接受提名",还是"获奖"呢?除非你根据前言后语,知道这是哪位总统候选人接受了提名,或哪位诺贝尔和平奖得主在发表演说,否则可真不好译呢!但是词典的例句是不可不译的,在这种情况下,是否应考虑译得宽些,如"他发表了简短的演说,表示接受"呢?

由于例句很短,有时很难确定含有褒义或贬义,既没来龙去脉可循,只能凭常识去判断。在词条"assimilate"之下,有这句例子:"New arrivals find it hard to assimilate."有人译为"新来者感到难以融入当地社会",也有人译为"新来者感到难以被同化"。assimilate这词,可以是"同化",也可以是"融入社会",但从中文的含义来说,"同化"是当地社会将外来者"同而化之","融入社会"是外来者与当地社会"打成一片",这其间,有主从之分,褒贬之别。这例句,也使人想起近年来香港不少新移民的处境,假如译成"新来者感到难以被同化",则应包括一些地域的优越感与原乡的自尊心在内,很可能是主观的愿望,但英文原文却没有这种意思,反而是一种客观的陈述,因此,译成"难以融入当地社会"应较合乎逻辑。

有时在简短的例句中包含了原文的一些特殊文化元素,译者倘若不谙当地的习俗或时尚,往往会译得有所偏差。在"another"词条下,有句短例:"She's going to be another Madonna(＝as famous as her)",第一位译者译成"她就要成为和马多纳一样的名人了",第二位译者心想,这样译法,读者不明所以,因此,应把文化因素加进去,根据一般理解,译成:"她都快变得跟圣母玛利亚一样出名了。"Madonna一词(通常作 the Madonna),的确是指 the Virgin Mary,即圣母玛利亚,可是这里一句没有上文下理的例句,根据推测,是带有调侃意味的,此中 Madonna 应指美国歌星麦当娜,而非圣母玛利亚,因此,例句中若要增补文化元素,也应译成"她快要变得跟美国歌星麦当娜一般出名了。"圣母玛利亚在信徒心中至高无上,当然不会随便让人拿来作比较。

在"cheesy"词条下,第七版的新词有句短例:"She had a cheesy grin on her face.""cheesy"这词以俗语来解,原作"劣质的;粗俗的;庸俗的"(《牛津高阶英汉双解词典》第六版)之意,但是"grin"一词,又解作"to smile widely",即"露齿而笑;咧着嘴笑;龇着牙笑","cheesy"加上"grin",该怎么译?既没来龙与去脉,两个译者就译出完全不同的意思来:前者译为"她勉强龇牙笑了一笑";后者译为"她咧着嘴笑得很灿烂"。为了确认其意,特别求教于数位语文精湛的 native speakers(以英语为母语的人士),得出的结论,上述两译,应以前译较准,但是由于没有 context,仍不能算是十分精确。

编纂双语词典是项庞大的工程,由于词条下的例句往往很短,又没有语境,翻译时更添困难。词典学家如陆谷孙、庄绎传、徐式谷先生等,多年来从事编审词典的工作,实在劳苦功高。

四十五

浓淡深浅宜细分

2007年10月8日,有幸应邀参观有"巨蛋"之称的北京国家大剧院。

这天,白先勇监制的苏昆青春版《牡丹亭》受邀参加国家大剧院的开幕试演。这出戏,自2004年正式推出之后,已经演出100多场,所到之处,不论是海峡两岸暨香港、澳门或大洋彼岸,皆场场满座,盛况空前。根据白先勇所言,当初制作这出名剧的目的,是要"创造出一出既传统又现代的昆曲经典范例,以唤回曾经有过辉煌历史'百戏之祖'的青春生命",由于他多年推动昆曲的不懈努力与全神投入,时至今日,也的确达到了目的,完成了夙愿。

有感于白先勇这位昆曲义工大队长的魄力与热忱,许多昆曲爱好者甚至行外人,都纷纷自动加入义工团,成为不计报酬、只求付出的义工,我也是在这样的情况下,兴致勃勃地追寻起《牡丹亭》的踪迹来。

参观国家大剧院及观看青春版《牡丹亭》是大家期待已久的盛事。8日晚,各地应邀而来参加昆曲国际研讨会的一行专家学者乘坐巴士,兴冲冲由酒店出发,来到天安门广场西侧的国家大剧院。下车后,面对这据悉建造费高达400亿人民币的"巨蛋",不由得肃然起敬。"巨蛋"的确硕大无比,气势宏伟。众人通过长长的走道,在夕阳余晖中来到入口,此时向下一望,不由得目瞪口呆。原来巨蛋四面环池,稳稳坐落在水中央,要进入会场,必须拾级而下。阶梯层层铺设,在暗淡灯光下,只见一大片灰,分不清哪一级是哪一级,兼且两旁不设扶手,年迈体弱视力模糊的与会人士,至此莫不踟蹰再三,举步维艰。这一大片的灰色地带,叫人如何分得清左右与高低?

此时,我忽然想起"user-friendly"这句话。这句话怎么翻成中文?总不能直译为"用者友善",因为,原文的意思跟用者的态度毫无关系,而是指设计者的用心所在。设计者创制一样物品或建造一座建筑物时,倘若时时刻刻以用者所需为出发点,则所制成品,必定会广受欢迎,否则外观再美、用料再贵,始终徒劳无功,因此"user-friendly"应译为"体贴用家",即处处推己及人、为对方着想的意思。

外观堂皇的国家大剧院内,所有的楼梯都不设扶手,且一律用灰色,相信这只是尚未竣工的过渡时期,否则冬季来临,天寒地冻,踩着残雪的老人家前来观剧听戏,即使雅兴再浓,又怎有勇气经受入口处及剧院中漫长灰色地带的考验与历练?

说起"灰色地带",就使人想起,翻译之难,正在于两种文化、两种文字互换时,充满了模棱两可的灰色。灰色处于黑白之间,但层次众多,深浅有别,谈翻译的人喜欢用一个法文字"nuance"来描述这种现象,"nuance"现已收在英语字典中,意指(意义、声音、颜色、感情等方面的)细微差别,"a very slight difference in meaning, sound, colour or sb's feelings that is not usually very obvious"(《牛津高阶英汉双解词典》第六版)。这种差别,平常人也许察觉不到,正如对食物不感兴趣、囫囵吞枣的人,日习惯以汉堡包、快速面佐餐,很难要求他对精致的美食作出评论、细细分辨。一般人领悟不到的文字之美,却正是写作人与翻译者必须念兹在兹的基本要求。

以下且以最近遇到的一些实例,试在文字的灰色地带中找出浓淡深浅的层次与色泽,并谈谈翻译时应如何配合与调整的问题。

先说褒与贬,在审订《牛津高阶英汉双解词典》第七版时,在 nadir 词条下,发现了有趣的例子。例句为"Company losses reached their nadir in 1999",初译者译为"1999年公司的亏损达到了最严重的程度。"另一译者改为"1999年公司的亏损达到了最高峰"。"Nadir"一字,原指"the worst moment of a particular moment"(《牛津高阶英汉双解词典》第六版),即"最糟糕的时刻;最低点",译者把"nadir"译成中文时,即使要表达出原文中含有"极致"的意义,也绝不宜用"高峰"两字。"高峰"通常指"登峰造极"的状态,我们可以说"事业达到最高峰"、"成就达到最高峰",岂有说"亏损达到了最高峰"之理。"高峰"的英译是 peak, summit, pinnacle,例如"the pinnacle of one's career",此处译者把"nadir"译为"高峰",确是犯了"褒贬不分"的毛病。

再说敬与谦的问题,如所周知,中国自古以来有礼仪之邦的称誉,这种教化可以在中国文字中反映出来。凡是属于自己的一切,都谦称"愚、鄙、拙、陋、寒"等,凡是属于他人的事物,则必尊称为"大、雅、尊、令、高"等。因此,同是"opinion",他人的是"高见",自己的是"陋识";同是"writing",他人的是"大作",自己的是"拙文"。这种情况,凡是稍有国学根基的,大概都能分辨出来。近年来,由于西风东渐、崇洋贬中的缘故,年轻一辈对中文里的敬语与谦称等,越来越不注重了,甚至到了长幼不分、尊卑混淆的地步。几年前,我身为"新纪元全球华文青年文学奖"的筹委会主席,在筹划推广的过程中,必须时常与各地学者教授交流。有些例行公函就请行政助理先拟草稿,谁知有一回,助理叫我在拟好的文件上签字,我一看之下,大惊失色,原来她写的文句是,"有关事项,请您及早奉告",这后一句分明是从"Please let me know as soon as possible"翻过来的,读洋书的年轻人竟不知此处中文应用"赐告",而非"奉告",一字之差,失之千里。这信的对象是余光中、白先勇这样的大师,倘若我当时匆匆签署,未及细看,这可如何是好?现在回想起来,仍然捏一把冷汗。

又有一回,收到一封广告信,是Lacôme(兰蔻)化妆品公司的宣传,内容提及该公司不日即将迁址,希望顾客能上门光顾。信中写道:"To celebrate our boutique relocation and new counter opening, we have prepared 3 special offers for you." 译成中文,变成了"为庆祝专门店乔迁以及新专柜开幕两大盛事,Lacôme 特别为阁下准备了三重特别献礼!"此处商店搬迁,虽为名牌,也不应自称"乔迁"。这两字,多用于祝贺他人搬迁,例如"乔迁之喜",即"move to a better place or have a promotion"(《汉英词典》,商务印书馆),岂有自称"乔迁"之理。严格来说,译"retirement"时,他人的退休可称为"荣休",自称"荣休"就显得突兀。同理,写信时,下款常谦称自己为"弟、妹、后学"等,现代人动不动就把名衔搬出来,在下款中自称为"某某教授"、"某某小姐"、"某某太平绅士",这种做法完全是因为忽略了中国的传统所致,翻译时应酌情调整。

四十六

雅俗、繁简之间

严复所说的译事三难"信、达、雅",此中"雅"字最常引起争论。不少人认为原文倘若毫不典雅,为什么译文必须要雅?换言之,翻译时,应雅则雅,应俗则俗,行文不必以雅掩俗,"珠混鱼目"。

此话固然有理,但实行起来,却未必这么容易。原因是雅俗之间,时常只有一线之差,雅俗的标准如何厘定,往往因人因时而异。

说到英语词典中译的问题,由于读者众多,且遍及海峡两岸暨香港、澳门甚至海外华裔族群,译者下笔时最好保持较为中肯的立场,尽量采取持平的语调,太粗鄙的说法,除非必要,能不用就不用。以下举例说明之。

譬如习语"A leopard cannot change its spots",翻成中文时,译为"本性难移"或"秉性难改"即可,没有必要译为"狗改不了吃屎"这样的句子,除非这句话出现在某一语境中,有上文下理的支撑,否则译出这么粗俗的句子来,徒然会误导不谙原文的读者。

又如另一习语"mud sticks",原意为"People remember and believe the bad things they hear about other people, even if they are later shown to be false",在审订《牛津高阶英汉双解词典》第七版时,发现一位译者译成"泥巴掉进裤裆里,不是屎也是屎",另一位译者则译成"恶事如泥巴,沾身洗不清",两者相较,似以后者译法较易为人接受,当然,这译法也可以简化为"烂泥沾身洗不清"。

现在再谈一下词典翻译中繁简的问题。其实,外译中时,不论是英译中、法译中或日译中,都涉及"点烦"的问题,这在本书第二十三篇撰述杨绛的翻译观点时,早已讨论过了。当然,也有不少论者以为翻译时,应繁则繁,应简则简,这说法,颇有值得商榷之处。不错,假如我们说的是文学翻译,而原作者的风格细腻,用字迂回,译者的确应细加仿效,譬如说,康拉德与海明威的文风是截然不同的,我们翻译海明威,固然应选用简洁明快的句法与词汇,翻译康拉德就不能不运用一下华丽的辞藻、对仗工整的结构了。然而说到底,汉语毕竟不同于印欧语系的语言,汉语有自身的环境与生态,无论如何,外译中趋简,中译外趋繁,似乎是一种常见的现象。

2007年10月上旬,有幸在北京探访季羡林教授,承蒙他惠赠多种近著,包括《季羡林谈翻译》、《季羡林说自己》、《病榻杂记》等。如所周知,季教授是学问大家,精通的研究范围众多,有吐火罗文、印度古代文学、印度佛教史、中国佛教史、唐史、中外文化交流史、美学和中国古代文艺理论等十多项,可是他对翻译却极为重视,目前还出任中国译协的名誉会长,对推动翻译不遗余力。

谈到汉语与印欧语系的差别,季老有一段话最发人深省:"汉语同西方印欧语系的语言是截然不同的两类语言,这是无论谁也无法否认的事实。然而,在我们国内,甚至在国外,对汉语的研究,在好多方面,则与对印欧语系的研究无大差异。始作俑者恐怕是马建忠的《马氏文通》。这一部书开创之功不可没,但没分清汉语与西方语言的根本不同,这也是无法否认的。"(季羡林,《季羡林说自己》,北京:中国书店出版社,2007,106页)季老接着又说:"汉语有时显得有点模糊,但是,妙就妙在模糊上,试问世界上万事万物百分之百地彻底地绝对地清楚的有没有?西方新兴科学'模糊学'的出现,给世界学人,不管是人文社会科学家,还是自然科学和技术科学家,一个观察世间错综复杂的现象的新的视角。"(同上书,107页)换言之,汉语之妙,妙在看似模糊,但往往措辞凝练而寓意无穷。

外译中时,倘若字字对译,则不仅韵味全无,且显得冗长累赘,难以卒读,这本是简单明了的一回事,可是目前的译坛文坛,对这种现象不但不引以为戒,反而趋之若鹜,这就不得不使人感叹再三了。

在审订《牛津高阶英汉双解词典》第七版时,原文有一句为:"When computers are networked, they are linked together so that information can be transferred between them."这一句并不算太长,但是其中包括三个被动式"are networked"、"are linked"、"be transferred";两个代名词"they"、"them";以及"when"、"so that"这样的句式。我们试看看译者是怎么处理的。第一位译者译成"计算机联网后便连起来可以相互传输信息";第二位译者却改为"计算机联网后便被连接……";另一位译者又改为"计算机联网,是把它们连接……"其实,此处"被"、"它们"等都是冗词,译成中文,为什么不可以说,"计算机联网,即彼此连接,以互传信息"?外译中时,用字越多,句法越繁,并不表示传达的内容越清晰,越科学,有时还会适得其反。

英文里的复数,也不必一定要用"们"字来译。记得2006年10月在南汇参加

"《江声浩荡话傅雷》学术研讨会"时,会场上布置了红色条幅,上书"热烈欢迎各地专家学者们莅临",与会的傅敏一见,马上要求主办单位把条幅上的"们"字去掉,因为既是"来自各地"的"专家学者",当然不止一人,必为众数,那么,这一个"们"字岂非多余。傅敏为名翻译家傅雷之子,对文字的执著,确有乃父之风。可惜目前翻译界盛行用"们"字来表达众数,甚至不需用时也要用,以下是审订《牛津高阶英汉双解词典》第七版时的一例。原文为"He had become a well-loved member of staff",译者译为"他已成为深受人们爱戴的职员",这句话译来,仿佛在描述哪位政府要员似的,原因是"深受人们爱戴"一句,已成为"jargon"(行话),此处并不适用。这句话,只要译成"他已成为受人喜爱的职员"就行了,"人们"两字可省则省。又如"Fans were milling around outside the hotel",第一位译者译成"追星族在酒店外徘徊",第二位译者偏偏要加个"们"字,变成"追星族们在酒店外徘徊",既是"族",再加"们",岂非多此一举?

以上所举,皆为实例,足见翻译时如何在繁简之间下笔,亦宜斟酌。

四十七
精致与粗糙

在长年累月不断翻译及审稿的过程中,我发觉一般所谓的译病,不外乎理解错误及表达欠妥两种,前者是外文造诣不济(倘若译出语为外文)、后者是母语能力不佳(倘若译入语为母语)所致。两者相较,后者导致的毛病多得多,因为倘若译者外语不行,根本就不应从事翻译的行业,否则捉襟见肘,动辄出错,蒙混得了一时,始终有拆穿的日子。倒是母语表达能力不佳的情况,反而愈演愈烈,很多人对于中文程度如江河日下的情况,根本浑然不觉,甚至感受到了也视若无睹,毫不在乎,这现象,跟社会上一切讲求效率、急功近利、凡事只讲求量不讲求质的风气,实在是息息相关的。

假如每日的饮食,只要饱肚,不讲口味;假如每天的生活,稍有付出,即求回报,那么,谁还有工夫去追求精致、完美的艺术?一切只要简单化、粗俗化就可以了。做人如此,求学如此,做翻译更如此了。谁还有闲情逸致去细细品茶,赏花,钻研文字的真正含义,探究文学的高雅风格?

尽管大学问家、文学家、翻译家如季羡林、杨绛、白先勇、余光中等不断振臂高呼,殷切指出外语与中文的迥异之处,一般人翻译时仍然坚持要把外文的语法生吞活剥、不经消化就硬搬过来,这就形成了所谓的"翻译腔",时至今日,我认为已演化成牢不可破的"译文体",不但出现在翻译中,也频频展示在文学创作中。以下试举最近审阅译稿的例子,以说明之。

在审订《牛津高阶英汉双解词典》第七版时,发现一个有趣的现象,就是部分译者对"被"字情有独钟,只要英文里一出现被动式,不管需不需要,中译必然加个"被"字,仿佛不如此,就译得不够精确似的。其实,翻译英语被动式,一般可以分几种情况:一种是改为主动式;一种是保留被动式,但根本不用加"被",如"The book which is put on the table is mine",中译是"放在桌上的书是我的",而非"被放在桌上的书是我的";另一种是采用被动式,但中文里呈现被动状态的字太多了,如"蒙、受、遭、由、膺、获、承"等等,不一而足,岂能一概弃而不用,一律以"被"字来顶替?

译被动式而不用"被"字,是常见之事。以下先举译员的译法,再举不必用"被"的译法,以作比较。

1. These rich kids expect to have it all handed to them on a silver platter.

这些富家子弟指望一切东西都被拱手送到他们面前。

这些富家子弟指望一切都有人拱手送上。

(此例将被动式译成主动式,而不用"被"字。)

2. He is slated to play the lead in the new musical.

他被选定在新的音乐剧中担任主角。

他获选在新音乐剧中担任主角。

(此例以"获选"代替"被选定"。)

3. The decision left the country isolated from its allies.

这个决定使得这个国家在盟国中被孤立出来。

这个决定使得这个国家在盟国中受到孤立。

(此例以"受到"代替"被"字。)

4. Land was portioned out among the clans.

土地被分给了各个家族。

土地已分给了各个家族。

(此例不用"被"字,但合乎中文语法。)

5. The case was reassigned to a different court.

这桩案件又被指派由另外一个法庭审理。

这桩案件已交由另一法院审理。

(此例以"已交由"代替"又被指派"。)

6. Luckily, nothing valuable was stolen.

幸运的是,没有贵重的东西被偷。

所幸没有贵重物品失窃。

(此例以"失窃"代替"被偷"。)

由于"被"字用得太多太滥了,所以译者碰到英文里原来不是被动的句式,有时也会不自觉用"被"来译:

7. Snowy fields.

被雪覆盖的田野。

此例按语境的不同,可译为"铺雪的田野"、"积雪的田野",甚至"雪地"。

8. Thousands of factory workers are facing redundancy.

数千名工厂工人面临被裁员。

数千名工厂工人面临裁汰。

从以上所举的实例,可见"被"字在目前的译坛甚至文坛,实在可说是横行无忌,所向披靡。不少人也许会提出异议,认为译被动式而用"被"字,是天经地义的事,何必大肆批评,矫枉过正?其实,我并非对"被"字有何不满,译被动式当然可以用"被"字,但不是只有"被"字可用。我惋惜的是母语里有关被动式那许多优雅精致的表现方式,正在中文语文的版图中急速消亡,恰似沙漠中的绿洲,正逐渐湮没;旱带上的活泉,正日益枯涸;而连绵万里的绿树,遭大火烧毁后,再也抵挡不了肆虐的北风。这种现象,怎不叫热爱语文的吾辈扼腕叹息,心痛不已?

今时今日,学习英语是当务之急,但学好英文的同时,也必须巩固母语的堡垒,不能崇洋废中而沾沾自喜。

以上以"被"字为例,只不过是冰山一角而已。翻译之道,除了对错,还有精致与粗糙之分。希望年轻的译者此后在翻译时,不要译出"我是1970年被生出来的"(I was born in 1970);"我是2000年被结婚的"(I was married in 2000);"我是2005年被晋升的"(I was promoted in 2005),则幸甚!

四十八

创作空间的展现与开拓

在"《齐向译道行》三十七"那篇文章中,曾经提到做翻译就好比在窄处回旋,在险中求胜,做翻译而要求译者能有挥洒的余地,确是相当艰辛的一件事。

翻译中的创作空间是确实存在的,只不过这空间的展现与开拓却需要一些巧思和匠心。

如今的都市,空间狭窄,寸土寸金,日常作息在拥挤嘈杂的环境中,要怎么样顾及心境的平衡与生活的雅趣呢?其实,正如郑板桥所说:"室雅何须大,花香不在多",小小的一方天井,可以辟为温室,在此栽花种树,使绿叶含翠,红葩吐艳;窄窄的一座阳台,也可遍植芳菲,让春光凝驻,馨香四溢。室内,养一盆串串金,碧叶垂吊,带来盈室绿意,调和冲淡了工作常规的沉重与繁杂;室外,那艳红的九重葛从阳台一隅悄悄向上攀爬,越过栏杆,绕过墙角,喜滋滋来到窗前,向伏案笔耕的室中人展露笑颜……这一切,就如译文中的妙语睿言,为沉闷不堪的行文增添姿采,使译者能从心所欲而不逾矩。

按说,文学翻译的创作空间最大,法律翻译的创作空间最小。至于字典翻译呢?由于缺乏语境,例句简短,所以创作空间也十分狭窄,但是译者倘若肯多下工夫,仍然可以在译文中达到较为理想的效果,以下再以《牛津高阶英汉双解词典》第七版的审订举例说明。

在英文例句中译的过程中,我们先以地道的中文表达方式为出发点,看看所谓的正确译文,即含义无误的译文,是可以怎么改进的。

1. He gave her a long searching look.

他用锐利的目光长时间地看着她。

(可改为"他用锐利/探究的目光盯着她瞧"。)

2. She managed to force a smile.

她勉强做了个笑脸。

(可改为"她勉强一笑"。)

3. We sat there in dumb silence.

我们沉默不语地坐在那里。

(可改为"我们坐在那里,默然无语"。)

4. He glimpsed Sonia, resplendent in a red dress.

他瞥了一眼索尼娅,见她一身红色连衣裙,光彩照人。

(可改为"他瞥了索尼娅一眼,只见她一身红衣,光彩照人"。)

5. She felt she had run the (whole) gamut of human emotions from joy to despair.

她感到自己经历了从欢乐到绝望的人类的一切情感。

(可改为"她感到自己尝遍从喜到悲的七情六欲"。)

以上五例都是有关音容笑貌、感情举措的,一般来说,这是不论古今、举世普及的,然而,尽管同为"笑",同为"看",同为"喜",同为"悲",中外的表达方式却有所差异。因此,翻译时仅仅按原文照译是不够的。以上例1,若用"盯着她瞧",即已包含"长时间"及"锐利目光"两个因素,言简意赅,不必多费笔墨就已译出原义。中文里有关眼部动作的词汇极多,读者只要查阅词典中"目"字部首就会多有收获,译英文的"look"一字,岂能只用"看"字来解决?同理,翻译手的动作,可查阅"扌"部首;足的动作,则查阅"足"字部首,依此类推。有一回,学生译出"双手弯成半圆形,绕着杯子"这样的句子,各位请想一下,这不就是"捧"字的意思吗?

以上例2,用"勉强一笑",语感与节奏比"勉强做了个笑脸"强多了,中文里向来有这种表达方式,如"含笑一望"、"带醉一瞧"等等,不但表示动作的状态,也表示时间的长短,这么有用的说法,为什么弃而不用?

例3原译"沉默不语地坐在那里",当然绝无问题,但是,现代汉语中的"地"字,实在用得太多太滥了,凡是副词"ly"都要用"地"来译,原文没有副词"ly"的地方也要用"地"来译,假如改为"我们坐在那里,默然无语",从修辞的角度来看,应更为流畅。

例4原译为"一身红色连衣裙,光彩照人",译者既然把"resplendent"译成"光彩照人"四字,又何必非把"red dress"译成"红色连衣裙"不可?当然,你若查字典,也许会告诉你"dress"即"连衣裙",但在例句中,这"连衣裙"三字可简则简。Sonia出现时艳光四射,旁观者大概也顾不得她是穿"连衣裙"还是"半身裙"了。因此,改译为"一身红衣,光彩照人",在语感与节奏方面,应该紧凑有力得多。

例5原译相当累赘,既有两个"的"字,又有"人类的一切情感"这样的短语,其实,中文里早有"七情六欲"的说法,应该涵盖了"the gamut of human emotions"的意思,在译道上,前路本已崎岖,我们何必还要舍近求远呢?

此外,还有一些例子,证明翻译时若能精简扼要,合乎中文语法,必可增加译文的美感。

6. Please make sure all mobile phones are switched off during the performance.

请确保所有手机在演出时处于关机状态。

(可改为"演出时请确保关上所有手机"。)

7. Sidney is one of the world's must-see cities.

悉尼是世界上一定要去参观的城市之一。

(可改为"悉尼是全球必游城市之一"。)

8. They practiced the dance until it was perfect.

他们把舞蹈练得直到尽善尽美为止。

(可改为"他们反复练舞,直到尽善尽美为止"。)

9. As a musician, she has spent years perfecting her technique.

作为音乐家,她花费了多年的心血在技巧上精益求精。

(可改为"身为音乐家,她多年来不断在技巧上精益求精"。)

10. Changes in government led to discontinuities in policy.

政府的更迭使政策失去了连续性。

(可改为"政府的更迭使政策无以为继"。)

翻译中的创作空间能否展现与开拓,实有赖译者的双语能力,尤其是译入语(target language)的造诣而定。从今天起,让我们在翻译狭窄的处所,遍植花木,悉心灌溉,若能巧将陋室变雅舍,岂不快哉?

四十九

鹭眼？猫眼？还是杏眼？

在中外影坛上，真正光芒万丈的巨星为数并不众多，奥黛丽·赫本（Audrey Hepburn）可说是其中的佼佼者。

凡是看过赫本代表作如《罗马假日》(*Roman Holidays*)及《窈窕淑女》(*My Fair Lady*)的人，相信一定会对这位出类拔萃的女星留下深刻的印象。如今，她虽然已经去世多年，但是她那独特的风采、她那超卓的才华以及她的爱心与善行，仍然活在世人心目中，并吸引了一代又一代年轻的观众。

在新的一学期"工作坊"中，有位同学选译了一篇有关赫本的文章 *Audrey Hepburn*（Cecil Beaton）。作者是英国著名舞台及戏服设计师，曾经出任赫本的摄影师，因此对赫本的容貌风姿具有特殊的认识，下笔自然也就更加生动活泼，不同一般。

在作者心目中，赫本的美是别具一格的，她的脸充满稚气，充满童真，一束短发衬托着细长的颈项，尤有特色的是她那一双大大的眼睛、乌黑的浓眉。"Audrey Hepburn has enormous heron's eyes and dark eye-brows slanted towards the Far East"，作者如此写道。

这一段描述的文字该怎么译？短短十几个字却考倒了主译者以及全班参与讨论的同学。问题首先出在比喻上。此处，作者使用动物隐喻（animal metaphors）来描绘双眸，不直接说她美，却说她拥有"enormous heron's eyes"。"Heron"是什么呢？字典告诉我们是"鹭"，这是一种水鸟，"a large bird with a long neck and long legs, that lives near water"，但是鹭的眼睛到底是怎么样的？中文里形容美目，似乎很少用"鹭"眼来作比喻，如果译者把这句译成"大大的鹭眼"，可能与读者的审美期待并不相符，那么，翻译时该如何调整呢？有位女同学几经考虑译成了"一双大大的猫眼"，她的做法是否正确可行？

在翻译的过程中，不论外译中或中译外，换例的手法是屡见不鲜的。翻译大家傅雷就曾经说过："像英、法，英、德那样接近的语言，尚且有许多难以互译的地方；

中西文字的扞格远过于此,要求传神达意,铢两悉称,自非死抓字典,按照原文句法拼凑堆砌所能济事。"(《高老头》重译本序言)傅雷明确指出中西文字是截然不同的,翻译时必须灵活应变,不可死守常规。他又提到《哈姆雷特》第一幕第一场中"Not a mouse stirring",一译成法文,就变为"Pas un chat"(意即"not a cat"),这是"译本不能照字面死译的最显著的例子"。因此,翻译动物隐喻可以用各种不同方式来处理,不必也不能一概依原文直译。

既然"老鼠"可以译成"猫",那么,"鹭眼"变成"猫眼"也就顺理成章了,但是 Hamlet 的例子跟学生选译有关赫本的片段仍有差异。"Not a mouse stirring"是一句习语,指的是 Hamlet 第一幕第一场中,夜阑人静、寂然无声的气氛,因此译成法语时,可以用法文中描绘同一情况的习语"Pas un chat"来换例。这情况如用中文来说,也可以是"悄无人踪",因此,译者不管采用"鼠"、"猫"或是"人"来比喻,其实都无关紧要。在赫本的例子中,"鹭眼"或"猫眼"是与主角的容貌息息相关的,中国读者很难想象美女跟"鹭眼"有什么关联,但是一用"猫眼",双眸大则大矣,却会使人联想起野性难驯的模样,这又跟赫本清纯、正面的形象颇有出入了。那么,译者该怎么办?于是有学生提议,不如用"杏眼",这是用非动物比喻来代替动物隐喻的手法。

在中文里,一向有"杏眼"之类的词汇。女士一发娇嗔,常见"杏眼圆睁,柳眉倒竖"的说法,这是十分具有文化色彩的用语,一旦拿来形容大家熟悉的现代西方美人奥黛丽·赫本,是否有点时地错置的感觉?

鹭眼、猫眼、杏眼似乎都不适合来译"enormous heron's eyes",课后,我跟两位极有智慧的女士谈起这个问题,一位说,应该译成"小鹿的眼睛",既温驯又纯洁;另一位说,不如译成"羚羊的眼睛",既高贵又动人。当然,这只是两种建议,如何选择,还是该由译者自己决定。

译者在翻译的过程之中,除了理解与表达,其实最重要的还是夹在两者之间的步骤,也就是判断与抉择的步骤。譬如说,翻译有关赫本的这段文字,首先要判断的是作者落笔的原意。由于作者是赫本的摄影师,因此,对她容貌的各项特点十分清晰,观察入微,不但如此,作者更认为赫本的五官并非样样精致迷人,但是眼、耳、口、鼻搁在一起,却糅合得出奇的美丽。原文如是说:"She is like a portrait by Modigliani where the various distortions are not only interesting in themselves but make a completely satisfying composite."这段文字的意思是说,赫本的容颜恰似 19 世纪意大利画家莫蒂里安尼笔下的人像,尽管五官各别分析起来并不出色,但综合来看却完美无瑕。这的确是赫本的写照,因为她的美不在于倾国倾城,她也不似尤物般美艳不可方物,但是却清丽脱俗,令人一见倾心。由于赫本这种与众不同的特质,译者翻译时就不宜用一些中文里原有的套语,如"月眉"、"柳眉"、"杏眼"等来形容。

上述的例句,如果译者真要保留原文中的动物隐喻,在行文时也必须作出一些调整,如直接译成赫本有"一双如鹭眼般大的眸子",则毫无美感可言。"heron"一词,中文为"鹭",又称"鹭鸶",一名"白鹭",颈腿细长,毛色光洁如丝,原来也是一种美禽。假如我们把原文译成"奥黛丽·赫本双眸既大又亮,宛如鹭鸶"或"赫本那大大的明眸,宛如鹭鸶",在译文中略作增补,应该不会显得太突兀。这手法正如杨宪益和戴乃迭把贾宝玉"面如中秋之月"译成"His face was as radiant as the mid-autumn moon"一般,译者增加"radiant"这个解释性的字眼,使译文整体看来更加协调畅顺。

译成"小鹿眼"或"羚羊眼",当然也是一种办法,但是原作者在文章里,一直想突出赫本优雅的美态,并说她具有一种"personal quality, an angular kinship with cranes and storks",须知"cranes and storks"也是指颈细腿长、在水之湄的美禽,"cranes"是鹤,"storks"是鹳,因此与上述的"heron"前后呼应、一脉相承,由此之故,译者似乎不宜把"heron's eyes"译成"猫眼"或"杏眼"或其他的动物隐喻。

学生常常会问,翻译时到底该采用"异化"还是"归化"的手法,其实,真正有经验的译者会告诉你,在翻译的过程中,译者应注意的是通读全篇,吃透原文,寻找上下文之间的脉络、前后呼应的线索,然后,以尽量贴近原文的方式来揣摩、来判断、来抉择翻译的方式,所谓的全盘"异化"或"归化"并没有实质的意义。

五十

错置的零件，松脱的螺丝

近年来，中国经济起飞，全国各地广厦林立，气势雄伟。这些巍巍巨厦都是一砖一木、一块块钢板、一颗颗螺丝打造出来的，任何细节都马虎不得。

其实，任何事物整体的完美都有赖于细节的铺排。航机起飞前，必须经维修人员仔细审视，小心测检，才能确保安全。我们做翻译时，也必须抱着同样谨慎的态度，对整篇译文反复审阅，悉心推敲，才能达到较为满意的效果。

一般来说，一篇译文由动笔到完成，要经过很多道程序。杨绛在她的名篇《失败的经验——试谈翻译》中就曾经说过："翻译包括三件事：（一）选字；（二）造句；（三）成章。"她认为造句是关键，也是翻译时译者最需用心的环节。换言之，翻译时首先要注意的是怎样把原文一句句变成译文，等到造句初具规模时"才能确定选用的文字"；而另一方面，"成章当然得先有句子，才能连缀成章"，因此，选字与成章成为造句的后续程序。

这情况，正如一座大厦轮廓已备，在完成之前，施工者必须仔细检查庞大的工程之中有没有错置的零件、松脱的螺丝，然后才能称之为竣工。

错置的零件，其实跟翻译程序中的选字有关。初学者翻译时，要么就拘泥不化，跳不出原文的制约；要么就滥用成语，甚至误用成语，不但歪曲原义，更使译文显得不伦不类，贻笑大方。

先说拘泥不化的例子。"Fatigue is a serious medical problem and a huge age accelerator." （Eric R. Braverman, *Younger You: Unlock the Hidden Power of Your Brain to Look and Feel 15 Years Younger*, New York: New York McGraw-Hill Professional, 2006）。这一句，不必按原文对号入座译成"疲劳是一个严重的医学问题和主要的年龄加速器"，原因在于原文属于信息文本，旨在传递一些有关医学的普通常识，译者只要把原文的意思说清楚，就已尽了翻译之能事。这一类文章的译文必须畅晓简明，上述译法可以改译为："疲劳是一个严重的医学问题及导致加速衰老的主因。"

"A 58-year-old male, came to me complaining of constant daytime fatigue."（同上书）这句话不可译为"一位58岁的老年男性,向我抱怨持续的日间疲劳",而可改译为:"一位58岁的男士向我诉说每日疲劳不堪。"

"The abbot's garden at the temple of Daisen-in, in Kyoto, is a rectangular of raked gravel..." (Judith Thurman, "Night Kitchens", *New Yorker*, September 5, 2005)这一句,学生译为"京都大仙院里方丈的庭园是一个铺满矶石的长方形",其实,按中文的习用语,应译为"京都大仙院里方丈的庭园铺满矶石,呈长方形"。

现在再说滥用或误用四字成语或四字结构的例子。正如杨绛所说:"有些我国常用的四字句如'风和日暖'、'理直气壮'等。这类词儿因为用熟了,多少带些固定性,应用的时候就得小心。因为翻译西方文字的时候,往往只有一半适用,另一半改掉又不合适,用上也不合适。"这就是翻译时如何使用成语的问题所在。

在审订《牛津高阶英汉双解词典》第七版时,原文有一句"Houses and a luxury tourist hotel were burned to the ground."第一位译者译成"房屋和一座豪华旅游饭店都被大火焚烧殆尽",第二位译者却改为"被大火夷为平地"。此处原文中虽说"burned to the ground",却不等于中文的"夷为平地"。一般来说,遭天灾、战火蹂躏之后,才会出现"夷为平地"的景况,遭大火焚毁,则可用"付诸一炬"或"焚烧殆尽"的说法。又有一回,香港某大专学院颁授荣誉博士学位予社会名流,在赞词中称颂该名流家族对香港的贡献,不说他们在某某地带"开山辟土",反而说他们把该区"夷为平地",这就是误用成语的典型例子。

又如《牛津高阶英汉双解词典》第七版中另一实例,原文为"He expected his daughters to be meek and submissive",译者译为"他期望女儿个个温顺,对他言听计从",这又是一个似是而非的译法。原因是"言听计从"往往指某人对另一人的信任,译成英文,即"always follow somebody's advice; act upon whatever somebody says; have implicit faith in somebody"之意（见《汉英词典》,商务印书馆）,上述原文指父亲希望女儿"个个温顺,乖乖听话",并不涉及"父献计,女接受与否"的问题。

再如上述词典中另一实例"I had a terrible job to persuade her to come",译者译为"为说服她大驾光临,我费尽了口舌。"此处既无语境,又怎可译成"大驾光临"？简简单单译为"为说服她来,我费尽了口舌"即可。

译文中的造句与选字完成后,还得注意成章的程序,正如杨绛所言:"译者连缀成章的不是原文的一句句,而是原文句子里或前或后或中间的部分。"有时,我们把原文中的一句 A 翻成译文中的一句 A_1,再把 B 句译成 B_1,这样一句句贯连下去,看似十分畅顺,并无瑕疵,谁知抛开原文一看,译文中的 A_1,B_1 及 C_1 之间,却往往出现裂口,致有螺丝松脱、衔接不上的现象。原因时时在于译者喜欢随意断句,把原文一气呵成之处切割成零星碎片。

例如"I was born on 31 January 1979—a Wednesday, I know it was a Wednesday, because the date is blue in my mind and Wednesdays are always blue..."(Daniel Tammet, *Born on a Blue Day*, Hodder & Stoughton, 2006)

学生译成"我生于一九七九年一月三十一日——星期三的一天。我知道那天是星期三,因为在我的脑海中,那天是蓝色的,星期三是蓝色的……"

这本书是讲述一位"学者征候群"(savant syndrome)患者的事迹。主角有"综合感官知觉",又称"联觉"(synaesthesia),故想到数字时,会看到形状与颜色。此句原文的意思是指主角意识到出生日期是星期三,基于两个凭"联觉"产生的原因:一、当天是蓝色的,二、星期三总是蓝色的,故两者相加,可以判断出生之日为星期三。学生翻译时,无故断句,在句号之后说"星期三是蓝色的",则似乎把这句说成是普遍的事实,因而原义全非了。这句应译成"我生于 1979 年 1 月 31 日——一个星期三。我知道那天是星期三,因为在我的脑海中,那天是蓝色的,而星期三总是蓝色的……"。

以上所述的种种例子,看似琐碎,却是不可不注意的细节。要在译文中做好选字及成章的步骤,就不得不慎防错置的零件及松脱的螺丝。

五十一

自然流露,返璞归真

2008年3月1日,定居海外的知名翻译家高克毅先生不幸逝世,消息传来,使译坛人士不胜哀悼。

我跟高先生有超逾30年的深厚交情。自从上世纪70年代我初涉译坛开始,高先生就一直在译道上扶持我,引领我,为我指引方向。高先生在众人心目中,就像不折不扣的活字典。他毕生出入在中英双语之间,对中西文化的精髓了解透彻,多年来在编、译、写三方面皆成就超卓,曾经出版过逾20种作品,包括别开生面的《最新通俗美语词典》,以及脍炙人口的名译《大亨小传》(Fitzgerald, *The Great Gatsby*)、《长夜漫漫路迢迢》(O'Neill, *Long Day's Journey into Night*)、《天使,望故乡》(Wolfe, *Look Homeward, Angel*)等。这一位杰出的翻译家为人谦逊,虚怀若谷,曾谓自己对文学翻译只是个"爱美的"(amateur,即"玩票"、业余之意),谈不上专业。其实,他的文风别树一格,他的笔调含蓄隽永,不论是写是译,都是难得一见的高手,论者甚至以为"高氏中英双语造诣之高,为近世稀有"。

我曾经专门向他请教过翻译之道。有一位翻译名家宋淇说过:"翻译不可以教,但可以学。"我问高先生对这说法有何意见,他说:"假如一个人没有文字方面的爱好和触觉,你再怎么教,教四年大学专门翻译课,也教不出一个好的译者。"他又表示:"年轻人开始时先要有条件,自己要想学、爱学,把本国文字搞好,然后多看多念外语,再经种种训练,了解理论,那么,才更容易成为一个较好的翻译者。所以说可以学,但不能借重教授来造就翻译者。"(见《冬园里的五月花——高克毅先生访谈录》)

高先生这段话,把许多人对于翻译这门专业的困惑及疑问都解释清楚了。的确,要学好翻译,开始时就必须具有中外双语的基础,一般人以为中不通、英不懂,透过翻译就可以使自己的双语水平突飞猛进,从低变高,这就不免有点不切实际了。

高先生之所以成为翻译名家,是因为他双语俱佳,且兼通中西文化。他认为自

自然流露，返璞归真

己译《大亨小传》完全是"基于爱好，译时觉得很自然，也可以说作为一名文学翻译者，我是个'primitive'（原始派），用美术方面的例子来解释，我像是个Grandma Moses（摩西婆婆），她的作品带有一种原始气息，没经过客观训练，一切源于自然爱好，自然流露，如儿童画"。（见《冬园里的五月花》）正因为如此，高先生的译作才能达到朴实自然的效果。

一般初学者在翻译过程中，不是简而化之，把原文内容任意删节，就是矫枉过正，把原文语气随便扭曲，增添不必要的冗词。总之，过犹不及，要译得恰到好处，返璞归真，的确要费一番心血与功夫。

以下是在翻译课中见到的一些有趣例子：

有一位学生翻译英国作家Ronald Dahl（1916～1990）的一篇作品 *The Wonderful Story of Henry Sugar*，文中作者提到"一个作家应有的才具"。他认为身为作家，必须下笔挥洒自如，有能力将一幕情景描绘得活灵活现，使读者印象深刻。接着他又说，"Not everybody has this ability. It is a gift, and you either have it or you don't."翻译的学生首先译为："不是人人都拥有这能力，这能力是天赋，你一是拥有它，一是没有。"译来的确有点累赘，因为译者把当做受词的"it"，译成"它"，"either ... or"的句子也译得太长，谁知道经另一位当评论员的同学一修改，句子就变得更长了："不是人人都拥有这种能力，这种能力是天赋，你如果不是与生俱来就拥有它，就会终生与它无缘。"这两位学生原本的语言能力都很好，但是一翻译，就显得举轻若重，化简为繁，不但摆脱不了原文的桎梏，反而越缠越紧，钻起牛角尖来。这句话其实很简单，翻译成"不是人人都拥有这种能力，这是种天赋，有就有，没有就没有"就行了。原文中的"it"、"you"等，在中译时都不必出现，念起来却是地道的中文，干净利落，返璞归真，何乐而不为呢？

又有一个学生翻译一篇爱情小说，其中有一句，男主角在公园邂逅了女主角，对她发生兴趣，看到她在跑步，总不由自主望着她，原文一句为"Every time I would see her making her laps I would watch her."（Kathy Neise, *Stride*）。学生译为："每当我看到她在跑步，我总会全神贯注，目不转睛地看着她。"原文十分简洁了当，译者以"全神贯注、目不转睛"来翻译"watch"一字，未免有点添油加醋，此处简简单单译成"每当我看到她在跑步，我总会盯着她瞧"也就可以了。

初学者在翻译的过程中，为了紧扣原文，往往会浑忘中文原有的说法，久而久之，连写中文时也受到欧化的影响。譬如，英文里的"One should wait a half hour or more",用中文来说就是"起码得等半个小时",而不是"得等半个小时或以上",或"得等半个小时或更长";又例如提到儿童游戏或运动的项目"throwing a ball or shooting baskets",用中文说即"抛球、投篮",而不是"抛掷皮球、投射篮子";"We willingly tear the very organs from our bodies and give them to one another"(Jeffery Kluger, *What Makes the God/Evil*)译成中文,即"我们乐于捐赠器官,惠及他人",而不是"我们自愿地捐赠器官,与人分享自己的身体"。

  翻译时切忌啰唆不堪、冗词连篇,但是真正能做到自然流露、返璞归真的地步,也必须对双语有相当造诣,对双文化有相当认识才行。

五十二
《傅雷与翻译》研讨会所见略感

2008年4月初,去北京参加了在人民大会堂举行的"傅雷先生诞辰百年纪念座谈会"。该座谈会是由中国作家协会、文化部及上海市人民政府联合举办的。同时,北京的国家图书馆也举行了傅雷生平回顾展。一连串的纪念活动彰显出这位以译介法国文学而闻名遐迩的翻译大家,在一代又一代的读者心目中是如何影响深远,令人难忘。

5月中旬,南京大学举办了傅雷诞辰百年纪念暨"傅雷与翻译"国际学术研讨会。这是一场由南大研究生院副院长许钧教授筹办的纯学术活动,规模宏大。翻译界、文学界、艺术界、出版界等来自全国乃至世界各地,如法、比、日、新及澳大利亚的专家学者逾180人,全都聚集在百年老校南大,在整整两天紧密的会程中,将自己研究傅雷与翻译的心得,跟与会者互相切磋,倾情交流。

许多当今翻译界及文学界卓有成就的学者都出席了,例如罗新璋、谢天振、王克非、王宏印、穆雷、江枫、袁莉、胡庚申、张南峰等等,各人都以独特的视角及不同的观点,来阐释傅雷的译品译论及翻译成就。译家逝世42年的今天,研究傅雷其人、傅译其文的学者,不但不见零落,反而日趋众多,这的确是一种可喜的现象。傅雷不但是翻译家,还是散文家、教育家、文艺及音乐评论家。他是一位凡事皆通的能人,也是文艺复兴式的人物。此外,他的铮铮风骨,磊落行径,更令人钦慕敬仰。《傅雷全集》是一个探之不尽、采之不竭的宝藏,从事翻译的后学在此巨著中可学习、可探索的内容太多了,绝不应也不能略事涉猎就对傅译妄下论断。因此,我认为对傅雷及其翻译的研究,在译家诞辰百年之后,正是大力开展的时候。在任何研究的道路上,先驱者开山劈石,披荆斩棘,其辛勤可想而知,其努力不容抹杀;后继者乘坐时兴的车舆,循着前人的车辙,踏上渐趋平坦的道路扬长前进时,幸勿轻言以前的种种都是主观的、琐碎的,因而不够全面,不够深度,难以成为系统。任何的探究、传承与发扬都是互相呼应、不可分割的。不探根索源,又怎能开创出崭新的局面?

在国际研讨会上,最高兴的就是来自世界各地的外籍学者,如卢逸凡〔法〕(Ivan Ruviditch)、傅朗〔德〕(Nicolas Volland)、罗清奇〔澳〕(Claire Roberts)、榎本泰子〔日〕、森冈叶〔日〕等等,都在大会上以流利的普通话发表论点,侃侃而谈。这次会议是以中文为大会语言的,这在一般的国际会议上比较少见,如今,英语几乎已经成为世界语了,在各种国际会场上通用无阻,然而看到各国外籍人士以中文发表论文,且用词发音都畅顺利落,却是让人喜悦的。换言之,学英语,也应该学得能在国际会议中以英文发表演说,并且朗朗上口,对答如流。

参加学术研讨会的另一桩高兴事,莫过于与旧雨新知会晤交流。学者之间见面,通常会互赠新著,我把《齐向译道行》前40篇结集出版(台北:三民书局,2008)的新作分赠好友,换来的是一大摞好书,其中很有意思的两本是日本森冈叶翻译的《傅雷家书》及王宏印著的《新诗话语》。森冈叶女士特别跑来跟我说,为了翻译《傅雷家书》,她参考过不少我的文章,并在书后列出。王宏印教授则是认识多年的朋友,他喜爱诗,对新诗更有研究,在他的大作第20篇"诗与翻译"中,看到他引了我翻译布迈恪(Michael Bullock)的一首诗 Volcano,并且说:"实际上,诗不但可译,而且就可在短语层面上直译。倘若不信,请看下例。"接着就是下面这首诗的翻译:

Volcano	火山
The burning rose	燃烧的玫瑰
At the heart of the earth	在地心
Hurls its red petals	将红色的花瓣抛向
Into the waiting sky	期待的天空
Ashes and smoke	灰烬与浓烟
Form a grey veil	形成灰幕
To hide the consummation	覆住这场
Of the cosmic love	洪荒的欢爱
(*By* Michael Bullock)	(金圣华译)

王宏印教授说:"诗不但可译,而且译得不错。其翻译的方法,就这首诗而言,乃是一种'高级的直译'。"(《新诗话语》,203页)

承蒙王教授夸奖,实在愧不敢当。他说这种译法是"高级的直译",其实,说真的,我在翻译的时候,心中所想的只是如何去贴近原文,紧靠原文,然后再以妥帖的中文表达出来。译诗，用字当然得尽量精练、简洁，原文的意象（Image）能保留尽量保留，原文的意境最好能重现。再者，诗集既然是双语对照出版的，更不能不顾及原诗的形式，例如诗人写诗是如何分行的，用不用标点，用不用韵脚，有什么修辞的特色，如头韵、排比句等等，由于翻译时力求"贴"，所以予人"直译"的感觉。其实，我个人翻译时，很少考虑到底应"直译"还是"意译"，到底该用"异化"还是"归化"的手法。上述 *Volcano* 一诗中最后的两行"To hide the consummation/Of the cosmic love"，倒也并不是直译就可以解决的，我记得译这两行时，还是跟诗人黄国彬探讨过才最后定稿。

最近，我又翻译了布迈恪的力作 *Colours*，并以《彩梦世界》为名，用中英双语方式在北京出版。这其中有一首奥运诗 *Olympic Colours*，我倒是刻意用"归化"方式来翻译，以示与其他各首诗的分别，下期再谈。

五十三
有诗情、可译诗

曾经有人说,译者必须本身是个诗人才可以译诗,我却觉得这样的要求未免太高了。以现代社会来说,生活节奏快,日常杂务乱,能安安闲闲坐下来赋诗作词的人已经不多,而吟诵之余又能写出传世之作的更加稀有。因此,世上诗人少,真正的好诗更少。遇到好诗,如非找诗人来翻译不可,则出产的译品一定寥寥可数。

其实,我认为,只要心中有诗、笔下有情,就可以尝试译诗,至于成品妙不妙,那又是另一回事了。

最近,我翻译了加拿大名诗人布迈恪(Michael Bullock)的力作 Colours,并以中英双语方式在北京出版。

这本书颇有特色,全书共 60 首诗,每一首都涉及一种或多种颜色。一般来说,不论诗或画,运用色彩、光影来表情达意,烘托气氛,原是中外文学自古至今不可或缺的共有手法,不足为奇。有趣的是这一本 Colours 中的色彩,不但是形容词,不但是动词或名词,而且往往是一个与实物无涉的主体,诗人尝试把色彩拟人化,并通过模拟"综合感官知觉"(synaesthesia)的手法,使笔下创意泉涌、灵思不绝。

翻译 Colours 是一项挑战。首先是书名的中译,原拟译为《彩色系列》,但是出版社认为这书名太平凡无奇了,我不得不另寻他途。恰好,2007 年 5 月到北京观赏白先勇《青春版牡丹亭》第 100 场演出时,一出机场,迎面就看到奥运标语——"同一个世界;同一个梦想"(One World, One Dream),那霎时心中立刻就在想这"同一个梦想"到底是怎么样的?由于世上人种各异,文化不同,这大同的梦想必然是五光十色、多姿多彩而又融洽和谐的。换言之,这是一个彩梦,而非黑白之梦。由于布迈恪诗中所营造的世界在字里行间充满了如梦如幻、虚实交错的意味,因此,《彩梦世界》四个字也就浮现脑际,顺理成章地成为 Colours 这诗集的中译书名了。

既然是奥运带来的灵感,而诗集出版也在奥运期间,我就要求布迈恪特别为奥运赋诗一首,加在这本成书于 2003 年的《彩梦世界》之中,为盛事志庆。不久,布迈恪的奥运诗就寄到案头，现在且转录如下：

Olympic Colours

Five colours five rings
encircling the world
end bringing it to Beijing,
Beijing, for as long as the Games last,
Capital of the planet,
where all the colours of the nations
will be unfurled

这首诗与诗人一贯的风格相近，不押韵，少用典，分行自由，但是意象分明，色彩缤纷。其中诗的题目及首尾，都用了"colours"一字，翻译时，是否要统一用"色彩"来译？这样行得通吗？还是得一词多译、另辟蹊径？

我翻译布迈恪的诗，尤其是要中英对照、双语出版的，一向都翻得很贴，尤其是行数及意象，总是设法尽量保留，以存原貌，但是，翻译这首奥运诗，却有另外的考虑。

首先，这首诗是诗人布迈恪应我的要求，特别为庆贺北京奥运而作的，因此，奥运是重点所在，于翻译中必须突出加强。其次，这首诗原文共七行，行文一气呵成，中间有插入句、并列句、关系子句等等，翻译时，如果按原文次序处理，可能有冗长累赘的感觉。再次，译成中文之后，为了让人能朗朗上口，我把原诗调整为四行，每行七字，一、二、四行押韵，译文如下：

华光溢彩迎奥运

五色五环绕寰宇
华光溢彩北京聚
奥运期间地球都
万邦竞相展彩旗

这首诗中，第一次用的"Colours"是点题，但是如果把"Olympic Colours"两字，直接译成"奥运色彩"，就太平淡失色了，因此我译成"华光溢彩迎奥运"，一方面旨在表现奥运缤纷多姿的色彩，一方面用"华光"两字，也带出"中华"民族第一次成为奥运主办国的含义。诗中第二次用"colours"一字，只是形容奥运的标志，即"five colours five rings",因此,先用简约的方式译成"五色五环",并以第二句"华光溢彩北京聚"增补之。诗中第三次用"colours",指的是"all the colours of the nations","colours"一词在英语中,既指"色彩",也有"旗帜"的意思,字典中说,"(Colours)〔pl.〕〔especially BrE〕 a flag, BADGE, etc. that represents a team, country, ship, etc.,(代表团队、国家、船等的)旗帜,徽章:Most buildings had a flagpole with the national colours flying. 大多数的建筑物都有悬挂着国旗的旗杆。"(《牛津高阶英汉双解词典》第六版)。因此,在这首诗的结尾,就译成"万邦竞相展彩旗","彩旗"两字,既点出彩色,亦为旗帜,将原文的双重意义都涵盖了。

  翻译这首诗时,曾经为了押韵的问题而煞费周章,后来请教了诗人黄国彬,才解决了问题。

  为此,我要把本文开始时的论点修改一下:"只要心中有诗,笔下有情,都可译诗,然译诗者若为诗人,则当更加理想。"

五十四

紫瓣飘落

在我翻译加拿大名诗人布迈恪（Michael Bullock）的诗集 Colours（《彩梦世界》）之中，有一首诗我最喜欢，叫 Purple Petals Fall，原诗是这样写的：

Purple Petals Fall

Purple petals fall

on the still pool

the water weeps

for a vanished face

that will never again

be mirrored on its surface

The purple petals

float like music

in the silent air

我的翻译如下：

紫瓣飘落

紫瓣飘落于

静止的湖上

湖水哭泣

为一张逝去的脸庞

那脸永不会再次

映照于湖面

紫瓣飘浮于

静谧的空中

宛如音乐

（原诗中的 pool 本来应该译成池塘，似乎更为贴切，接着那句译"池水哭泣"也无问题，但是译到 a vanished face that will never again be mirrored on its surface 时，我觉得"湖面"的意境似乎比"池面"更加飘逸，而且"湖面"两字的韵味似乎也比"池面"或"塘面"隽永，所以把 pool 译成了"湖"。）

这首诗，想不到今日成为悼念诗人布迈恪的写照，当初译成了湖，心中仿佛预感到映照他磅礴诗才的应该是一泓湖泊，而非一方池塘。

《彩梦世界》7月在北京出版。由于种种技术上的问题，原本应该在7月上旬出版的诗集，一拖再拖，到7月下旬才面世。

7月22日清晨，一个长途电话由加拿大打来。友人说："布迈恪昨天在伦敦去世了。"当天近中午时分，打通了北京那边出版社的电话，出版社那方说："《彩梦世界》今天终于出版了，书下午可以送到。"怎么可能呢？诗人曾经望穿秋水地等待这本中英对照的诗集早日面世，日盼夜盼，竟然在书出版的前一天撒手尘寰。造物弄人，夫复何言？

布迈恪遽然弃世，令我十分伤感，我们相识超过三十载，对我来说，这位至交亦师亦友，多年来一直与我保持紧密联系。他不断敦促我翻译他的作品，包括诗、小说及散文，可是我除了在报章上零星发表过他作品的翻译之外，真正结集出版的只有《石与影》(诗，1993年出版)、《黑娃的故事》(小说，1996年出版)及最近出版的《彩梦世界》(诗，2008年出版)。

当年，翻译布迈恪作品最大的优势是每逢疑难，可以越洋以长途电话直接询问，诗人总是乐于回答，释疑解惑，这应该是每位翻译者梦寐以求的福分，因为在翻译的过程中，对原文的理解不仅仅在于通晓词义，而是在于掌握语境。每一个英文单词可能包含十几种释义，但是一旦译成中文，很难找到一个绝对同义对等的字眼。这时候，译者就必须根据上文下理作出选择，要选择正确，还有什么比咨询原作者更好的途径？每一次，一个电话打去，我就会问："喂，Michael，这个字有好几重意思，你在这首诗第三行用上了，到底指的是什么？"有趣的是，有时原作者竟然会说："可以指这个，也可以指那个，当初写诗的时候，没想到这么多。"然后，我就会跟他仔细分析中译的歧义，经过一番讨论，最后才决定较为妥当的译法。如今，这种福分已一去不返，以后翻译诗人的作品时，如遇疑难，只好无语问苍天了。

布迈恪毕生成就卓越。他早于 1983 年荣休,但是仍然著译不断,迄今出版的诗、小说逾 50 种,剧本两种,译作约 200 种。数年前,他因年迈体弱,从长年居留的温哥华返回故乡伦敦。在伦敦,他仍然创作不辍,几乎一日一画,一日一诗,弃世前,他还写了 100 多首诗,名之为 *Enchanted Garden*。布迈恪是超现实主义大师,生平喜与田园花木为伍,其中有一首诗,几乎为他一生缤纷多姿作品的面貌作出了最佳的诠释:

Crescendo

The music of the garden

rises to a crescendo

a rhapsody of colour and scent

led by the flowering trees

forsythia, lilac, apple, and flowering cherry,

camellia, gardenia, and butterfly attracting buddleia

everything in the garden

plays its part

in this wildly flowering

picture of passion.

布迈恪热爱自然,他过世后,家人会把他的骨灰埋在后园的 Buddleia 下,这棵树又称蝴蝶丛(Butterfly Bush),花呈紫色,绽开时能吸引蝴蝶来访。

布迈恪生平最爱紫色,也喜蝴蝶。所有诗人的朋友都相信,明春紫芬满树时,诗人会化身翩翩蝴蝶,迎春归来。

五十五
银线丝丝、花瓣片片

在内地参加各种大型会议、讲座的时候,发现主持人一开始演讲,必定会先称在座的听众为"女士们,先生们",或"尊敬的某某"等。这"女士们"、"先生们"想必是从"Ladies and Gentlemen"翻译过来的。在港、台两地,这称呼往往变成了"各位女士,各位先生"。内地用的是复数,港、台用的是单数。这就不由人不想起中英或英中翻译时有关数目词该如何处理的问题。

一般人看到英文的复数时,想也不想,马上就翻译成"们",于是在中文里出现了大量如"各地来的专家们、学者们、学生们"、"你的孩子们喜欢跟我的孩子们玩"这样的句子,久而久之,习以为常,一般人再也不会感到中文原是一种既精简又富有节奏与美感的文字了。

英文的复数是否一定要用"们"字来译?其实,"们"指涉的只是"人",譬如"我们"、"你们"、"他们"、"学生们"等等,"们"是不能用来表示物件的复数的,除非写童话,可以说"鸟儿们"、"小白兔们"、"洋娃娃们"。但是我近年来明明在一本颇为畅销的"名著"中,看到作者写出"汽车们"这样的句子,一般读者仿佛视若无睹,而阅读的乐趣也似乎丝毫无损。

其实,翻译文学作品,尤其是诗,原是一项非常细腻精致的工作,过程虽然辛苦,但也使人乐在其中。以我翻译布迈恪(Michael Bullock)的作品为例,其中涉及单数名词的地方,不必一定要译出"一个"来,需视情况作出调整;而涉及复数名词时,为了表达原义,更可用种种手法。从开始翻译布迈恪的《石与影》(Stone and Shadow)起,我便发现由于他的诗意象丰富,且常用头韵,因此使用叠词来译,效果往往不错。

范词是中文所特有的,例如一棵树、一支笔、一根线、一头牛之类,写中文或翻译时,如能善用,必可事半功倍。翻译诗句中出现的复数名词,当可把范词重叠,以达到众多的感觉。如"the wisps of cloud"译成"丝丝纤云"、"petals"译成"花瓣片片"、"streams of light"译成"束束华光"(*Literary Moon*, *for Lin Wen-Yueh*,《文月——献给林文月》);"streaks of sunlight"译为"一线线的阳光","strips of thin silk"译为"一缕缕的细丝"(*Spring Day*,《春日》);当然,还有其他方式,如"a sea of roses"可译为"一片玫瑰的海洋"等。

在最近翻译出版的《彩梦世界》中,有一首散文诗《蓝暮》*Blue Evening*,此诗共四段,我把其中涉及复数的一、三、四段列出如下:

Blue Evening

A blue evening begins to blossom all around me, casting indigo shadows that flutter like birdwings.

...

The voices of the birds as they fall asleep on the branches are coral pink and dot the tapestry with tiny flowers.

A waterfall weaves silver threads.

我的译文如下:

蓝 暮

蓝暮开始在我四周绽放,把靛蓝的影子四洒,如鸟翼掠动。

……

众禽在枝桠间入睡之际,发出珊瑚红的啭鸣,百啭在挂幅上缀以朵朵小花。

一帘垂瀑织出银线丝丝。

在翻译这首诗时,我处理原文中复数名词的手法,一是尽量维系原义不变,一是尽量顾及中文行文的习惯,绝不为了所谓的"精确"、"信实"而丧失了美感与诗意。原诗第一段中的"casting indigo shadows that flutter like birdwings"包含两个复数名词,译成中文"把靛蓝的影子四洒",这"四洒"两字,即已表达蓝影是复数了,而"如鸟翼掠动"既与前义紧扣,读者自然也会明白这个意象的,因此不必硬译成复数。

原诗第三段中包括四个复数名词,即"voices"、"birds"、"branches"、"flowers",我的处理手法是把"birds"译成"众禽",而不是"鸟儿们",既是"众禽",在枝桠间入睡时,当不可能挤在一根树枝上,这"枝桠"是复数,也就不言而喻了。

"The voices of the birds",在中文里是"啭鸣",但既是"众禽",当可用"百啭"来描述。这百啭色呈珊瑚,状如小花,于是"tiny flowers"就译成"朵朵小花"了。

　　最后一段也如此,为了加强节奏与美感,我译成"一帘垂瀑织出银线丝丝",而非"丝丝银线",这样,似乎可让全诗增加些动感,并带点意犹未尽的况味,而不是遽然画上句号。

五十六

蛾桥与离愁（一）

8月中旬，我专诚从香港飞温哥华参加诗人布迈恪教授的追思会，香港中文大学前英文系主任姜安道（Andrew Parkin）教授也从巴黎前往，大家为怀念好友而相会于云城。

追思会别开生面，不拘一格。会场设于诗人生前最喜爱的园林之一——英属哥伦比亚大学校园中的植物花园。下午三点，友人齐聚在园中的清溪畔，小桥旁，在丽日照耀、微风吹送下，有人诵诗，有人献花，各自娓娓细述与诗人相识相交的片段与经过。

布迈恪的好友罗莉安及安格斯都是创意无穷的艺术家，漏夜赶出了追思会上分发众友的纪念册。纪念册中刊载了友人的悼词，诗人的小传，自幼年至青春正茂时期的留影，在温哥华与友人的合照，毕生发表作品的封面以及一些特选文章及诗作。其中有两首诗最令人动容，一首是散文诗 *Bridge of Moths*（蛾桥），一首是 *Parting*（离别），兹转录如下：

Bridge of Moths

Across ten thousand miles my thoughts fly to you, a swarm of pastel-coloured moths to beat against your window-panes in the dark. Will you hear them and let them in? Or will you find them in the morning, dead on the sill, sweep them up and throw them away?

Whatever happens, they will continue to fly until they form a fluttering rainbow over sea and land, across which I can walk to you and beg for admittance, bearing in my hand a bouquet of dream flowers.

From *Wings of the Black Swan*

我觉得这首散文诗真是一首绝妙的好诗，情意绵绵，张力无穷。写情诗而不用一个"情"字，然爱意之浓，尽在不言中。任谁收到这样一首情诗，都不会无动于衷吧！这就使我想起王蒙先生在"第二届新纪元全球华文青年文学奖"颁奖典礼上发表的隽言妙语。他说："不知道世界上究竟是先有了非常美好的男女之情，然后才有'爱情'这个字眼，然后才有爱情诗、爱情散文、爱情小说；还是先有了'爱情'这个字眼，然后我们才体会到原来男女之情可以这么美丽、这么丰富、这么有趣。"接着，他举鲁迅笔下的阿 Q 为例，说阿 Q 向小寡妇吴妈求爱，只会说"我要和你困觉！"结果当然失败。王蒙说，要是换了徐志摩，就会对所爱的人说："我是天空里的一片云。"

这里，超现实主义大师布迈恪用的手法又有所不同。他的诗充溢了大量意象（Images），别出机杼。在此，我尝试把他的 *Bridge of Moths* 翻译如下：

蛾　桥

我的思绪迢迢千里向你飞来，一群色泽淡雅的飞蛾在黑暗中叩敲你的窗扉。你会否听见而让蛾群进入？抑或待次晨才发现蛾躯僵死窗槛，于是一把扫起，弃之不顾？

不论如何，它们会飞翔不绝，直至于海陆上形成一道扑腾的长虹，使我可跨越其上向你走来，手执一束梦幻的花朵，请你容我登门而入。

这首散文诗看似简单，因为诗人采用的都是简单的字，简短的句，理解上是一点困难都没有的，但是真正要翻译起来却也并不容易。杨绛先生在谈翻译的名篇《失败的经验》中，曾经把她翻译的经历逐步剖析，使我们得以窥见蝴蝶脱蛹而出的过程，我在此也效法把自己翻译《蛾桥》时所遭遇的难点说一说。

首先，布迈恪这首散文诗的篇名是 *Bridge of Moths*，我们可以译成"飞蛾的桥梁"、"飞蛾之桥"或"蛾桥"。第一种译法太平庸了，第二种译法可以接受，但是，中国传统文化中有"鹊桥"的说法，讲的是农历七月七日群鹊在天河中架成渡桥，让牛郎织女星得以相会的故事。因此，我觉得按照"鹊桥"的构词，把 *Bridge of Moths* 译成"蛾桥"，当更有诗情、更有兴味。

"Across ten thousand miles"其实是个约数，表示相隔两地、山长水远，翻译时不必硬译成"一万里"，中国的成语"千里迢迢"言简意赅，此处应该可以用得上。"My thoughts"可以译成"我的思想"、"思绪"或"思念"，"思想"太生硬，"思念"太露骨，所以我用了"思绪"两字。

"To beat against your window-panes"几个字，使我琢磨了不少时候。首先是

"window-panes",我最初译的是"窗棂",这个词顶美,读音也好听,可是查阅辞源,解释为"窗或栏杆上雕有花纹的木格子",这就与原文有出入了。"窗门"、"窗户"都不够诗意,所以最后译成了"窗扉"。至于"to beat",最初翻译时,为了"雅",译成了"轻叩",可是转念一想,"轻叩"之余,飞蛾会于次晨僵死窗下吗?而且,"轻叩"两字也表达不出原诗中含蕴的浓烈感情,于是就改译为"叩敲"。这时,可真有点体会到当年贾岛为赋诗而字斟句酌的情怀了。

这首诗第一段近尾处连用了五次代名词"them",如果全部都译成"它们",如将"hear them and let them in"译成"听见它们和让它们进入","find them"译成"发现它们","sweep them up and throw them away"译成"扫除它们和把它们抛去"等,一定不忍卒读,因为中文是不会这么写的,尽管现代汉语已经越来越受外语影响,越来越不讲究固有句法了。因此,翻译时,译者必须用心体会原意,加以变奏。在上述译文的第一段中,我尝试用回避或转换的方法,一个"它们"都没有用上。

五十七

蛾桥与离愁（二）

　　《蛾桥》中的第二段，整段是个长句，译成中文时，必须切短，但仍需保持全段一气呵成的感觉。"A fluttering rainbow over sea and land"这句，本来译成"在大海和陆地上形成一道闪动的长虹"，但是"大海和陆地"这几个字，要镶嵌在长句中未免显得累赘，因此减缩为"海陆"两字；"fluttering"一字，原可以译成"飘动、挥动、颤动"或"闪动"，但是都不够生动。试想想，一群连绵千里的飞蛾，形成一座虹桥，这是怎么样的情景？这座桥不但充满动感，更应该像人的心，会因兴奋、因紧张、因惶恐、因期盼而忐忑不安，怦怦跳动，故此，后来就改译为"于海陆上形成一道扑腾的长虹"，并"使我可跨越其上向你走来"。诗句的结尾，为了合乎中文的表达方式，译成"手执一束梦幻的花朵，请你容我登门而入"。要注意的是此处原文是"beg for admittance"，这"admittance"是个抽象名词，翻译时最考功夫。"admittance"根据字典的解释是"进入权、进入"，此处如译成"请求获得进入权"，看来就像法律文件了，哪里还有什么诗意可言？如改成"请求被允许进入"，实在也好不了多少。译成"请你容我登门而入"，则既不违原义，也合乎中文表达方式。

　　我时常跟年轻的译者说，好的中文，每个句子、每个段落、每篇文章到结尾时，总是有种节节贯穿、统篇融会的感觉，就如练太极拳，打完一套时应气归丹田，站立如山，而非腿下虚浮、摇摇欲坠。因此，好的译文在每一个段落的结尾也得念来凝重稳妥，切忌把英文的词序照搬，译出不伦不类的倒装语法来。《蛾桥》第一段结尾处译成"弃之不顾"，第二段译成"登门而入"，在语感与节奏方面，希望能营造出一些诗意，至于两段的结尾，原文并无押韵，译文中"顾"、"入"竟然押韵，只是自然的结果，而非刻意的经营。某些译论也曾提及，在翻译的过程中，双语转换往往有失也有得。以《蛾桥》的翻译来说，只要得失平衡，诗意犹存，也就足以反映译者的用心所在了。

　　布迈恪另一首诗 *Parting*，兹转录如下：

Parting

Your tears light up the world
with their crystal gleam
the sorrow of parting
tightens its noose around us
drawing us closer
as we are drawn apart

这首短诗,试译如下:

离　　别

你的泪珠以晶莹的光芒
照亮了世界
离愁别绪收紧了
缠绕我俩的套索
使我们越缠越紧
正当我们越离越远

这首诗很短,但是意蕴深远。这世上,谁没有经历过生离死别的滋味?当离别来临时,愁绪袭人,难以释怀。古今中外吟咏离愁的诗词很多,其中,莎士比亚的名剧《罗密欧与朱丽叶》中,两个小情人道别时所说的"Parting is such sweat sorrow",其实是在讼赞爱情。小时候,小学毕业典礼上唱的《骊歌》是李叔同填的词:"长亭外,古道边,芳草碧连天。晚风拂柳笛声残,夕阳山外山。天之涯,地之角,知交半零落,一壶浊酒尽余欢,今宵别梦寒。"犹记得当年唱着这首歌,心中凄楚,但觉同窗离散,前途茫茫,仿佛人生至此已欢乐不再了。其实,这是少年初识愁滋味的岁月。长大后,经历过的离愁别绪难以尽诉,才知道"parting"是人生必经的过程,漫漫长途中,谁不曾经历过一次又一次因离愁而兴起的黯然神伤?

离别既是不可避免的,离愁的真正感受又是如何呢?诗人的两句话道尽了个中况味:"the sorrow of parting tightens its noose around us/drawing us closer as we are drawn apart."这后一句很不好译,原文中的"drawing us closer"跟"drawn apart",诗人运用了同一个词"draw",把离愁中躯体的离别与心灵的相契,一远一近,一离一合的巧妙之处,非常传神地表达出来了,译者勉为其难,才运用"越……越"的句法,把原诗译成"使我们越缠越紧/正当我们越离越远",但仍然不觉得满意。

五十八
向高克毅先生致敬

犹记得1991年我出任香港翻译学会会长时,一连筹备了10项大型活动,包括筹募"傅雷翻译基金"及创设香港有史以来的首项大专学院翻译奖学金。当时,香港大专院校中设有翻译学系的并不多,更遑论颁授奖学金了。如今,全港遍设翻译系或开办翻译课程,但是,真正为全港选读翻译的学生而设的普及奖学金,则仍然只此一项而已。

2008年11月22日,香港翻译学会颁授翻译奖学金的当天,我为来自大专各校的所有得奖学生请来了名闻遐迩的文学大师白先勇教授为主讲嘉宾。白教授近年来为推动昆曲而不遗余力,他把宝贵的精力、时间、心血都奉献给我国文化的瑰宝了,在他繁忙的日程中,要抽出空闲来为我们作专题演讲,真是谈何容易,可是我一提出要求他讲的题目与内容,他就立即同意,欣然应邀了。

白先勇演讲的题目是"向高克毅(乔志高)先生致敬——谈《台北人》的翻译"。其实,我在本书第十八篇《从郁金香说起》之中,早已谈过白先勇当年翻译《台北人》的经历以及种种逸闻了。这一次,再听一次白教授把过程娓娓道来,更倍感亲切。

话说当年白先勇以作者身份翻译自己的作品《台北人》时,找了叶佩霞女士来合作。叶女士出自书香门第,英语为母语,又兼通十种外文,且精于音律。以这样一位才学过人的学者为合译者,原以为万无一失了。谁知翻译是一门大学问,而翻译白先勇的作品,由于文字精确优美,更是难上加难。白先勇身兼二角,既是作者,又是译者:既了解作者的要求之高,又明白译者的限制所在,那历时五载的译程真是备尝艰辛,甘苦自知。主要的原因是两位译者都认真执著,对译事不敢掉以轻心,因此,集两位之才,仍然要请来高克毅先生为团队领航。在高先生这位掌舵人领导之下,《台北人》的翻译才以今日的面貌顺利完成。

白先勇说,当年埋首工作时,为一字一句甚至一名的翻译,都煞费苦心。本书曾经谈到过《游园惊梦》里钱夫人妹妹"月月红"的翻译经过。原来为了这个名字,白、叶两位译者真的殚精竭虑,搜索枯肠。白先勇说,那是一个冬日的夜晚,两位译者在书斋里、长桌上，堆满了各种百科全书、专科词典，披卷展览，悉心细读。"月月红"是一种月季花名，既有色彩，又含叠字，在英文里哪处去寻？两位译者努力不懈，一直搜寻到半夜三更，仍然不得要领，于是，为了替自己打气，两人在凌晨时分，居然到寒气袭人的室外去跑步去了，希望能保持清醒，假如灵机一动，妙译可能会闪现脑际。第二天，这翻译难题依然悬而未决，于是，一如既往，在那没有传真、没有电邮的年代，由一封快邮传送到高克毅先生手中。没多久，回信来了，也传来了佳音，在翻译大师高先生的手中，难题迎刃而解，"月月红"译成了"red, red rose"，既保存了颜色，保存了叠词，也译出了月季的属性"rose"，更妙的是，这英译原来有典，出自英国诗人彭斯（Robert Burns）的名句"My love is a red, red rose"。

高克毅先生就是这么一位精通中、英文化的翻译高手。他生平的译著虽不多，只有《大亨小传》、《天使，望故乡》、《长夜漫漫路迢迢》三部，但是他所撰谈论美国文化的专书，如《又见〈大亨〉》、《总而言之》、《玫瑰的联想》、《谋杀英文》、《美国人自说自话》、《海外"喷"饭录》等，以及他编的美语词典，都是学翻译者应列为必读的宝典。

高克毅先生为人儒雅，秉性幽默。众所周知，翻译中最难的是双关语（pun），高先生偏偏就是一位译"pun"的专家。他喜欢称自己为"爱美的"（amateur，即"玩票"之意）译者，饭前一杯在手，他戏称"马踢你"（martini，即马提尼）。看他的书，可以增进有关美语及中译的种种常识与见闻。

高先生曾经把林肯的著名演说"葛底斯堡献词"（*Gettysburg Address*）重译，并提出精辟独到的见解。

高先生在他的宏文《"民有、民治、民享"及其他——从翻译"葛底斯堡献词"谈起》（原载《明报月》，2003 年 8 月）中说，这篇传诵千古的演说曾经有许多种不同文字的译本，但论者以为中译并不理想，谦逊的高先生经各方友好敦促，终于拾起译笔，重译此文。

常认为，名篇还需名家译，否则，就好比绝色佳人遭受劫持，蓬首垢面流落番邦似的，市集上的途人又怎知围槛中沦落为奴的女子竟是邻国矜贵的千金小姐呢？

"葛底斯堡献词"全文不长，共分三段，且用字简短，但是措辞优雅，含义深刻，因此，也难倒了不少译者。现在只举其中起首一段，来看看高先生的用心所在。

> *Fourscore and seven years ago our fathers brought forth on this continent a new nation, conceived in liberty and dedicated to the proposition that all men are created equal.*

别小看这短短一段、长长一句，要译起来可并不简单。句中包含了年份"fourscore and seven years ago"，抽象名词"liberty"，"proposition"，过去分词"conceived"，"dedicated"，"created"等，都是译者感到难缠的地方。

高克毅先生的译文如下：

> 八十有七年以前，我们的祖先在此大陆建立一个新的国家，孕育于自由，致力于人人生而平等的理念。

此处高先生用的是一种庄严典雅的文体，但是读来又朗朗上口。有关年份的翻译，高先生认为既不能学法文直译"四乘二十加七年以前"，又不能说"八十七年以前"，因为太平淡了，所以采取了"八十有七年"的译法，既忠于原文，又合乎中国固有的说法。

高克毅先生于2008年3月1日以96岁高龄与世长辞，迄今，他已经走了将近一年了。正如白先勇所说，他在世时，早该有人邀请他专心翻译，如能多译出十本、二十本美国经典文学名著，该有多好。

这样精通中、西文化的大翻译家，如今已世上罕见了。谨在此向高先生致以无尽的思念与敬意。

五十九

演讲后的观察与反思

2008年12月上旬的台湾之行,使我感到收获甚丰。此行共分两部分:第二部分是高中毕业同学重聚,并返回母校台北市立第一女子中学参加建校104年校庆盛会;第一部分却是应邀在辅仁大学及台湾大学共做三次讲座,并于演讲前后与译坛名家如林文月、齐邦媛、白先勇、彭镜禧、杨承淑、李根芳等教授欢聚晤谈。

是次访学,主要是以《浓淡深浅论翻译》为讲题,听众除了本科生、研究生外,也有翻译研究所与外文系的教授。讲题内容分两部分:第一部分涉及颜色词在翻译中的重要性;第二部分则剖析翻译英诗 Colours 的实际经验,并从中找寻英诗中译时应注意的一些原则,以及探讨如何在译文中再现原著神髓的一些问题。

由于听众来自不同层面,修读不同专业,所以,在演讲完毕后的 Q&A("答问")部分,常能让讲者明白听众对讲题的内容究竟掌握了多少,而听众的问题,倘若问得深刻,又可以启发讲者进一步的思考与反省。因此,我认为 Q&A 是最有意思,也最具挑战性的。

在演讲后 Q&A 开始时,一般中国内地观众往往会因怯场而羞于开口,这情况,比起洋人来,差别很大。因此,有时候,我也会率先反问听众。我发现,台湾学生一般相当勤奋,但是倘非主修英文的,对英文习用语可能不太熟悉。演讲时,我举了一些有关颜色词的简单例子,如"in the red"(出现赤字)、"yellow journalism"(黄色新闻)、"blue blood"(贵族血统)、"white elephant"(大而无当之物)、"Purple Heart"(紫心勋章,美国授予作战负伤军人者)、"green eyed monster"(妒忌)等,同学并不感到耳熟能详。其中有位同学认为"black tie"是送葬时用的"黑领带",至于"yellow journalism",大家也不甚了了。其实,在英文里,这最初指的是"海淫海盗的社会新闻",若涉及男女,中国一向说"桃色新闻",近来则一概用"绯闻"(其实,"绯"指浅红色,也是一个颜色词)。学生对"黄色"两字的含义更加感觉模糊。我在某大学学生自己开设的饭堂中进餐,在菜单上赫然看到"黄色派对"(Yellow Party)的字样,这原来是指一种花生酱加肉松的三明治,可是写来却带些隐晦的含义。我找来当侍者的学生问,为什么菜单这么写,傻小子愣了半天,满脸憨笑,显然不知我在说什么。

大家若想多知道一些有关颜色词的英语,不妨一看乔志高写的《把它涂成黄色——五颜六色的美语》,收于《海外"喷"饭录》(香港:明窗出版社,2002,27～53页)。

我的演讲是以英诗《彩梦世界》中译为例的,我选了代表多种色彩的诗各一首,先配以原作者原音的朗诵,再附上译文,以便仔细解析翻译的难点与对应的策略。演讲完毕后,有位教授问我:"你是怎么对付原诗单数与复数的问题?是否把所有不定冠词'a'都翻译出来了?"这问题却是我始料不及的。

记忆中,我对原诗中的复数,翻译时是十分在意、小心处理的,这一点,在《齐向译道行》第五十五篇之中已经详细阐述过了。至于不定冠词"a"我到底是如何处理的呢?我是一概省略吗?还是有的省略,有的不省?假如情况属于后者,那么,我翻译时有没有一定的准则?还是即兴式的,没有定律的呢?

这位教授之所以提出这个问题,背后其实涉及中英双语互译的一大难点。

这次,在台北会晤了由美返台的翻译名家林文月教授,承蒙她相赠第288期《联合文学》,其中包含林教授的专辑"谛视时光"。专辑中有一篇林文月讨论翻译的文章《〈归鸟〉几只——谈外文资料对古典文学研究的影响》。这篇文章提出一个根本而又饶有趣味的问题。即陶渊明著名的四言诗《归鸟》之中所提到的鸟,到底是一只,还是多只?这个看似浅显的问题却造成了翻译中的极大困难。林教授提到的两种译文都是出自名家手笔,James Robert Hightower 把题目译成 *Homing Birds*,Breton Watson 却译成 *The Bird Which Has Come Home*,可见两位译者对原文的理解有所不同。到底谁是谁非?难道其中一人译错了吗?

林文月说:"在中文里,《归鸟》既可指称返巢的一只鸟,也可以指称返巢的一群鸟。因为中文名词的单数或复数在字的表面上并没有区别。"(《联合文学》,288期,87页)这么说来,两位译者并没有孰是孰非之分。再者,中文的内涵丰富,含蕴的意义可以是复杂多变的,读者根据上下文的推理就可以悟出其中的道理,而中文之美也正在于这种多样与变化的特性。林文月认为陶诗原义表达多层含义,并不在乎精确,但一经翻译,"讲究文化精确的英文,反而未能精确地掌握语性暧昧的中文,岂非讽刺!"(同上,89页)

正由于这个原因,中译英时,遇到主语的单数、复数,必须仔细分辨,因为牵一发而动全身,全句的动词、宾语等都会受到影响,反之,英译中时,就不必非把不定冠词"a"译成"一个"、"一只"、"一枝"、"一朵"等等了。这就是我翻译时的依据。

再次审视自己的译文,我在不同的诗中有不同的处理方式,例如我把 *Colours of the Wood*(《森林之色》)一诗中,"On the dark lake/the whiteness of a swan/rings out with the purity/of a silver bell"译成"在黑沉沉的湖上/一只天鹅以纯白之色/发出银铃的/纯净之色",而在 *Blue Evening*(《蓝暮》)一诗中,"a blue evening","a yellow sound"中的不定冠词都省略,只译成"蓝暮"及"黄音"。原因是前者若不译出"一只天鹅",很难凸显出那黑沉沉背景中的一点白,读者若误以为黑湖上布满白天鹅,全诗的意境就完全不同了。在翻译《蓝暮》时省去冠词,全诗毫无损伤,反而更显得简洁流畅。

英诗中译时,还需兼顾全诗的音律与节奏,不定冠词"a"不必硬性一概译出或一概省略。

英译中与中译英有不同的处理方式,主语单数或复数的翻译就是明显的例子。

六十
美国总统就职演说的中译(一)

美国总统巴拉克·奥巴马(Barack Obama)于2009年1月20日宣誓就职,成为美国第44任总统,也是有史以来第一位非洲裔的总统,使美国进入了一个崭新的时代。

当天,在就职典礼上,他发表了一篇长达17分钟的就职演说(Inaugural Address),并以"这是个负责任的新时代"为主题,敦促美国人举国携手,万众一心,为缔造新时代而人尽其职,自强不息。

众所周知,美国总统的就职大典是在选出新任总统的次年元月举行的,在典礼上,新任总统发表的演说一般会简单扼要地指出他治国的理念、施政的方针,以及领导全体人民迈步向前的大方向,因此,是万众瞩目、举世期待的。而新总统在当选与就任之间,往往有一段时间,可以为这篇演说悉心准备,反复琢磨,务必使之听来铿锵有力,看来熠熠生辉。

根据美国人民的评价,认为历来最为出色的就职演说有林肯总统连任后的演说、福兰克林·罗斯福于1933年美国经济大萧条期间发表的就职演说、里根上台后发表的演说,以及肯尼迪总统的就职演说等等。他们各自在演说中发表的精彩论点早已脍炙人口,成为经典名言了。例如罗斯福演说中的"The only thing we have to fear is fear itself",以及肯尼迪的"Ask not what your country can do for you, ask what you can do for your country"等等;当然,也有公认为最差的演说的,如约翰逊、老布什的演说词,而小布什第二任的就职演说也受到《纽约时报》的批评。(参见闻亦道先生,《*All About English* 英语无所不谈》,台北:商智文化事业股份有限公司,2006)

其实,美国总统,正如其他国家的领导人一样,背后都有一群 speech writer,即所谓的"捉刀人",可代为起草讲词。身为总统日理万机,这原是无可厚非的事,但是尽管这些撰稿人才高八斗,也必须当事者独具慧眼才行。一般来说,思路是演说者提供的,下笔成文才是撰稿者的分内事。

早在奥巴马发表就职演说之前,我选择了一共三篇美国总统就职演说,并取其中若干片段,要翻译硕士班的学生来做翻译练习,并从中学习如何在过程中掌握分寸,如何在译文中再现原文典雅庄重的口吻。

首先选用的是罗斯福的名篇 *The Only Thing We Have to Fear Is Fear Itself*。其中有一句:"Let me assert my firm belief that the only thing we have to fear is fear itself—nameless, unreasonable, unjustified terror which paralyzes needed efforts to convert retreat into advance."翻译起来,考倒不少译者。罗斯福说:"首先,让我表明坚定的信念,我们唯一不得不惧怕的就是惧怕本身。"讲者连用两次"fear",第一次是动词,第二次是名词,接着他解释这是一种"terror"(恐惧),具有三个属性,即"nameless, unreasonable, unjustified"。译者得充分了解讲者的用心所在,把他加重语气的地方好好译出。有的学生把译文简化为"这种莫名又盲目的恐惧",有的学生则译成冗赘的"难以形容的、无理性且不能辩解的恐怖事情",过犹不及,都不算是恰当的做法。较好的译法是"一种不可名状、丧失理智、毫无根由的恐惧"或"无名、无端、无理的恐惧",读来一气呵成,朗朗上口,合乎一篇总统就职演说应有的典雅特色。至于"which paralyzes needed efforts to convert retreat into advance"这一部分,原为从属子句,凡是英文原句读来冗长的地方,译成中文时,必须能善用一些地道传统的表达方式,以便化繁为简。各位试看看,"令人丧失将退缩转化为前进的力量"、"它能使人们变退缩为前进所需的一切努力付诸东流"、"它麻痹了我们,使我们无力逆转衰退迎头向前"等种种译法,是否可以简化为"这种恐惧,令转退为进的种种努力,化为乌有"呢?当然,你也可以用"付诸东流"、"徒劳无功"、"化为泡影"等等来译"paralyzes"一字,但至少前面用了"转退为进",全句读起来就增加气势了。

第二篇所选的是约翰·肯尼迪的就职演说 *The Torch Has Been Passed to a New Generation of Americans*。在这一篇演说中,肯尼迪除了上述名言之外,还说明他理想中的世界新秩序不可能建于一朝一夕,他说:"All this will not be finished in the first 100 days. Nor will it be finished in the first 1,000 days, nor in the life of this administration, nor even perhaps in our lifetime on this planet. But let us begin."这一段涉及数目词。数目词可分为实数及约数两种,翻译起来,方法颇有不同。肯尼迪这段话,说的是约数,但他从百日到千日,从千日到自己四年(或八年)的任期,再进一步到吾人的"有生之年",因此,在语气上是步步向前、越来越紧凑的,学生翻译时也必须注意到这种节奏感。有的学生倾向于把"on this planet"死译,于是译成"以上所行将不能于首一百天、首一千天、这总统任期,又或于我们在这宇宙生存的日子内完成的",其实,译成"凡此种种,将不能于百日、千日、本届任期甚或吾人在世上的有生之年完成",也就可以了。

第三篇所选的是 Bill Clinton 的演说 *A New Season of American Renewal*。这篇演说发表于 1993 年 1 月 20 日,距今 16 年。

有趣的是,克林顿在演说中也提到了"change"(变革)一词,这跟当今总统奥巴马的竞选口号如出一辙。为什么希拉里与奥巴马去年为竞选活动而拼斗得你死我活时,没有想到一用呢?

六十一

美国总统就职演说的中译(二)

美国总统克林顿在 16 年前发表了就职演说 *A New Season of American Renewal*,其中提到了"change"一词,他是这样说的:"When our Founders boldly declared America's independence to the world and our purposes to the Almighty, they know that America to endure would have to change. Not change for change sake but change to preserve America's ideals—life, liberty, the pursuit of happiness. Though we march to the music of our time, our mission is timeless."

这一段话的意义十分明确,克林顿认为美国身为大国,固然要不断变革,与时俱进,但是,另一方面,立国之本也有一些固有的传统理念是必须坚守不变的,即如"生命、自由以及对于幸福的追求"等。因此他说"Though we march to the music of our time, our mission is timeless."此处,他以"time"及"timeless"两字来画龙点睛,营造整段的文气与韵味。

这最后点题之言,学生怎么译呢?以下是他们的尝试。

"伴着时代的旋律,尽管我们在前进,但是我们的使命却是永恒的。"——这种译法,仅仅看中文,大概会弄不清楚前后两句话之间的逻辑关系。

"尽管我们不断前进,在我们的时代里取得了成绩,但我们的使命依然永恒不变。"——这种译法,译者添加了自己的诠释"在我们的时代里取得了成绩",但整句看来,前言后语的因果关系依然很不明确。

"虽然生命有限,但我们的使命是永恒的。"——这种译法,偏离了原文的意思,几乎有点"生有涯,学无涯"的感叹了。

"我们纵会走到生命的尽头,我们的使命却永垂不朽。"——这种译法更加离题了。再者,此处配词有问题,很少人会把"使命"与"永垂不朽"连在一起用的。

想不到这简单的句子几乎考倒了所有参与翻译的学生。其实,我们可尝试以贴近原文的方式来译,例如:"尽管我们随着时代的节拍前进,但我们的使命却超越时间,恒久不变。"

本书前处提到的三篇美国总统演说词,是早在奥巴马发表就职演说(2009年1月20日)之前发给翻译硕士班同学作练习之用的。当时我就预料到,奥巴马的演说词中很可能也会包含这几位前任总统曾经发表过的论点,结果,这些说法果然一一重现在奥巴马的演说词里。

奥巴马的演说里,很清晰地指出"fear"一词。他说:"These are the indicators of crisis, subject to data and statistics. Less measurable but no less profound is a sapping of confidence across our land—a nagging fear that America's decline is inevitable, and that the next generation must lower its sights."他接着又呼吁美国人民团结一致,克服恐惧:"On this day, we gather because we have chosen hope over fear, unity of purpose over conflict and discord."

接着,奥巴马又表示:"Today I say to you that the challenges we face are real. They are serious and they are many. They will not be met easily or in a short span of time. But know this, America: They will be met."此处,他又回应了当年约翰·肯尼迪的呼声,即一切难题不是一朝一夕就可以解决的,但是只要有决心,只要跨出第一步,终有解决之日。尽管肯尼迪当年面临的挑战并非奥巴马今日面临的挑战,但两者表现出来的信心与决心则一致无二。

奥巴马又提醒人民:"Our challenges may be new. The instruments with which we meet them may be new. But those values upon which our success depends—hard work and honesty, courage and fair play, tolerance and curiosity, loyalty and patriotism—these things are old. These things are true. They have been the quiet force of progress throughout our history."这一段话,说得跟上述克林顿的演说词有异曲同工之妙。不错,挑战正如变革,固然是新的,但成功所依的基本价值观却恒久不变。为了迎接挑战,人民必须努力向前,"march to the music of time",但是最终的目标却超越时间,"our mission is timeless."

由此可见,美国历届总统的演说词虽有长短之分、优劣之别,但其中某些基本理念、逻辑思维却大同小异。奥巴马的演说相当长,发表之后,各地报章立即全文转载,竞相翻译,就以中译来说,译本就不少,现在仅取其演说词第一段为例,看看海峡两岸暨香港、澳门的译法有何出入。

"I stand here today humbled by the task before us, grateful for the trust you have bestowed, mindful of the sacrifices borne by our ancestors. I thank

President Bush for his service to our nation, as well as the generosity and cooperation he has shown throughout this transition."

一、"今天,我站在这里,面对那将肩负的重任,我深感自己的卑微,感谢你们对我的信任,铭记先辈们所作出的牺牲。感谢布什总统对我们国家所作出的贡献,以及在此次政权交接期间所给予的慷慨合作。"(《译言》译文)

这一段译文之中,某些地方可以改进一下。首先,文章译得太刻板了。例如"ancestors"不必译成"先辈们"、"our nation"不必译成"我们国家",须知中英语法不同,英语中的复数、代名词不必在中文里逐字译出,这些问题在本书里已经复述多次了,此处不赘。此外,奥巴马只向布什的"service"致谢,他可没有提到"contribution"一字,译成"贡献"是错误的,民主党选出的新总统怎会认可上届共和党总统的"贡献"呢?

二、"今天我站在这里为眼前的重责大任感到谦卑,对各位的信任心怀感激,对先贤的牺牲铭记在心。我要谢谢布什总统为这个国家的服务,也感谢他在政权转移期间的宽厚和配合。"(台湾《联合报》译文)

总体来说,译得比较流畅,合乎中文行文的惯例,例如以"心怀感激"、"铭记在心"来译"grateful"、"mindful",相当妥帖,"我要谢谢布什总统为这个国家的服务"一句,则嫌生硬,改为"对国家的服务"较通顺。

三、"我今天站在这里,为我们眼前的任务感到谦卑,为你们给我的信任感激,为我们先人的牺牲不忘怀,我多谢乔治·布什总统对国家的服务,以及他在整个权力过渡过程展示的慷慨和合作。"(香港《苹果报》译文)

这篇译文头几句"为……感到谦卑"、"为……感激"、"为……不忘怀",译来颇为参差,缺乏应有的气势与节奏感。把"transition"译成"权力过渡过程",也显得相当累赘。

从以上三篇译文之中,可以见到海峡两岸暨香港、澳门对专有名词如人名的翻译很不一致,而翻译的手法也大有出入。我试从三篇译文中各取所长,改译如下:

"今天,我站在这里,为眼前的大任深感谦卑,为各位的托付心怀感激,对先贤的牺牲铭记不忘。感谢布什总统对国家的服务,也感谢他在政权交接期间所表现的宽厚大度和合作无间。"

六十二

化虚为实最伤神

　　凡是有实际经验的人都知道,在翻译过程中,常使我们踯躅不前、举棋不定的地方,往往不是艰深的字眼、复杂的句法,而是一些简单浅显、模棱两可的说法,译者心里原先或以为明白了,但真正要在译文中表达出来时,又往往找不到适当的应对词汇,这才发现,自己对原文好像并不真懂。原文可以这么解,可以那么解,到底真正意思是什么? 假如随便挑一种意思来译,就不免有以偏概全之嫌,假如把心中所有的想法逐一列出,则显得累赘不堪,这简直就像释义(paraphrase)了,哪里还说得上是翻译呢?

　　其实,每一次翻译都是一个化虚为实的过程,译者在通读原文时,正如我们以前所说,要顾左盼右,思前想后,他(她)还必须对每一字、每一词、每一个仅仅阅读欣赏时不会注意的细节,都小心咀嚼与体会,否则原文的意思绝不可能如实传神地再现在译文之中。

　　通常,英语喜用抽象名词,这些名词以中文表达时往往会化为动词、形容词或四字结构,这问题先前在本书中已经讨论过。这次,我们的着眼点却是另一范畴,即所谓的不定词(Indefinites),包括不定形容词与代名词如 any, some, one,不定名词及不定人称代名词如 people, things 等等。

　　不定词,顾名思义,即表示词汇的内容与含义是不确定及多样化的,换言之,原文可以说得意蕴丰富,也可以说得语焉不详,译者倘若在译出语中找不到同义对等的词汇,则往往会陷入进退失据的困境。

　　我发觉,译者最怕遇见的是"things"这个词,前面若再加上一些不定形容词,变成了"anything","one thing",则更不容易应付。一般来说,"things"指涉的,倘若是实物,则为"东西";倘是抽象的,则可译为"一切"、"诸事",甚或"局势"、"现状"、"情况"等等,但偏偏有时英文中"things"的不定用法千变万化,甚至可以指时间、性情、人物等,不一而足,以下是一些实例。

　　1. "Carter was sure it was late when he awoke without opening his eyes,

lawn movers hummed their songs in the distance, and his room felt too warm to be *anything* before 11∶00."(Steve McCannell, *The Distance Between Here and There*, 2006)

硕士生选了这篇小说来翻译。话说卡特醒来,尚未睁眼就知道为时不早了。此时远处割草机嗡嗡作响,室内很热,这"too warm to be anything before 11:00"该怎么译呢? 由于掌握不到不定词的用法,学生误译为"即使在十一点之前也让人什么都做不成"。其实,正确的意思是"房里太热,不可能还没到十一点"。

2."Proper as a Paris schoolgirl in her white cotton blouse and trim black slacks, Roujol appears to be *anything but* a challenge to the statusquo."(Susan Sachs,"Women in Luxury—Ladies First!" *Time*, September 4, 2008, New York)

这一段描绘的是国际著名品牌兰蔻的现任总裁奥迪尔·路若,这位女士身负重任,要把经典名牌推陈出新,打开市场。这一段话说的是路若身穿白衣黑裤,打扮端庄,左看右看,也"根本不像是个会向保守传统挑战的人"。负责翻译的硕士生,没有留意到英语中"anything but"的含义,不知是"绝不"、"根本不"的意思,因此误译为"那时的她并没有显示出任何特别来",另外一位学生甚至误以为这句指的是"一点也看不出她的实际年龄"。

3."Each of us lives of contradictory truths. We are not *one thing or another*. Barrack Obama's mother was at least a dozen *things*."(Amanda Ripley,"A Mother's Story", *Time*, April 21, 2008, New York)

这一段看似简单,可是翻译起来却更加困难了。这里,原作者用"things"来指涉"人"而非"事"。"We are not one thing or another"到底是什么意思? 负责翻译的学生面对这么一个虚而不实的句子,实在伤透了脑筋。几经思量,她翻译成"我们不可能只属一种性格,只归一种类型,只拥有一种身份"。接着她又说:"而在巴拉克·奥巴马的母亲身上,就至少能找到十几种可能。"如上文所述,她所做的,正是在无可奈何的情况下勉强释义而已,但既要翻译,总得化虚为实,原作者既然用了"one thing or another"、"a dozen things",光看英文,好像意思挺明白,一旦要用中文来译,就很难说清楚了。

这一段,我让全班学生试着翻译,结果也不太理想。譬如说,"我们的个性都不是单一的。巴拉克·奥巴马的母亲性格里就至少有十几面","我们不可能只扮演一种或两种角色,而巴拉克·奥巴马母亲的一生中就至少有十几种可能","我们的性格不是非此即彼的单项选择,有时十几个选择也可以同时成立,奥巴马的母亲便是这样的人"等等。综合十多位同学的理解,这"one thing or another",可以有"性格、个性、类型、特质、特性、矛盾、角色、选择"等多种译法,而在译文当中,我们当然不可能逐一列出。这看似简单、实则艰难的一句,由于不定词"things"的存在,到底该怎么处理呢?译者还是得从通读全文着手。

整篇文章说的是奥巴马母亲的故事。如今,奥巴马贵为美国总统,媒体对他复杂的身世、父母的结合与离异等等内情自然深感兴趣。奥巴马的母亲身为白人,却先后两次下嫁异国情郎,并离婚告终;未成年即当母亲,却又在日后获得博士学位;她的个性既浪漫又现实,在矛盾中充满了协调与统一。这样一位人物,生活必然是缤纷多姿、充满传奇色彩的。因此,原作者说她"Obama's mother was at least a dozen things"。

根据全篇内容的分析,得知原文中的"things"可以用"性格"及"身份"来概括。"We are not one thing or another"这句,由于原文简约,译文也应尽量精简;至于"a dozen",只是个约数,不必一定译成"十几种"。要以中文表达上述原文的意思,也许可以译为"我们一生不可能只有单纯一面,巴拉克·奥巴马的母亲就兼具多重性格与多种身份"。

以上的三个例子,都是从学生选译的文章中摘录出来的。学生一般很喜欢选美国现代、当代的文章,可见不定词 things, anything, one thing 等在现代美语中十分通用。这种用法滑不唧溜的,一旦译成中文,就必须化虚为实,其过程却颇令人伤神。

六十三

中庸之道与翻译

2009年4月1日,香港文化中心大剧院放映了一部经典名片《孔夫子》,成为香港国际电影节中的重头戏,备受各界瞩目。

回溯到70年前,当时我那年轻的父亲与一群志同道合的朋友组成了民华影业公司,于1939年在成为"孤岛"的上海拍摄电影,而《孔夫子》就是民华的创业巨制。当年,上海其他电影公司出品的影片往往用8000元就可拍出一部,《孔夫子》却耗费16万去摄制;其他影片往往耗时一周即可完成,《孔夫子》却拍了足足一年有余。身为监制,父亲满怀热诚,一心求好,竭力在各方面配合导演费穆的要求。谁知影片完成后,于1940年年底上映不久,太平洋战争就爆发了。此后,时局动荡,战乱频仍,《孔夫子》一片也就辗转遗失了。经过大半个世纪的追查,寻寻觅觅,这经典之作依然无影无踪。谁知苍天不负有心人,数年前,世上硕果仅存的《孔夫子》底片竟然在香港发现,并由一位匿名有心人捐赠给香港电影资料馆,资料馆将影片送至意大利复修,今年,《孔夫子》终于以几近完整的面貌重见天日。

这一番曲折的经历,再加上《孔夫子》乃是中国百年电影史中唯一有关至圣先师的影片,使这部修复经典放映时广受传媒的报道。目睹父亲当年不惜斥巨资拍摄的影片居然如奇迹般失而复得,公之于世,实在使我感触良多。

在观赏《孔夫子》的时候,发现至圣先师的教诲虽然自小耳熟能详,但仔细体味,却另有一番感悟在心头。影片一开场不久,拍到孔子杏坛讲学的场面,孔子感慨世事,乃对弟子循循善诱,并用"正心、诚意、修身、齐家、治国、平天下"一语,作为士大夫学以致用的基本法则。接着孔子又令子路示范,以桓庙欹器说明中庸之道。所谓的欹器乃是三个水桶,注水不足,则因虚而偏;注水太多,则因满而覆;注水适可而止,则中而正。孔子因此提点弟子道:"大至国家,小至个人,立身行事,未有不至如此者。"

这一幕形象鲜明,发人深省。其实,做翻译,不论今时今日的理论如何百花齐放,如何众说纷纭,说到底,还不是可以归结到"中庸之道"四个字吗?过犹不及,译者下笔时,最难掌握是分寸,要不偏不倚,不虚不满,又谈何容易?最近,评审了由香港中文大学文学院主办的第四届"新纪元全球华文青年文学奖"翻译组的作品,深感一般译者的不足之处的确可用"中庸之道"来予以改进。

不知何故,本届翻译组的来稿较前为少,但是经过初审、复审两重程序,来到决审评判手中时,数日已由数百份减至数十份,这些稿件应是"the cream of the crop",也即最出类拔萃的译作了,但是经再三审视,仔细评阅,发现如今年轻人翻译时不是太虚就是太满,反顾孔老夫子两千年前以桓庙敧器为例说明的"中庸之道",其实就是"翻译之道",要学好翻译,还真不能把它当耳边风呢!

这次文学奖翻译组一共提供了三篇原文,分别为 E. B. White, "*Moving*", *Writings from the New Yorker*; Andrew Parkin, Introduction to *Selected Plays of Dion Boucicault*;以及 William Cowper, "*Recollections of Margate*."三位原作者籍贯不同,时代有别,其中 White(1899~1985)是美籍散文家;Parkin(姜安道教授)则是当代英籍学者及诗人;Cowper(1731~1800)则是18世纪英国诗人。他们三人都有一支健笔,词锋锐利,但风格各有特色,因此,翻译三篇文章时应注意的要点也应该有差异。

先说 E. B. White 这篇文章。White 是美国知名的散文家,曾在 *New Yorker* 杂志社工作11年,主写社论并发表诗作及文章。"*Moving*"的选段以简洁利落的手法来描绘"搬迁"前后的点点滴滴,既写景也写情,看似琐碎,实则一气呵成,第二段末尾句更寓意深刻。可惜,大多数译者掌握不到原作者这种似浅实深、似淡还浓的文风,翻译时不是把原文任性删减,就是随意增添,以下是一些实例。

文章是这样开始的:

"Goaded by restlessness and the delusion of greener pastures, we vacated an apartment where we had lived a long time. Four ape men, appearing in the steamy dawn, rolled up the mattresses, collapsed the beds, and with catlike tread removed all our effects, and our ineffects, to the inquisitive street and there wedged them into a red-devil horseless van."

大多数参赛者在一开始就把握不住原文的意思,由于句子中有"restlessness"及"delusion"两个抽象名词,而"greener pastures"又是个习用话,意即"a better way of life"(更好的生活),于是,很多人都译成这个模样,如"驱于焦虑内心和对葱郁牧草的幻想"、"受着焦虑的煎熬和怀着对青青草地的向往"、"由于内心的骚动和对牧场的向往"等等,更有甚者,译成了"那山更比这山高的躁动不安搅得人心痒痒,蠢蠢欲动"。这种种译法都不合乎"中庸之道",译者随意增添自己的想法,偏离了英文的原意。其实,译成"受驱于内心的躁动不安,以及对美好生活的向往"也就差不多了。在接着的那一句子中,原作者用了"ape men"、"steamy dawn"、"catlike tread"、"inquisitive street"等既精确又细腻的字眼,意指负责搬运的"彪形大汉"、"雾气氤氲的清晨"、"蹑着猫步"、"路人好奇的目光"等等,不少译者却遗东忘西,很难把原意一丝不漏、完整妥帖地译出来。

再举一些实例。原文说到搬迁之后,人虽去,情犹在,一定会留下点点滴滴,挥之不去。于是,原文这么写道:"We felt we should post a warning to the new tenants that there was something in the walls, musky and pervasive, as when a skunk vacates a nest under a summer cottage."这一段,作者自比为离巢而去的臭鼬,穴已空,气息仍弥漫不散,有的译者却译成"墙中有物,冥顽难除,就像黄鼠狼挪窝时遗臭万年"。这种译法未免过分夸张失实了。作者又在另一段提到人为物累,一生忙忙碌碌,无意中竟积聚了这么多无用的身外之物,于是他说"Possessions breed like mice."这一句简单扼要,像谚语似的,很多译者在翻译时却添油加醋,即兴发挥,例如:"私人物品这玩意儿像耗子一样疯狂地潜滋暗长",原文既没提"疯狂地",也没说到"潜滋暗长";另有一人译成"拥有的东西总是在变多,其增加之快可与老鼠的繁衍速度相'媲美'",这"媲美"两字,虽加了引号,仍然不适用。又有一人译成"不知不觉中,我们的东西越来越多,就像老鼠繁衍后代那样悄无声息",这"不知不觉"、"悄无声息"都是译者自加的,下笔似乎是在创作而不像是在翻译。倒是有一位译者用文言句法译成"物增如鼠繁",简洁了当,毫不累赘。当然,也可以译成"物品积聚就像老鼠繁殖一样"、"东西越积越多,像鼠类繁衍"等。

其实,翻译时,只要不任意增删,尽量贴近原文,译来恰如其分,合乎中庸之道,也即与目标相去不远了。

六十四

浅处见功夫

第四届"新纪元全球华文青年文学奖"翻译组的征文原稿中,第二篇是选自 Andrew Parkin 的 Introduction to *Selected Plays of Dion Boucicault*。这一段,按说是三篇之中较易处理的一篇,原文句式不算太复杂,用字也不算太奥僻,可是参赛者在理解及表达两方面仍然都不免有些瑕疵。

原文起首的一句是这样的:"Dion Boucicault, the most prolific of Irish playwrights, had two alleged fathers, several supposed birthdates, and three wives."

这一段,只是普通的陈述句,字数也不算多,可是参赛者译来仍有高下之别。首先,原文根据英语的习惯用法,短短一句,是用四个逗号、一个句号来完成的,译成中文,标点符号是否要照搬原文,依样画葫芦呢?

多年来,我在上课的时候,学生时常问我这个问题,也就是如何处理原文中的标点符号的问题。记得当年我曾经请教过余光中先生,余先生说:"以译小说来说,我译《梵谷传》("梵谷"内地译作"凡高"。——编者)跟《录事巴托比》时,原文的一句,一定译成一句,不会断成两句。我的句子不会在原文的句号之前停顿,多出一个句号。至于长句切短,我最多加个分号,我是相当忠实于句法的。"(见金圣华,《认识翻译真面目》,香港:天地图书公司,2002,122 页)余先生之所以这么说,是因为奉行尽量贴近原文的译法,而不是提倡翻译要按原文字字照译,也不是说句子中每个标点都必须照搬不误。其实,标点符号是跟语文相连的,翻译时,假如句子中的字序可以变动,为什么标点就不能改变呢?否则,上述的句子译成中文,就会变成"戴恩布希科,爱尔兰多产的剧作家,有两个所谓的父亲,几个不能确定的生日,和三个妻子"了。这样的行文,依中文惯例看来,显得琐琐碎碎,不算是什么上好的文字。可见这一句看来虽不难,译来似乎也不容易,因为原文中除了标点符号要调整之外,还有"alleged fathers"、"supposed birthdates"、"three wives"等词汇要处理。

浅处见功夫

先说前面两项，"alleged"和"supposed"两字都给予人"难以考证"、"语焉不详"的感觉，换言之，剧作家布希科的身世扑朔迷离，连父亲是谁、生日是哪天都没弄清楚，因此，这两个字是关键性的，必须按原义好好译出。我们在《齐向译道行》六十三中说过，翻译之道也就是中庸之道，"过"与"不及"，太满太虚，都不能算是理想的译法。现在，纵观参赛者的作品，我们可以又一次得到明证。有人译成剧作家有"两个父亲，几个出生日期"或"生日不详，有两个父亲"、"据说他生父出生日期均不明"、"生辰不详，其父身份也无从考究"，就草草了事；另一派却加油添醋，大费笔墨，译成了他"是个私生子，出生年月不确定"、"有两个疑父，几个假定的出生日期"、"外界认为有两个人可能是他的父亲，并对他的出生日期做了种种猜测"、"有两个人自称其父，几个世人推测而来的生日"等等，这些译法似是而非，并不准确。由于"alleged"、"supposed"都是过去分词，用来形容"father"及"birthdates"时，我们难以断定这"父亲"到底是"自称"的还是"外界认定"的；这"生日日期"到底是"自己报称"的，还是"世人推测而来"的，所以翻译时一经落墨定论，都会成为问题。这两个词简简单单译成"据说他有两个所谓的父亲，几个可能的出生日期"，反而简洁了当，又不生歧义。

说到"three wives"，至少有"三位太太"、"三任妻子"、"三段婚姻"、"结过三次婚"等几种译法，这些译法之中，又以"三位太太"最容易引起误会，使人以为剧作家同时拥有三妻四妾。至于真实的情况如何呢？且看原文下一句怎么说："The first bride died in mysterious circumstances; the second, after thirty-three years of marriage, five children and the death of their eldest son, he abandoned; the third, a young actress on tour with him in Australia, he married bigamously."首先，第一任太太是新婚不久就去世的，且死因蹊跷不明，因此，这"bride"一字有提点作用，不可不译；其次，这第二任太太跟剧作家相依相守三十三载，育有五儿，最后惨遭遗弃，且不说两人还共历丧子之痛；第三，这第三任太太跟剧作家同旅澳洲，结婚时，男方尚有妻室，因此犯了重婚之罪。这原文之中简单明白的事实，一经翻译就显出不少理解方面的问题以及表达方面的疏漏或偏差。第一点，很多同学译成"第一位妻子死因不明"，但忘了译出"新婚不久"、"新婚伊始"的含意；第二点，错误的人就更多了，大多数译者都译成了"第二位妻子和他共同生活了三十三年，养育了五个孩子。大儿子死后，戴恩抛弃了她"，或"……长子去世的情况下被抛弃"之类，原文并没有说丧子之痛是男方抛弃糟糠的因由，更没有说夫妇先养育五儿，再惨失长子,因此,译者无意之中犯了因果错置及时序颠倒的错误。第三点,很多参赛者认为下笔要有文采,于是不惜增加了多余的字眼,例如"他冒着被判重婚罪的危险娶了这位年轻的姑娘"、"迪翁为她卷入重婚风云",甚至说剧作家"对一位年轻的女演员一见倾心,为了和她结婚,布希科不惜抛下妻子,割舍了长达三十三年的夫妻情谊,甚至甘冒重婚之罪迎娶新人。"这种译法,无端端给剧作家的行为增添了原文中没有的浪漫色彩,这哪里是在翻译?简直是在尽情创作了。

　　就整篇文章来说,原文的文字并不华丽,句法也不复杂,却在标点的运用、字句的联系等地方设下了重重关卡,译者稍一不慎,就会译得走样。可见翻译时,即使原文浅显易明,译来也颇见功夫。

六十五
"们"不胜闷,"被"无可避(一)

《齐向译道行》六十四提到,翻译时不论原文深或浅,众多译者一下笔,各自不同的造诣会产生不同的效果,因而使译文优劣即显,高下立判。

审阅第四届"新纪元全球华文青年文学奖"翻译组文稿的过程中,发现我历来十分关注的一些问题,在年轻一辈的朋友之间竟然有愈演愈烈、变本加厉的趋势。年轻译者翻译时,总是喜欢把原文的语法在译文中照搬不误,以英译中为例,复数必加"们",被动式必加"被",这种现象令人感到不堪其扰,甚至已达"'们'不胜闷,'被'无可避"的地步!

先说"们"字。英文里名词有单数、复数之分,而名词后的动词也因之而有相应的变化,中文却不是这样的,自古至今,表达名词众寡的方法多姿多彩、变化无穷,读者凭前言后语的情境就可以推测出来文中涉及的名词是单数或复数,万一数目难定,则表示名词的多少根本不害文义、无足轻重。曾几何时,白话文通行以来,中文越来越西化了。坊间论者多以为中文不够科学,有欠精确,于是倡导名词后面应加"们"字,以示复数。可惜,"们"字不是万应万灵的,一般只宜用在"人"后,不宜用在"物"后。

现在一般的惯例是看到"people"必然译成"人们",甚至代词"they"也用"人们"来译。文学奖翻译组的原文第二题:Andrew Parkin 的 Introduction to *Selected Plays on Dion Boucicault* 中,有这么一段话:"Yet they rushed in hordes to see his plays. They accused him of plagiarism. They relished his smart dialogue. They revelled in his sensation scenes. They condemned him for creating vulgar theatricality and pandering to the contemporary taste for it. They exalted him as an Irish Shakespeare..."有的参赛者把所有的"they"一律译成"人们",这样一来,译文就变成了"然而,人们却对他的戏剧趋之若鹜。人们指责他的剽窃行为。人们对他戏中的睿智对白津津乐道。人们对其中的情感场面欣喜若狂。人们谴责他炮制俗劣的戏剧风格去迎合当代人的低级趣味。人们吹捧他为

'爱尔兰的莎士比亚'……。"这种译法原也无可厚非，只是译者一方面善用中国固有的四字结构如"趋之若鹜"、"津津乐道"、"欣喜若狂"等，令译文看来通顺可读；另一方面却把译文硬嵌在以"人们"两字起首的句子中，使行文读来不免带有欧化的痕迹。其实，表示众数的方式很多，如"世人"、"时人"、"众人"、"一般人"、"大家"、"群众"、"观众"等，译者如能善加利用，必可使译文更形流畅。

除了把"people"，"they"等字眼译成"人们"之外，现在的年轻学生必然会在一般涉"人"的名词后加"们"字，例如"学者们"、"专家们"，以示文法正确。这也难怪，一方面，很多知名的作家或翻译家下笔撰文或翻译时都是如此，年轻人耳濡目染，当然会跟随时尚；另一方面，小学生或中学生作文时如果在表示众数的名词后不加"们"字，常会给老师用红笔更正，久而久之，当然下笔谨慎，不敢造次了。但是，真正的中文传统到底如何？

最近，香港中文大学决定颁授荣誉文学博士学位予知名作家白先勇教授，由我为他撰写赞词。白教授身兼小说家、散文家、评论家、剧作家于一身，所著《台北人》、《纽约客》、《孽子》等作品皆脍炙人口。白教授的创作以风格多变、结构严谨称著。他的文字精练典雅，堪称上承唐诗、宋词、明清小说等中国古典文学传统的大家。《台北人》经高克毅先生把关，已由作家本人及叶佩霞女士译成英文。香港中文大学出版社于 2000 年出版了该作品的中英对照版。

我们先看一下这段英文："Yin Hsueh-yen somehow never seemed to age. Of those fashionable young *men* who had been her *admirers* more than a dozen years ago in Shanghai's Paramount Ballroom, some had grown bold on top and some were graying at the temples, some on coming to Taiwan had been downgraded to the level of '*consultants*' in the foundaries, cement works, or synthetic-fabric factories, while a small number had risen to become bank *presidents* or top *executives* in the government."

这一段文字之中共有五个涉"人"的众数名词，假如还原成中文，按现行中文时尚，则"fashionable young men"应是"时髦的年轻人们"，"her admirers"应是"她的崇拜者们"，"consultants"是"顾问们"，"bank presidents"是"银行总裁们"，"top executives in the government"则是"政府主管们"。这段文字原是《永远的尹雪艳》起首的一段，假如白先勇当初是用这种中文创作的，他的小说怎么还能够风行海峡两岸暨香港、澳门，享誉历久不衰？我们且看白先勇是如何道来："尹雪艳总也不老。十几年前那一班在上海百乐门舞厅替她捧场的五陵年少,有些头上开了顶,有些两鬓添了霜;有些来台湾降成了铁厂、水泥厂、人造纤维厂的闲顾问,但也有少数却升成了银行的董事长、机关里的大主管。"

各位请看,这段传诵一时的文字当中,哪有一个"们"字?不用"们"字,从"一班"、"有些"、"少数"等字眼,读者也知道尹雪艳的捧场客不止一人。假如我们硬把"们"字塞进行文中,还像文学巨匠的文章吗?

由此可见,中文里涉"人"名词的复数不一定要用"们",涉"物"名词的复数更不可用"们"了。在这次翻译比赛中,第三题 William Cowper, *Recollections of Margate* 可说是最考功夫的,文中谈到一个废墟,说其中乱石纷陈,富天然奇趣:"It is hardly possible to put stones together with that air of wild and magnificent disorder which they are sure to acquire by falling of their own accord." 这一句提到"stones",居然有不少参赛者译成"石头们",如"石头们自发地掉下来,定会由此而获得那种蛮荒而壮美的混乱风格,再想把它们组合起来几乎不可能"。这种译法实不可取。假如"stones"要译成"石头们",那么"汽车们"、"窗户们"、"桌子们"、"椅子们"、"萝卜们"、"白菜们"的说法必将在中文里泛滥成灾了。

反之,《永远的尹雪艳》起首段中提到的"铁厂"、"水泥厂"、"人造纤维厂"等词,译成英文时一律要加"s"变成复数,可见中英行文有别。英译中时滥用"们"字使人不胜其烦,纳闷不堪,故曰"们"不胜"闷"也。

六十六
"们"不胜闷,"被"无可避(二)

上文提到译文中滥用"们"字的情况,现在且看看有关被动式的处理方法又如何。

再以第四届"新纪元全球华文青年文学奖"的参赛作品为例吧!我总认为,不论写作或翻译,不论海峡两岸暨香港、澳门或海外,现在通行的中文总有点"快餐式"的意味,词汇越来越少,句式越来越简,就像繁忙的生活中,日进三餐,再也顾不到食物的素质与营养,一碗"方便面"(港称"公仔面"、"即食面")下肚,旨在充饥而已。因此,只要看到英文里的被动式,就一概以"被"字来翻译,再也想不起原来中英句式有别,英文的被动式不一定要译成被动式,也可以译成主动式,即使要译成被动式,中文里也还有十多种说法,岂止一个"被"字而已。

以下是一些实例。

翻译比赛第三题选自 William Cowper, *Recollections of Margate*。起首的一段这么说:"When I was at Margate, it was an excursion of pleasure to go to see Ramsgate. The pier, I remember, was accounted a most excellent piece of stone-work, and such I found it."这句当中,"was accounted"是被动式,也是英文里常有的用法,例如"was recognized"、"was acclaimed"、"was acknowledged"、"was realized"、"was regarded"等等。大多数参赛者都把"was accounted"译为"被誉为"、"被称为"、"被看作"、"被认为"、"被形容为",例外的很少。这种译法不能算错,但是中文里许多固有的说法,例如"堪称"、"有……之称"、"享有……之誉"、"众人视为"等等,为什么都销声匿迹了呢?译文中滥用"被"字的情况实在多不胜数,简言之,除了英文的被动式一概译成"被"字之外,不是被动式的地方也译成"被"字,例如把"a fine piece of ruins"译为"一处被映衬得挺漂亮的遗迹"等等,可见"被"字泛滥成灾的情况已经难以尽述了。

现在,容我再一次举白先勇的小说为例,说明中英行文的不同之处。

白先勇最脍炙人口的作品就是《游园惊梦》,这篇小说,据白教授亲自告诉我,是他最花心思创作的,一共用了将近半年的时间前后改写五次,用尽各种不同的表达方式,直到最后,才以意识流的技巧来定稿。这篇小说,译成英文时,题目为 *Wandering in the Garden, Waking from a Dream*,译者还用了长达一整页的注译来阐述昆曲的源起、发展,小说题目借用汤显祖《牡丹亭》第十折《游园惊梦》的来龙去脉。

这篇小说的确是白先勇呕心沥血之作,且看他造句遣词是如何的一丝不苟:"正厅里东一堆西一堆,锦簇绣丛一般,早坐满了衣裙明艳的客人。"这一段,译成英文,变成了"The main drawing room was already filled; groups of guests in dazzling evening dresses were scattered here and there like clusters of flowers embroidered on silk."这短短一段英文里,一共有两处用被动式,一处用过去分词,假如不看白先勇的原文,根据现在时尚的中文还原,这三处岂不变成了"正厅已经被坐满"、"衣裙明艳的客人被分散成东一堆、西一堆"、"被绣在丝上的花团"?

我们且再看一段英文译文:"On the left-hand side were grouped armchairs and sofas with soft cushions; on the right, tables and chairs of red sandlewood; in the middle, the floor was covered with a thick carpet depicting two dragons vying for a pearl. The two large sofas and four airchairs, all covered in black velvet with a design of wine-red begonia leaves, faced each other in a circle."

再看一下白先勇精致优雅的原文:"左半边置着一堂软垫沙发,右半边置着一堂紫檀硬木桌椅,中间地板上却隔着一张两寸厚刷着二龙抢珠的大地毯。沙发两长四短,对开围着,黑绒底子洒满了醉红的海棠叶儿。"

白先勇的这种描述手法,上承《红楼梦》的余绪,简洁明快,干净利落,哪有一个多余的"被"字在从中作祟? 由此可见,英译中及中译英是两种完全不同的方向,把英文里常用的被动式硬套在中文里,并且一概以"被"字来应付,实不足取。这种自以为精确信实的译法,实在成事不足,败事有余。

本篇成文之际,惊悉大学问家季羡林教授溘然长逝的噩耗,深感哀伤。2007年10月和林青霞一起去北京301医院探望季老的情景,犹历历在目。季老毕生既跨过独木桥,也走过阳关道,如今,他已经踏上更远的道路,前往永恒之境了。他的泱泱气度、铮铮风骨令人景仰,他的真知灼见更使人怀念。

手边有一本他亲自题签的《季羡林谈翻译》,记得他坐在医院的病榻边,精神奕奕地跟我说:"你是搞翻译的,我们是同行嘛!"打开季老的书,发现季老是最看重外语,提倡学习外语的,可是谈到中外(东西)文论的差异时,他又语重心长地说:"我认为最重要的差异还不在形式,而在根本的思维方式上。我认为西方的思维方式是分析的,而东方的以中国为代表的思维方式则是综合的。"因此之故,季老又悟出一个道理,他认为中国的话语,妙就妙在"模糊"上,因为"模糊能给人以整体概念和整体印象。"他又说:"每个读者都有发挥自己想象力和审美能力的完全的自由……每个人都能够得到自己那一份美感享受,不像西方文论家那样,对文学作品硬作机械的分析,然后用貌似谨严、'科学'的话语,把自己的意见表达出来,牵着读者的鼻子走,不给读者以发挥自己的想象力的自由。"

季老这番话,谈的虽然是中国文论的"话语",可是应用于翻译的原则上,又何尝不然?我们需要自命"精确"、"科学",不断在译文中"们"不胜闷,"被"无可避吗?

在中英交会之际,想起《游园惊梦》中的"皂罗袍"——"原来姹紫嫣红开遍,似这般都付与断井颓垣",不错,英文要努力学习,但中文也要好好尊重,绝不能为了学习外语,而把万紫千红的母语摧折得七零八落,恰似夜来风雨声中飘落满园的片片残红。

六十七
又一次"与王尔德拔河"

前不久,余光中教授寄来他的译作《不要紧的女人》,译自王尔德(Oscar Wilde) *A Woman of No Importance*。余先生说:"王尔德的四部喜剧当年(1893~1895)在伦敦上演,十分轰动。以时序而言,这本《不要紧的女人》是登台的第二出;但依我中译出书为序,则是第四出,也是最后的一出。至此,王尔德的四本喜剧我终于译齐了,也算是了却一桩心愿。"(见余光中"上流社会之下流——《不要紧的女人》译后")

余先生为什么说"了却一桩心愿"呢?原因是王尔德这位才华横溢的唯美大师生平写过作品无数,包括诗、散文、小说、童话、论述、戏剧等,其中最脍炙人口的喜剧却只有四部。这些作品字字珠玑,妙趣横生,充满隽言警句,如要着手翻译,的确是给予译者的一大考验。

翻译分很多种,就以文学翻译来说,译诗歌、散文、小说、戏剧的技巧也大不相同。余光中教授是文坛高手,曾自称以右手写诗,左手写散文,论者则以为他左右两手能笔操五色,即诗、散文、评论、编辑、翻译,而各擅其长。余先生是很重视翻译的,不但在大学开设翻译课,还身体力行。在创作之余以翻译为别业,数十年来,孜孜不倦译出许多光彩夺目的作品,包括诗、小说及戏剧。

以戏剧来说,余先生独钟情王尔德喜剧。一来,余先生不但是文坛巨匠,更是幽默大师,其高才敏思与妙想奔泉、锦心绣口的王尔德不相伯仲。傅雷在《翻译经验点滴》中曾经说过,"择书如择友",译者与作者必须惺惺相惜,气味相投,才能产生好译品;二来,译剧本与翻译其他文体大异其趣。余先生曾谓,"希望我的译本是活生生的舞台剧,不是死板板的书斋剧"。(见余光中"与王尔德拔河记——《不可儿戏》译后")换言之,剧本依赖的是对话,是活生生的语言,在这种文学类型中,作品里性格的描绘、情节的推演、事态的发展、冲突的展现、感情的流露……,一切的一切,都得靠对白或独白来表达,剧作家依赖的不是长篇累牍的叙述或描写,而是唇来舌往的场面、嬉笑怒骂的形式,而观众的反应却是立竿见影的。剧作者哪怕才情再高,遇上一个才气稍逊的译者,难保不会把活生生的原剧译成了死僵僵的劣品。要用中文上演王尔德的喜剧,而仍然在戏院里听到满场赞叹、盈耳笑声,确非易事,难怪余先生要说翻译《不可儿戏》(The Importance of Being Earnest),恰似与王尔德拔河了。

这一回,余光中再披征衣,又一次与王尔德拔河,战况又如何呢?

首先,我们来看一看书名的翻译。余先生是十分注重作品的译名的。看他多年前翻译海明威的 The Old Man and the Sea,一般译者都译成《老人与海》,他却译成《老人与大海》,当时心目中所想的,可能是译成中文之后的节奏与声韵吧!余先生把王尔德的 The Importance of Being Earnest 译成《不可儿戏》,言简意赅,是一佳作,而把戏中的主角 Earnest 译成"任真"(认真),也收谐音之效。这一回,A Woman of No Importance 译成了《不要紧的女人》。这戏名,他以前在文章中提起过,是译为《无关重要的女人》的,成书时改为现名,可能是觉得这样更口语化吧!

余先生在"上流社会之下流——《不要紧的女人》译后"中说:"像其他的三本喜剧一样,这本《不要紧的女人》也因台词奇趣无穷,呼应紧凑,正话可以反说,怪问而有妙答,令人觉得旷代才子王尔德的灵感匪夷所思,一无拘束,像在高速公路上倒开飙车。"

须知余先生一向喜爱驾车,如今已届八旬高龄,仍然日日亲自驾车上班,从出家门,驰骋约半点钟,才抵达中山大学,这一路疾驰,逸兴遄飞,文思泉涌,所以才有上述的体会。

且看王尔德倒开飙车的场面,在诗翁精妙的译笔下,如何化险为夷,一路顺风。

王尔德既然喜欢正话反说、怪问妙答,但是原文中的奇趣谐情,一旦经过翻译的程序,是否会面目全非或荡然无存呢?

《不要紧的女人》中,上流社会的男男女女,闲来无事,喜欢打情骂俏,或说长道短,且看他们怎么讨论男女关系。

"Mrs. Allonby: The Ideal Man! Oh, the Ideal Man should talk to us as if we were goddesses, and treat us as if we were children. He should refuse all our serious request, and gratify every one of our whims. He should encourage us to have caprices, and forbid us to have missions. He should always say much more than he means, and always mean much more than he says." (Act II)

这一段话,看似简单,其实很不好译。一来,内容似是而非,通篇歪理;二来句句对仗工整,节奏分明,且看余诗人怎么对付:

"艾太太:理想的男人!哦,理想男人对我们的口吻,应该把我们当女神,而对我们的态度,应该把我们当小孩。他应该拒绝我们所有的正经要求,而满足我们一切的幻想。他应该鼓励我们反复无常,而不准我们追求使命,他应该永远言重意轻,更应该经常意深语浅。"

请注意,原文中充斥了抽象名词,如"requests"、"whims"、"caprices"、"missions"等等,译者都能一一化解,而其中最难的是末尾一句,如果照字面译出,不但累赘不堪,而且有语无伦次的感觉,根本无法在戏院中登台演出。如今译成"言重意轻"、"意深言浅",虽然不是大白话,但意思明确,由贵妇口中道出,也恰如其分。

类似的隽言妙语,通篇皆是,如另一位贵妇认为理想男士为"As far as I can see, he is to do nothing but pay bills and compliments"。余先生译为"依我看哪,只要有钱付账有嘴恭维,就是理想男人了。"此处原文以一个动词"pay"来带出两个宾词"bills and compliments",一般译者也许会译成"他只要付账及恭维就行了",这么一来,语气就呆板很多,余先生加上"有钱"及"有嘴"四个字,使整句译文都鲜活起来。

要翻译剧本的对话,为了生动传神,需要相当高的技巧,往往不是单靠字典就可以解决的。第一幕中,艾太太与易大人讨论两性关系。

"Mrs. Allonby:Curious thing, plain women are always jealous of their husbands, beautiful women never are!

Lord Illingworth:Beautiful women never have time. They are always so occupied in being jealous of other people's husband."

这一句十分俏皮,但是"jealous of"怎么译?根据字典的译义,"妒忌、守护、占有、珍视"等等,都派不上用场,结果余先生译成:

"艾太太:真奇怪,不漂亮的女人总是紧盯着自己的丈夫,漂亮的女人就绝对不会!

易大人:漂亮的女人没空呀。她们总是忙着紧盯别人的丈夫。"

这"紧盯"两字,用来译"jealous of",真是可圈可点。

读翻译的人大概都知道,中文里的人称代词"他"、"她"同音,译舞台剧时,如不小心,易引起混淆。余先生翻译《不要紧的女人》,在第三幕末段,正好碰上原文有大段文字涉及人称代词 he, she, his, her,他的处理手法是最佳的示范。

在这一段十分关键的情节中,杰若的母亲亚太太把儿子唤在身边,道出往年恨事:

> "Mrs. Arbuthnot:.... Gerald, there was a girl once, she was very young, she was little over eighteen at the time. George Harford—that was Lord Illingworth's name then—George Harford met her. She knew nothing about life. He—knew everything. He made this girl love him. He made her love him so much that she left her father's house with him one morning. She loved him so much, and he had promised to marry her! He had solemnly promised to marry her, and she had believed him. ...."

这一段话很长,演员念起来应该是一气呵成,非常动情的,但是译成中文,如果字字逐译,就变得他她不绝,语意不清了。这一段,余先生作了细致入微的调整,很多处把"他"改成了"乔治"。这种手法,余先生还特别在全剧的《译后》明确指出。

王尔德不但擅用典故,更喜欢说双关语。听说有一回,他自诩能谈论一切话题,有人提出要他谈论"the queen",他马上作答"The queen is not the subject"("subject"兼具"话题"与"臣民"之意)(见张世音译,《王尔德的黄金时代》,台北:九歌出版社,1983,201 页)。

余先生也擅用双关语。有一回,他与王蒙先生谈论起王尔德,他说:"王尔德是同志们(又含同性恋之意)的先烈。"

如今,喜见余先生与王尔德再次拔河,战绩彪炳,读者有福了。

六十八

层次的语感

记得在 2000 年,我曾经写过一篇名为《认识翻译真面目》的文章。在文章里我提到有关"文化的差异与层次的语感"的问题。我曾经说:"一国一地的文化,由于民族性有异,国情有别,与他国他地的文化相较,也必然如自然界的多种岩石般呈现出层次不同、纹路有别的面貌。语言是文化的载体与媒介,在我们把外语译成中文的时候,面对这千百年历史淘炼积淀的产物,是否该细心体会一下,这层次是否等于那层次?……其实,不少翻译上的失误,都是由于不能掌握分寸,及不谙层次上的语感所引起。"(金圣华,《认识翻译真面目》,香港:天地图书公司出版,2002,19 页)

事隔将近十年,我在批改学生作业及担当多次公开翻译比赛评审的经验中,发现中、英双语在层次的积淀及文化的底蕴上实在相去太远。以英译中为例,倘若译者的母语不够强,词汇不够用,则势必导致捉襟见肘的现象,以下的实例足佐证明。

最近,香港公开大学庆祝成立 20 周年,在连串校庆活动中,有一项翻译比赛,我应邀出任文学翻译组决审评判。英译中部分选译的是 James Baldwin 的 *Sonny's Blues* (Excerpt)。

所选的片段一开端就是:"This was the last time I ever saw my mother alive."这么简单的一句话,却几乎考倒了所有的译者。说起来,到终审评判手中的译作只有 16 篇,这是从数百篇参赛作品中精挑细选出来的,理应十分出色,为什么简简单单的一句陈述句却使众多翻译者下笔如千斤重呢?

我们且看一下众人的译法:"这是我最后一次见到健在的母亲","这是我最后一次见到活着的母亲","这是我最后一次见到在世的母亲","这是我最后一次看见健在于世的母亲","这是我最后一次看到母亲健在"。这种种译法念起来都相当拗口,原因何在?

首先,大部分译者都把"alive"这个词规规矩矩译成修饰语,再一本正经放在"母亲"的前面,于是变成了"活着的、在世的、健在于世的母亲",这种说法根本不合中国的习惯用语；其次，大部分译者都把"last time"译成"最后一次"，使译文念来相当累赘，他们都忘了"last time"可以译成"最后一面"，而整句可以译成"那是妈妈生前我见她的最后一面了"或"这是妈妈在世时我见她的最后一面"等等。说起来，"alive"这个字在英文出现时，可以泛指所有人、所有动物及生命体，你可以说"At that time, both my parents were still alive"，你也可以说"At that time, my little dog was still alive"，但是一译成中文，层次就丰富多了，不同的对象有不同的说法。先说动物，你可以译成"那时候，我的小狗还活着"、"那时候，我的小狗还没死"，但你绝对不会说"小狗还健在"。至于说到父母，那就更多姿多彩了。按中文的说法，由"爸爸妈妈还活着"一层层上去，可以译为"父母仍然在世"、"父母双全"、"双亲健在"、"上有高堂"或"椿萱并茂"等等，译者必须考虑全文的风格和"alive"一词出现的语境，才能决定该用哪一种译法。上述参赛者的译作之中，有人把"my mother alive"译成"活着的母亲"，实在是太不合中文规范了。

James Baldwin 的这篇小说 *Sonny's Blues* 讲述的是两兄弟的故事。小说中的叙述者(narrator)是兄，Sonny 是弟。Baldwin 是生长于哈莱姆区的黑人作家，生平著述甚丰，其作品 *Go Tell It On the Mountain* 已公认为 20 世纪美国文学的经典。这次翻译比赛所选的片段是讲述 Sonny 一家在父亲过世后，兄长从军队回来与母亲相聚的情景。巧合的是，所选片段以"This was the last time I ever saw my mother alive"开始，终结时却提到叙述者的父亲曾经有个弟弟，但是却不幸早逝，令人抱憾。母亲说，"His brother got killed."这么简单的一句话，又使众多参赛者掉入陷阱而不自知。

一般来说，翻译最要紧的是通读全篇，吃透原文，才能准确下笔，掌握分寸。英文里，任何非自然丧生的情况都可以用"killed"一词来陈述，例如天灾人祸、战事疾病、人为意外等等致死的情况，都可以用"kill"一词来概括。随便翻开哪一本词典，都会见到这样的例句，如"Careless driving kills"，"Cancer kills thousands of people every year"。"Kill"一旦译成中文，中文里按不同情况，起码有"罹难、丧生、出事、遇害、遇难、扼杀、灭除、害命"等多种说法，绝不是"杀死"一字就可以了事的。我们且看看一众参赛者如何翻译"His brother got killed"这一句话。

"他弟弟是被杀害的"、"他弟弟被人给杀了"、"他那兄弟是被人杀死的"、"遭人杀害的"、"他弟弟遇害了"等等，其实，单从"got killed"两个字来看，译者根本无法断定该人的死因，中文里的"被杀"、"遇害"等，都表示这是一宗蓄意的谋杀案，但事实是否如此呢？

查阅全文，我们才知道原来 Sonny 的叔叔虽然死于非命，却不是遭人蓄意杀害的。当年，他仍然是一名热爱音乐的青年，就像如今的 Sonny 一般。有一天，手持吉他在月光照耀下，喝得醺醺然的他走在道路上，冷不防给一群醉酒的白人开车撞倒，年轻的身躯与随身的吉他遭车碾过，四分五裂，破碎得令人不忍目睹。原文是这么写的："The car was full of white men, they was all drunk, and when they seen your father's brother they set out a great whoop and holler and they aimed the car straight at him. They was having fun, they just wanted to scare him, the way they do sometimes, you know."（注意此段英文仿照低文化程度的黑人口吻写成，故不规范。）看了这段文章就知道，Sonny 的叔叔当年并不是遭人蓄意谋杀，而是因白人妄顾人命而丧生的。因此，"His brother got killed"一句，不能译成"被杀害"、"被杀死"等等，但是又不能译成"给车碾死"，因为这解释的片段在文中尚未出现，此处如果译成"给害死了"则比较贴近原意。

Sonny 的叔父给撞死时，Sonny 的父亲在场，"And, time your father got down the hill, his brother weren't nothing but blood and pulp."所谓的"blood and pulp"就是"血肉模糊"的意思，这段描述使人想起白先勇在 2003 年的近作 *Tea for Two* 一文中描写主人翁的情人安弟出事的情况。安弟在纽约布鲁克林地铁站遭了抢劫，让人推落铁轨坑道，"给开来的快车撞个正着"，结果，原本青春正茂的大好青年霎时间竟变成了一团血肉模糊的东西！

这次翻译比赛的选段并没有包括上述的片段，但是参赛者真要好好译出原著的神髓，仍然是要参照全文才能融会贯通的。否则，就连简单如"His brother got killed"一句也不能翻译得准确无误。

观乎全文，"alive"，"killed"等普通英文字眼译成中文时，因层次不同而语感有别，原来"生死、存亡"之间，中文的文化底蕴如此丰富，翻译起来可真是大有学问呢！当然，反之亦然，中译英时，也应注意类似的情况。

六十九

语气的掌握

James Baldwin 在 *Sonny's Blues* 那篇小说里,有一大段对话描述母子谈心的情况。其实,所谓的"谈心",也算不上真正的心灵交流,原因是那母亲在剖白心事,那儿子却有点心不在焉,母亲的话他并非真心聆听,反而有点敷衍了事,且看这一段:

"I don't know," she said, "if I'll ever see you again, after you go off from here. But I hope you'll remember the things I tried to teach you."

"Don't talk like that," I said, and smiled. "You'll be here a long time yet."

这一段形容母子离别在即,母亲临别依依,做儿子的却感觉不到。母亲教诲儿子别忘了种种叮嘱,儿子则回答道:"别那么说","You'll be here a long time yet."这一句该怎么译呢?如果根据传统的说法,翻译分为直译及意译两种,那么,按直译就是"你还要待在这儿很长时间呢。""这儿"到底指"哪儿"?如果读者不懂原文,只看译文,恐怕会摸不着头脑。因此,在翻译比赛中有的译者就作了一个小小的调整:"你还会在这世上活很久呢!"可是依照中文的行文习惯与人情世故,很少为人子的会对年迈的母亲直接提到"生死存亡"的事,因此,大多数译者都把这句译成合乎中文习惯的"您会长命百岁的"。很多人把这种译法称之为意译。

其实,依我的看法,做翻译时根本不需要去理会自己的译法到底是直译还是意译,这种硬性的两分法不符合实际的情况,因此也没有真正的意义。我认为,翻译时一定要"贴译",即尽量掌握原文的语气及悉心揣摩原文的意思,然后尝试如实译出,如非必要,不可加油添醋。

以"You'll be here a long time yet"为例,做儿子的怕母亲唠唠叨叨,喋喋不休,所以快快以一句"您会长命百岁的"搪塞过去。这种译法实在比较贴近原文的语气,万一有论者以为这种译法太本地化了,至少也该译成"您的日子还长着呢!"

而不应译成"在世上活很久"等等。

这段母子谈话当中,还有一个难点,即在"《齐向译道行》六十八"之中曾经提到的原文是否为规范英语的问题。在原文中,作者刻意用文法错误的英语来模仿知识水平稍低的老妪口吻。

"I want to talk to you about your brother," she said, suddenly. "If anything happens to me he ain't going to have nobody to look out for him."

这段话翻译起来也颇有讲究。首先是"If anything happens to me",多数译者都能掌握语气,译成"我要有个三长两短","万一我有啥三长两短的",但是也有人译成"将来我有什么不测","如果我有什么不测",这"不测"两字实在太凝重,也太典雅了,不像出自老媪之口。至于那不合语法的"he ain't going to have nobody to look out for him",译成中文到底该怎么办?要译成不合章法的句子吗?

十多年前,我曾经在香港中文大学翻译系召开过一次规模宏大的翻译学术会议,当时的主题是"外文中译研究与探讨"(Conference on Translation: Studies in Translating into Chinese)。记得那次会议连开了三天,应邀出席会议的,除了主办机构的成员之外,皆是海峡两岸暨香港、澳门以至海外的译界俊彦,内地方面出席的有叶水夫、李芒等如今已作古的前辈,还有法译中专家罗新璋、施康强、许钧,德译中专家杨武能等,台湾方面出席的有余光中、林文月、齐邦媛、林耀福、彭镜禧等名家,海外来港的有蔡思果、高克毅等耆宿,再加上香港本地学者如黄国彬、锺玲、黄维梁以及众多海峡两岸暨香港、澳门出版家如李景端、赵斌、苏正隆等,真可谓济济一堂,盛况空前。那次会议中,有关翻译的方方面面其实都有涉及,例如怎么翻译原文中特殊语言的问题,我们可以看看其中的一篇文章——《一块肉、五香味——谈 *David Copperfield* 的中文翻译》。

这篇文章当年是由译界泰斗高克毅先生发表的。在文章里,高先生讨论到 *David Copperfield* 四种中译本的异同与短长。高先生提到狄更斯原著之中一个卑微角色 Uriah Heep 的用语:"I'm a very umble person... I am well aware that I am the umblest person going... My mother is likewise a very umble person. We live in a umble abode."

作者此处故意模仿伦敦下层民众的 cockney 口音,把"humble"一字前的"h"音去掉,这种做法译成中文该怎么办呢?结果是四位译者各师各法。董秋斯把

"umble"译成"安贱下作",另一位未具名译者译成"卑位",张谷若译成"卑贱",思果则译成"卑微"。四位译者之中,前两位都在译文中加了注释,分别说明"安贱"是"寒贱"、"卑位"是"卑微"的错音。这种做法有什么利弊呢?

高先生在论文中说:"这里的难处跟翻译双关语一样,又是音义能不能两全的问题。"他的说法可真是一语中的。接着,高先生又明确表示:"英文讹音、土音和方言能用中文方块字表达吗?答案:简直是不可能的……。又如美国文豪马克·吐温笔下南方人、黑人和小孩的话语,都是只能设法用同一层次的中国话表达其意。偶尔碰巧来一个音义两全的妙译,还要像这里一样加一个批注,徒然令人在阅读过程中不得不应付两重障碍。"

看了高先生这段话,就会明白在翻译的过程中,有些地方像是在参加极难逾越的障碍赛,上述 *Sonny's Blues* 中"he ain't going to have nobody to look out for him",如某些译者般硬译成"double negative"——"就不会没人照顾他了",反而会意思不明,不知所云。在这句当中,译者的用心之处应在于整句的语气该如何掌握,而不是不合语法的英文该怎么译成不合语法的中文。

"Nobody to look out for him"一句,做母亲的想表示的是要告诉长子,万一自己有什么"三长两短",他可得好好"照看"弟弟,别让他受人欺凌,也别让他行差踏错,所以仅仅译成"照顾"是不够的。译者要注意的是如何掌握整段的语气,有人在此忽然译成"万一我发生什么事,他便会无依无靠,孤苦伶仃",这就跟原文的语气相去甚远了。另有译者译成:"没人注意他"、"没人关注他",也不妥当。其实,简简单单译成:"我要有啥三长两短,就没人管他了"或"就没人照看他了",既口语化,又含有"关顾"之意,才较符合原文的语气。

七十
一点慧心,几分巧思(一)

从2004年初《齐向译道行》一栏开卷以来,不知不觉间,流光飞逝,竟然已经写到第七十篇了。虽说每月一篇,不算负荷太重,但是在繁重的日程中毕竟也是一桩叫人挂心的事。所幸五年多以来,一直坚持当初开栏的宗旨,即以随笔的形式撰述笔者的实际经验,包括译与写、教与编、审稿与批改等等。我所坚持的是,所举的例子都是实例,所列的译病都是通病,希望在披露这些实际情况的过程中,找出症结所在,再对症下药,共寻改进的良方。

在教授翻译的岁月中,发觉最有意思的事就是教学相长。在翻译一篇原文时,富有经验的教师固然以稳健见长,禀赋特佳的学生却往往以灵巧取胜。译作念来要平实妥当,译者必须理解正确,表达畅顺,但若要闪烁生辉,时有神来之笔,则又当别论了。

多年前,曾经跟随一位日本女士学习插花,当时所学的到底是什么流派,如草月流之类,早已浑忘了。只记得第一课学插剑兰,普普通通的花,经教师剪裁、切割,在盆中一插,马上就显得顾盼有情,生意盎然。老师告诉学员,一共要插上三枝,每一枝角度如何,长短几许,距离多少。各人努力抄下笔记,按图索骥,第二次上课时,再把插好的作品呈堂待评。尽管方法一致,材料相同,可是,有人的成品灵动生姿,有人的课业却匠气十足,木然失色。这才发现,凡是艺术,都可以教入门法、基本功,但是真要深谙个中奥妙,却必须具备慧心与巧思不可。

在最近的翻译课上,发现了几个有趣的实例,可以跟读者探讨一下。

第一类,原文简单明了,似无歧义,但想深一层却含义甚广,译者翻译时即不能含糊下笔,到底该如何取舍呢?

先举一例。2009年6月,香港中文大学颁授荣誉博士学位予两位杰出人士,其中一位是白先勇教授,另一位是英国剑桥大学现任校长艾莉森·F. 理查德教授(Professor Alison F. Richard)。大会由理查德教授代表领受者致辞。

在讲词中,她赞扬白先勇教授说:"Professor Kenneth Pai is a renowned

writer, playwright, and producer of 'Kun' opera, an ancient art form that he promotes to modern audiences and keeps fresh. At the same time, he is no stranger to university life."在这段文字里,"he is no stranger to university life"这句看来最浅的话,一经翻译却似乎问题最多。

在英语里,"be no stranger to something"是个习语,即"熟悉"之意,字典告诉我们,这是相当正式(formal)的用法,例如:He is no stranger to controversy(他对争论见得多了)(《牛津高阶英汉双解词典》第六版);He is no stranger to misfortune(他饱经忧患)(《牛津高阶英汉双解词典》第四版修订增补本)等。理查德教授的讲词措辞优美,行文典雅,这正式的用语一经翻译却出现了种种说法:有的学生译为"大学校园的生活对他来说一点也不陌生"、"白教授对大学生活也毫不陌生"、"白教授同时对大学生活十分熟悉",甚至也有人译为"他的身影也经常出现在大学校园"。这种种译法妥当吗?其实,这时候,译者就该静下心来,好好揣摩一下。首先,翻译时必须先了解文章的内容与背景。白先勇自1965年起就在美国加州大学圣芭芭拉分校任教中国语言与文学,如今是该校的终身教授(Emeritus Professor)。有了这样的渊源,你能说他只是"身影也经常出现在大学校园"中吗?再者,任何一个大学生对大学生活也"并不陌生",这种译法能表达出原文中的褒扬之意吗?当然,翻译之道,过犹不及。也有不少学生,对原文"no stranger to university life"作出过分的诠释,翻成了"白教授亦在大学学界享负盛名,贡献良多"、"白教授亦在学界作育英才"之类,这就有点望文生义了。比较中肯的译法应是"白教授对大学生活了如指掌"。须知"了如指掌"跟"并不陌生"的语感不同,正如"美丽动人"与"并不丑陋"相去甚远一般。译文中要保持原文庄重正式的语气,又不随意添油加醋,的确要费一番斟酌。

第二个实例出自一篇刊登于2009年9月号《读者文摘》(Reader's Digest)的文章,名曰 Against The Odds (Gary Sledge)。这篇文章讲述的是一对美国夫妇千里迢迢来到中国湖南领养一名小女孩的故事。小女孩是名弃婴,收养在孤儿院中,养父母初次见养女时,马上认出照片中的她来,并发现女孩十分可爱:"The couple recognized their baby at once from the postage-stamp size photo they had been sent months before. She was as round as a dumpling, dressed in seven layers of clothing with a yellow knit cap pulled down over her small head."这一段描述原无深字,学生翻译时却为了"dumpling"一字而犹疑不决,不知译为"汤圆"

好还是译成"粽子"好。

为什么有这种问题呢？原来翻译时，不仅涉及中英双语文化的异同，也受到译者籍贯差异的影响。以"dumpling"一字来说，涵盖的食物种类颇多，倘若查汉英词典，"饺子、馄饨、粽子、汤圆"都译成"dumpling"，最多加些解释，说粽子是"a pyramid-shaped dumpling"，汤圆是"stuffed dumpling"之类，但是这种解释对不谙中华饮食文化的异国人来说，恐怕帮助不大。这光景，就好比不熟悉西餐的中国人，以为意大利面只有一种，并不知道它其实包含 spaghetti（细面条）、macaroni（通心粉）、angel hair（天使面）等众多种类。学生翻译小女孩的模样时，对原文中"dumpling"一词不知该如何处理，结果还引起了全班的热烈讨论。背后原因是这班学生多数是粤籍的，广东话里有句俚语："包得似只裹蒸粽"，即是说人身穿多重衣服，厚甸甸的，像只大粽子。其实，广东一带常见的粽子与江浙甚至北方的粽子并不相同，个儿大，馅儿多，因此说人冬天穿得多就像只"裹蒸粽"。原文中描述女婴"as round as a dumpling, dressed in seven layers of clothing"，既有圆嘟嘟又有厚墩墩的模样，那又该如何选择呢？

其实，原文说"as round as a dumpling"，已经表明意思了，"dressed in seven layers of clothing"不过是后缀的形容，因此，本应译成"汤圆"或"汤团"，再者，若翻阅英汉词典，就会发觉在"dumpling"词条下，共有两种解释："1. a small ball of dough that is cooked and served with meat dishes 小面团；汤团；饺子……。2. a small ball of pastry often with fruit in it, eaten as a dessert 水果布丁……。"（《牛津高阶英汉双解词典》第六版）此处并没有列出"粽子"的词义。可见原作者选用"dumpling"一字时，心中不会想到"粽子"，更不会知道粤语中有关"裹蒸粽"的说法。

翻译时，哪怕一字之微，也该从多种角度以慧心巧思去好好推敲。

七十一

一点慧心，几分巧思(二)

上文提到审阅学生的翻译时，发现了许多有趣的实例，足堪玩味，现在随着第一类后，再举几类问题，与读者共赏。

第二类，原文十分明确，但译成中文却不能一概而论，以不定冠词"a"为例，有时应译出，有时应不译，如何取舍，必须视乎语境而定或依常识来判断之。

Martin Booth, *Gweilo, a Memoir of a Hong Kong Childhood* 一书中，作者忆述幼年旅居香港过中国农历新年时放鞭炮的情况，他写道："There was a muffled sort of thoomp! Behind me, quickly followed by a searing pain in my upper leg."这一句，学生译为"身后隐隐传来'砰'的一声，大腿迅即传来阵阵剧痛。"接着当然是皮破血流了。此处孩子大腿为爆竹所伤，是一次突如其来的意外，因此大腿感受的应是"一阵"剧痛，而非连绵不绝的"阵阵"剧痛。在另外一个例子中，情况正好相反。在 Nadine Gordimer, *Six Feet of the Country* 之中，作者描述农场主人三更半夜遭人唤醒，说是雇工的房舍里出了事，他到该处一看，发现"And there, on Petrus's iron bedstead, with its brick stilts, was a young man, dead. On his forehead there was still a light, cold sweat; his body was warm."这一段，学生译为"屋里头……上面躺着个青年，死了。他额上还有一小滴冷汗，身体还是暖的。"学生显然把英文里的不定冠词规规矩矩译了出来，只可惜没弄清楚"a sweat"到底是"一滴汗"还是多少汗？试想，一个刚去世的年轻人，身体还是暖的，可能额上只冒"一滴汗"吗？假如查看字典，就会发现这样的例句："I woke up in *a* sweat."(我醒来时浑身是汗)(《牛津高阶英汉双解词典》第六版)。因此，根据语境及常识判断，上例应可译为"他额上还微微冒着冷汗，身体还是暖的"。同样的不定冠词"a"，一处应明确译出，一处应婉转译出，如何取舍当然需要一点慧心及几分巧思。

在上述有关放鞭炮的文章里，还有一处例子足可显示译者的用心所在。原文描绘爆竹的形状说："Always coloured red, they varied in size from those *not much fatter* than a thick pencil lead and about an inch long—and named by us tom thumbers—to others three inches in length and thicker than a cigarette."学生把这段话译为"爆竹由红纸包着,大小迥异:有粗如大铅笔芯,短约 1 英寸……的;也有长达 3 英寸,比香烟还要粗的……"此处既然描述的是大小不同的爆竹,细心的译者应把"粗如"大铅笔芯改为"细如"大铅笔芯,因为在中文的习惯用语中常以"长短"来表示"length","粗细"来表示"thickness","高矮"来表示"height","大小"来表示"size"等等,这种特殊的语感必须铭记在心,此处原文指的是小爆竹,当然不译"粗如"而应译为"细如"。

第三类例子,是有关语气褒贬的掌握及感情用语浓淡的取舍问题。有位同学选译了 D. H. Lawrence 的 *Two Blue Birds*。众所周知,Lawrence 对情欲的描绘一向淋漓尽致,这篇小说看似简单,但是一涉及男欢女爱的情节,翻译起来就不易对付了。且看下面的例子。

文中男女主角为一对夫妇,两人既相爱又不能相处,宁愿分隔两地,遥遥思念。"They had the most sincere regard for one another, and felt, in some odd way, *eternally married to one another*."在这一段里,学生把"eternally married to one another"译成"总觉得两人会生生世世都结为夫妇",这就产生问题了。原因是在英国传统里,人生于世不过是羁旅而已,身后会上天堂得到永生,因此,没有轮回,不可能"生生世世"结为夫妇,这"eternally married"一句,最多译成"长长远远"或"永远"结为夫妇而已。同一篇文章里,提到那年轻丈夫与女秘书的关系。原文说那位男士"knows that his request will be only *too gladly fulfilled*"。学生译为"他吩咐要办好的事,他的秘书必定会雀跃万分、急不可待去完成"。这"雀跃万分"四字未免译得过头了,须知人有七情六欲,不论中英都有各种不同层次的表达方式,此处把"too gladly fulfilled"译成"高高兴兴去完成",也就可以了。

第四类问题,涉及文化的差异,新旧用语的交替,到底如何取舍,往往见仁见智,以下是个实例。有位同学翻译了 Alain de Boton 的 *Status Anxiety*,这本书的书名,中文到底该怎么处理?首先,什么叫做"status"?字典告诉你,这就是"身份"、"地位"的意思。什么是"anxiety"呢?那是一种"焦虑"、"忧虑"、"不安"的情绪。人为什么有"status anxiety"呢?拆穿了讲,一个人有名有利自然社会地位高,反之,则是无名小卒一个,地位低贱,境遇坎坷。因此,人一生下来就想不惜一切努力向上爬,希望有朝一日可以名成利就,飞黄腾达。在追名逐利的过程中,未必诸事顺遂,这就产生了惶惶不可终日、患得患失的忧虑,因此,称之为"status anxiety"。这个表面看似简单实则内涵复杂的书名,到底该怎么译?学生提议了几个译法:"我为社会地位而焦狂"、"我爱追名逐利"、"名利焦虑症",似乎都并不理想。首先,这些译法看来都不像书名,其次,"status anxiety"指的是社会上的通病,并不仅限于第一人称"我"的情况,而且也不能一定说是一种医学上的病症,因此,在课上请全班同学投入共商译名。经过热烈讨论,有位喜欢哲学的同学忽然提到一个译法:《追名逐利常戚戚》或《名利之欲常戚戚》,原来他想起了《论语:述而篇》中"君子坦荡荡,小人长戚戚"的说法,"长戚戚"即经常处于"忧虑不安"的状态,正好用来翻译"anxiety"一词。我对于这个书名的翻译相当满意,谁知负责翻译该书的同学在学期末交最后作业时,却把书名 *Status Anxiety* 又译成了《我为名利焦虑》,这纯粹是个人的选择与爱好而已。

顺便一提的是不少同学在英译中的时候,喜欢用四字结构或四字成语,这固然是一种常见的手法,用得好,言简意赅,省却许多无谓的赘词;用得不好,却常常会引起不必要的误会,以下是一些实例。

有位同学翻译 E. B. White 的 *Once More to the Lake*,文中的主角少年时常来缅因州一口湖边度假,成年后再次重游,来到湖畔小店,发现"Inside, *all was just as it had always been*, except there was more Coca Cola and so much Moxie and root beer and birch beer and sarsaparilla."学生把这段译成"里面,桃花依旧,只是多了可口可乐……。"她把"all was just as it had always been"译成"桃花依旧",可能想起了中国诗词里"人面桃花"的意境,希望译来带点抒情的味道,可惜,"桃花依旧"跟"多了可口可乐"一放在一起,就显得格格不入,甚至有点滑稽突兀之感了。另外有同学把"Bears adore Snickers"译成了黑熊对巧克力棒"爱不释手",也不妥当。

翻译时,要译得周全,不论宏观或微观的问题都得小心处理。

七十二

定调高低方知难(一)

最近,香港两大电视台分别推出了歌手选拔节目"超级巨声"及"亚洲星光大道",办得热热闹闹的,颇受年轻朋友欢迎。选拔是采取淘汰制的,选手唱完一曲,由多位评判点评。评语中,往往会出现这样的话:"你的唱功不错,但是调子定错了,不应该那么高(或那么低)。"由于定调失误,歌手再怎么努力,始终唱得荒腔走板,难以入耳,因此也就名落孙山,淘汰出局了。

这情况其实也往往出现在翻译的过程中,以下是最近发生的实例。

新学期开始了,又有一批新同学修读"翻译工作坊"的课。首先,我会给他们连串的练习,由浅入深,慢慢引导他们走上译道,接受长篇翻译的挑战。这学期,我选了一段篇幅不长的文字,让大家试笔。

这篇文字选自 Yehudi Menuhin 的自传 *Unfinished Journey* 中的 Acknowledgement(鸣谢)。为什么选这一段呢?首先,要了解两国文化的异同,最好是省视它们语文中客套语的使用方式,中国自古有"礼仪之邦"之称,语言中的客套话多不胜数,英国也不弱,因此,看看"鸣谢"中致谢的用语,饶有趣味。其次,Menuhin(梅纽因)是蜚声国际的小提琴家,其自传除了内容精彩丰富之外,文字也颇有功力,他下笔犹如演奏,铿锵有力,感人至深,字里行间抑扬顿挫,要定翻译的调子颇不容易。在此,且先看一下他在"鸣谢"中的起首语:

"I wish to acknowledge my gratitude to the many characters, good and less good, who animate this account—all contributors to positive experience."

在这短短几行之中,起码有几个难点要克服。第一,是"插入语"的译法。如所周知,英文行文中常用"插入语",包括两个逗点中的用语,如"good and less good";破折号的使用,如"—all contributors to positive experience";再加上括号的使用等,总之,凡是额外的信息,作者想在行文中增添的,都可以随兴加插而不损行文的流畅。中文的行文却并不如此，我们喜欢先后有序，条理井然，那额外的信息宁可在主要的意思说完后再以短句来处理，而不会插在主干上，使之随意蔓延，节外生枝。第二，这一句起首语中，提到"many characters"是"众人"、"众多人士"之意，既然要致谢了，又说他们是"good and less good"，这可如何是好？本书先前早已说过，英文里的词汇越是浅字越难译，像"good"、"great"，这类字蕴涵的内容太丰富了，这一句就考倒了所有的译者，难以下笔。第三，"all contributors to positive experience"这几个字中没有一个难字，但是译成中文不好说，你不能译成"全是积极经验的贡献者"，这样的话哪像中文？

硕士班的学生怎么译呢？真是林林总总，五花八门，仅仅是"good and less good"这一小段，有人译成"其中有的很好，有的不那么好"、"不论好坏与否"、"无论是杰出的还是普通的"、"优良与否"、"无论是优是劣"、"无论他们扮演的角色是好或不甚好"、"不管他们的表现是好或是比较逊色"、"不论性格如何"、"不论优秀与否"，这些译法都不理想；又有不少人干脆避而不译，因为实在不知该如何拿捏。说穿了，在中文的致谢语中，只会对别人褒奖，哪会有什么微词呢？这就难办了。无论如何，这起首语写得相当优雅，用字精练，学生大多数尝试用比较高雅的语调来翻译，而不用通俗的大白话。

梅纽因在接着的一句中，向所有书中未曾提及的人士致歉，他说："In a book which attempts to relate the events of sixty years, it is, alas, impossible to do justice to all who have brought warmth, colour and stimulus to the lives of my family and myself. I hope those not mentioned will forgive me, in the knowledge that they are cherished in my heart even if they do not appear in cold print."在这一段文字中，梅纽因显然表示在过往一生中对他扶持施惠的人士不少，倘若书中未曾一一兼及，祈予鉴谅，因为，他写这本自传时，已届花甲之年，要把一甲子中所有经历巨细无遗全部记下，并将一切有关人物悉录书中，则绝无可能，所以，他一方面致歉，另一方面也在自辩，行文中这"alas"一字的翻译，就很考功夫了。

"Alas"一字，如果翻阅英汉词典，会看到这样的译法："exclamation (old use or literary) used to show you are sad or sorry (表示悲伤或遗憾) 哎呀，唉"(《牛津高阶英汉双解词典》第六版)。于是，不少学生就不理前文后语，把上面这段话译成"凡此种种，唉，要在一本记载一甲子往事的书中各有适当篇幅，实在艰巨非常"、"唉！却恕我未能一点一滴、仔细叙述在过往日子里，所有曾经为我……增添生活姿采的朋友"、"唉,此书却未能尽录,请见谅"、"要每一位都予适当的分量,哎,这是不可能的"、"老天,要知道这么一本书……想在其中公允地评价众人简直难以登天"。其实,不管是译成"唉"、"哎"等感叹词,或译成"老天",在"鸣谢"的中译本中出现,总显得不伦不类,须知梅纽因的原文行文典雅,译者如果肯仔细查研,再看一两本词典,就会发现"alas"是相当正式及古雅的说法,"alas is 1. used to say that a particular situation seemed sad, unfortunate, or regrettable to you: a rather formal or old-fashioned use ... 2. an old-fashioned exclamation that expresses grief, regret, shame, or sympathy."(*Collins Cobuild English Language Dictionary*)在上列引文中的"alas"显然是表示"遗憾"的意思,译者为什么不可以译成"可惜"、"十分遗憾",甚至再典雅一些的"诚属憾事",而非要在行文中长吁短叹呢?要知道在译文中加插了这些十分口语化的感叹词,会与整体语境格格不入,就像坐了 roller coaster(过山车)似的,全程忽高忽低,语调突变,又怎么会译出像样的文字来?

梅纽因致歉完毕后,又说:"One day, I trust there will be another book to repair the omission of this one."他似乎在开出期票,保证总有一天,他会另写一书以弥补此书的不足。最后,他特别向两位人士再致谢忱,他说:"I also want to thank Dr. Frederick Brown, who first prompted these archaeological self-investigation, and Maureen McConville whose patience and perception lent coherence to my oral and written confessions."

在这一段文字里,梅纽因在两处用了相当自谦而又十分形象化的字眼,即"archaeological self-investigation"及"my oral and written confessions",前者指的是一种自我的省视与回顾,用"archaeological"一字来形容,表示年代久远、寻根溯源的意思;后者指的是过往生活的剖析,就如"告白"一般坦呈读者眼前。不少同学都把第一句译得偏差了,例如译成"在考古方面进行独立研究"、"我对考古学研究的自我审查"、"提供考古学的自我检测成绩"等等,另有一位同学虽然明白原文的含意,却译成了"我这些老掉牙的过往生平",这"老掉牙"三个字十分通俗,用来翻译"archaeological self-investigation"这么典雅的原文,在定调上实在高低有别,而调子用错了,又如何谱曲?如何成章?

七十三

定调高低方知难(二)

中文里的致谢词,一般可分为两种方式:一种是开宗明义式,"在此,我衷心感谢……诸君";另一种先列出要感谢的对象,再致谢忱,如"本书之完成,除赐稿作者之外……包括……诸君,其中尤其……更为此书增色,特此一并致谢。"(《"牡丹亭"四百年青春之梦,姹紫嫣红》)

以下,我尝试将 Yehudi Menuhin(梅纽因)在其自传 *Unfinished Journey*(《未竟之旅》)中的 Acknowledgement(鸣谢)译成中文,并把原文再录一次以便参照。

先说第一句"I wish to acknowledge my gratitude to the many characters, good and less good, who animates this account—all contributors to positive experience.""在此,谨向令本书增色的一众人士,致以谢忱。众人不论贤肖,皆曾对本人过往经历赋予积极正面的意义。"

在这段里,我采用余光中先生"白以为常,文以应变"的八字真言,来处理"good and less good"这个难缠的短语,以期达到行文流畅而不失原意的效果。

"In a book which attempts to relate the events of sixty years, it is, alas, impossible to do justice to all who have brought warmth, color and stimulus to the lives of my family and myself.""本书试图概述六十载生活点滴,在这样一本书中,要对所有曾为本人及吾家多年岁月中,带来脉脉温情与缤纷姿彩的人士,都兼及无遗,殊不可能,诚为憾事。"

在这一段文字之中,提到了三个名词,即"warmth, color and stimulus",有的学生会依序把三个词汇译出来,例如"温暖、色彩和刺激",问题是把"stimulus"译为"刺激"并不恰当,因为在中文里这两个字并非褒义词,有时反而带有贬义,所以也有人改译为"温暖、色彩和激励"等,更有同学运用其他的方式,例如译为"带来温暖、添上色彩和给予鼓励",也不失为一种办法。应该注意的是过犹不及,有位同学译成了"在微时推寒送暖、逆境时给予鼓励、平静时增添生活姿彩",其中"微时"、"逆境时"、"平静时",都是译者自己随意增添的,似属不必。我把三个名词译成两句四字结构,以"脉脉温情"译"warmth","缤纷姿彩"译"color and stimulus",则又是另一种尝试。

此外,在这一段中,"impossible to do justice to all"一句,不少学生按一般情况,译为"无法一一公平对待"、"不偏不倚"、"一视同仁"、"有适当篇幅"等,但是梅纽因在接着的一句中,就表明了他所以觉得遗憾,是唯恐下笔不周,漏去了许多该谢而未谢的人物。

"I hope those not mentioned will forgive me, in the knowledge that they are cherished in my heart even if they do not yet appear in cold print.""唯望书中不曾着墨者能予见谅,并确知即使在字里行间未曾言及,他们却常存我心,极受珍视。"

在这一段文字中,梅纽因用字精辟,以"cold print"来配"my heart",隐含一冷一暖的对比,译成中文,很难用"冷冰冰的印刷"来表达"cold print",所以只好以"字里行间"四字,来设法显示出与"常存心坎之中"的不同。

"One day, I trust, there will be another book to repair the omissions of this one.""有朝一日,我确信必有另一拙著面世,以弥补本书之不足。"

在这一段中,"another book"指的是梅纽因自己将来的著作,而非其他的书籍,因为任何旁人都无法悉知他的疏漏之处,从而著书补遗,所以,在译文中增补了"拙著"两字。"To repair the omissions",可以译为"弥补本书之不足",也可译为"弥补这本书的疏漏"、"弥补这本书中的缺失"等,但不可译为"在下一本书会补偿未有提及的各位"。

"I also want to thank Dr. Frederick Brown, who just prompted these archaeological self-investigations, and Maureen McConville, whose patience and perception lent coherence to my oral and written confessions.""布朗博士首先促使我寻根溯源,自省成书;麦孔维女士以其耐心睿智,使我口述笔录的告白,得以前后呼应,彼此连贯,亦在此一并致谢。"

"These archaeological self-investigations"指的就是梅纽因自传的内容,上溯根源,下笔成文,其实跟什么"考古学"、"独立研究"毫无关系。"Lent coherence"当然是指"连贯"的意思,但为了使中文铿锵有力,此处译为"前后呼应,彼此连贯",而不采用某些学生的译法,如"对我口头和书面报告的连贯性有莫大帮助"之类。

从以上梅纽因自传中《鸣谢》一节的翻译,可以领悟到翻译的一些诀窍,其中整体定调的高低是否恰当,往往是成功的先决条件。

现在,于《未竟之旅》一书中另选一段文字,再来测验一下定调的问题。该书由 George Steiner 写序,名为 *Not a Preface, But a Word of Thanks*(《以致谢代序》)。他在序言中说:"To find genius and happiness united is nearly a scandal. Ordinarily those to whom the gods give their largesse are envied, even hated, by their peers and contemporaries. Yehudi Menuhin is probably the most widely loved personality in the history of the performing arts. It was so after his triumphant debut in 1927; it is so today."

这一段文字里,"scandal"一词不好译。一个人既有才又幸福,几乎绝无仅有,所以说是"nearly a scandal",因此,不能按表面意思译为"丑闻、丑事、不可原谅的行为"等,有些同学面对这句以贬词来表达褒义的原文,不知如何定调,纷纷译成了"只有花边新闻才可以找到有关天才和快乐连在一起的报道"、"将天赋与快乐统一是一件几乎不可能的事情"等。其实,译者可以用稍为婉转的笔调来译"scandal",例如"匪夷所思"、"耸人听闻"、"令人难以接受"等。

以下尝试把这一段文字译出:

"天才与幸福竟能兼而得之,简直匪夷所思(耸人听闻)。一般来说,得天独厚者往往招嫉惹怨,不为同侪友辈所喜。梅纽因可说是演奏史上最广受爱戴的人物,从 1927 年崭露头角开始,即备受欢迎,迄今仍历久不衰。"

七十四
原文背后的信息

常说,翻译的时候,必须吃透原文方可下笔。这"吃透原文",到底是什么意思?

除了探究原文的结构、句型、语法,揣摩原作者行文的风格、特色,了解原文的内容、作者的意图之外,我们还需要注意哪些地方?

其实,在原文的字里行间,不时隐藏着一些信息,从作者一个字、一个词组轻描淡写之中,往往就会露出端倪,在这些似不经意之处,译者一不留神就会译岔了,因而在译道上失足绊倒而不自知。

其实,翻译时,认真的译者,正如余光中先生曾经说过,必须身兼学者与作者之才能。换言之,下笔之前,需先以学人的审慎与专注勤作研究;下笔之时,方可以作者的灵思与文采尽情表达。

在翻译的过程之中,原文背后的故事,似隐而显,如能好好掌握,对理解全文,必有极大的帮助,反之,则会导致种种错误,使译文歪曲失实,瑕疵难掩,以下是一些实例。

首先,要翻译一些比较热门、比较现代的话题,除了明白原文表面的意思之外,还得对背后涉及的常识具备一定的认知。有学生翻译选自 *Time Magazine* 有关生态保育的文章 Bryan Welsh, *The New Age of Extinction*(《新绝种时代》)。文中作者提倡保护雨林及植树造林,他的论点如下:

> "Rain forests like those in Madagascar contains billions and billions of tons of carbon; destroying the trees and releasing the carbon not only kills local species but also speeds global warming."

这一段,学生最初译为:"雨林相当于无数吨碳,马达加斯加的雨林亦一样。摧毁林木来取碳,不只令当地生物死亡,亦加速全球暖化。"按字面来看,译文似乎无误,但是想深一层,就知道这译法似是而非了。如所周知,树林能进行光合作用,吸碳释氧,摧毁雨林之后,"releasing the carbon",后果堪虞,因而此处不能译成"取碳",另一位同学在点评译文时,将之改译为"雨林能吸收无数吨碳,……。摧毁林木而令碳排放增加,不只令当地生物死亡,亦加速全球暖化",应较正确。

除了科普知识之外,对时局的发展具备一定的认识,亦有所帮助。另有位同学翻译一篇选自 *Newsweek* 的文章 Maziar Bahari, *118 Days, 12 Hours, 54 Minutes*。这是一篇真人真事的实录。文中主人公自述 2009 年在伊朗以记者身份采访时,遭伊朗当局拘禁的经历。文中有一段记载如下:

> "When I was arrested, hundreds of thousands of protesters had been filling the streets of Tehran for a week, outraged over the disputed selection of Iranian President Mahmoud Ahmadinejad. There had been violence. The club-wielding militias known as Basiji had inflicted much of it on the marchers, women as well as men."

这一段原文说的是伊朗总统艾哈迈迪·内贾德的连任,引起争议,数十万平民涌上德黑兰街头参加示威。当时,发生了不少暴力冲突,"The club-wielding militias known as Basiji",到底所指何人?学生以为"club-wielding"表示没有刀枪在手,因此径自译成"手无寸铁",既然"手无寸铁",即等于"弱势社群"了,因此把整句误译成"手无寸铁的'巴斯基'民兵招募了不少游行人士,有男有女"。其实,只要对 2009 年这场在伊朗爆发的大规模示威稍有认识,就知道这译法与事实不符。正确的译法,应如点评的同学所建议:"手持击棍的伊朗民兵组织'巴斯基',打伤了不少示威者,有男有女。"

除了科学常识,时事认知,译者必须熟悉原著中涉及的社会环境,才不致出错。譬如说,有位同学翻译 John Grisham 的小说 *The Associate*。文中的主人翁是名篮球教练,两年来,如保姆般管教训练一整队来自低下层的孩子,已经感到忍无可忍。文中提到这群孩子为"inner-city kids",译者按字面译成"城里长大的队员",这就跟原意相差十万八千里了。"Inner-city",只要去翻查一下字典,就会发现含有特殊的意义,如"the part near the centre of a large city, which often has social problems 市中心区(常有社会问题)"(《牛津高阶英汉双解词典》第六版),因此,译者应把"inner-city kids"译为"来自贫民区的孩子",而非"城市长大的孩子",以免引起读者误解,以为这些孩子是"娇生惯养"的。

假如原文中所谈的不是当下时事或热门话题,而涉及一些历史、宗教、文学、文化的层面,那么,译者所从事的背景资料研究,就要更全面、更深入了。

有位同学翻译 Thomas Sowell, *The Housing Boom and Bust* 一书中 *The New Deal Ideal*("新政"神话)的篇章。所谓的"New Deal"("新政"),是指20世纪30年代美国罗斯福总统为应付当时的经济大萧条而提出舒缓危机的方案。作者在书中寻根溯源,并提出种种精辟的论点,探讨当年的"新政"是否可成为今日解决金融海啸的良方。文中有一处,作者提到当年的实况:

"The huge stock markets crash of 1929 has long been regarded as the cause of the massive unemployment that marked the decade of the 1930s. ... Stock prices fell to a fraction of their 1929 peaks, as American corporations as a whole operated in the red for two consecutive years."

在这一段里,译者翻译得中规中矩,畅顺易读,然后,她说:"股市一泻千里,股价不足1929年峰值的零头"。把"a fraction"译成"零头",可以吗?这就引起了班上热烈的讨论。先说"fraction"到底指的是多少,按字典解释,"fraction"即为"1. a small part or amount of sth 小部分;少量;一点儿; 2. a division of a number, for example 5/8 分数;小数"(《牛津高阶英汉双解词典》第六版),那么,"零头"指的又是多少?字典说"零头"是"钱物的尾数"(《新编中国辞典》)。该名学生为了翻译,作了不少资料调查,她在作报告时指出,20世纪30年代美国股票"从1929年最高的382点到1932年7月的最低点41点,道琼股票指数下跌了89%,到1933年7月美国股价只相当于1929年9月的1/6。"这么说来,股票跌价虽然惨重,仍不至于变成"不足……零头",因此,译文就得相应修改了。

有关原文中涉及的宗教、文学及文化层面,情况更为复杂,容后再谈。

七十五

译圃园丁的叮咛

每届初夏,蝉鸣未起,暑热乍临,凤凰木的枝头上展现一片艳红,绚丽耀眼;相思树绿叶间绽放点点黄花,一阵雨后,洒落小径,恰似遍地黄金。这时候,堆满案头的,又是学期末的学生作业,一叠叠,厚墩墩,浏览间,时惊时喜,喜的是每遇佳作,如沙中闪金,弥足珍贵;惊的是常见译病,如积习难返,变本加厉。这光景,好比园丁在勤于耕作,日晒雨淋下,看到译圃中花木繁茂,但良莠不齐,于是唯有不厌其烦,在本书中一再叮咛,冀能唤起一点回响,半分垂注,则于愿足矣。

现今的年轻学子,不论来自内地或香港,如果矢志攻读翻译的,按理说,中英语文能力都应有一定水平,问题是平时阅读的经典著作不够,一旦出入周旋于两文双语之间,功力稍逊的,就会出现捉襟见肘的现象。以英译中为例,假如母语能力不够,就会受拘于外语的句法而束手缚脚,动弹不得。例如简单的句子"simply giving up in frustration",译成"唯有颓然放弃"即可,而不必大事经营,逐字译成"只好纯粹地因挫败而放弃";又如"the cypress trees clustered at the water's edge",译成"岸边柏树丛生"即可,而不必译成"水岸边聚集着柏树"。

由于经典名著看得少,网络潮语用得多,语言的生态环境正在剧变,令人感到地球上雨林遭受破坏,气候迅速暖化的危机也正发生在翻译圈中。

有关成语的运用,历来讨论的文章不少,不少译家认为译文中应少用成语,以保持原汁原味;也有译家认为成语或四字结构不妨多用,以达言简意赅的效果。其实,成语的使用不在乎多少的问题,而在乎对与不对的问题,以下是众多实例。

"Even former members of President Franklin D. Roosevelt's own administration admitted in later years that many of Hoover's initiatives were taken over and expanded under FDR, though the political and media image of Hoover invoked in many election years thereafter was that Hoover had been a 'do nothing president'!" (Thomas Sowell, *The New Deal Ideal*, 2009)

这一段文字,讲的是 20 世纪 30 年代美国经济大萧条时期的故事。当时,许多人以为胡佛总统的继任者罗斯福总统是带领国家经济复苏的救星,其实他所采取的干预政策,有不少正是在胡佛执政时已开始奠基的。胡佛的公众形象极差,人称"do nothing president",学生译之为"坐以待毙的总统",这就未免太夸张失实了。此处译为"一事无成"或"束手无策"的总统,也就可以交代了。

另一位学生翻译 Ben Hills, *Princess Masako: Prisoner of the Chrysanthemum Throne*,2007(《雅子妃:菊花皇朝之囚》)。文中提到雅子未为王妃之前,曾出任日本外务省要职,由于家世显赫,学历骄人,很快就闯出名堂来。原文中有一段:"Off the record, some of her former colleagues said that they felt that Masako had been put on a 'super fast track' because of her influential father."学生译为"……他们觉得雅子之所以能德高望重,'能那么快上位',全靠她有权势的父亲",此处"德高望重"四字,实在译得不妥,须知这句成语,在中文里一向用以形容"年高德劭"者,从来不会用在年轻女子身上,此处"super fast track"用"很快便出人头地"来译,应较为妥当。

记得名翻译家蔡思果先生曾经说过,有些带有极浓民族气息的成语不宜用在译文里。因此,我们不可一碰到 King Solomon(代表智慧)就译成"诸葛亮",一看见 Helen of Troy(代表美貌)就译成"西施"。这次学生的作业中,却有个活生生的例子。在翻译 George F. Kneller 的 *The Proper Study of Education* (1984)一文中,原作者说道:"They seem convinced that for prospective teachers, the only source of reliable knowledge about human behavior, or mind, or teaching and learning, is educational psychology. How long must we endure this charade?"学生把此段中的最后一句译为"我们还要忍受这样的东施效颦多久呢?"且不论"东施效颦"这个成语是否译得准确,在这样一篇严谨的学术论述中,突然出现这种带有浓厚民族色彩的用语,实在有点突兀的感觉。再说,"charade"一字的含义为:"A situation in which people pretend that something is true when it clearly is not."即"明显的伪装;做戏;装模作样"之意(《牛津高阶英汉双解词典》),这就跟"东施效颦"的本意颇有出入了。

又有同学翻译有关美国著名布道家 Billy Graham 的传记(David Aikman, *Billy Graham, His Life and Influence*, 2007),文中提到他的夫人 Ruth,不但是夫婿生活中的佳偶,而且是精神上的良伴,两人在婚姻关系中平起平坐,地位相等。

原文如是说:"Ruth was never the retiring 'wifey' wife, and Billy has never failed to give her full credit for her invaluable contribution to his phenomenal success." 学生把此句中的"wifey" wife 译成了"路得并非那种传统三从四德的妻子"。须知"三从四德"是纯然中国旧社会的观念,"三从"指女子"在家从父、出家从夫、夫死从子";"四德"则指"妇德、妇言、妇容、妇功"。这种道德规范从未在美国社会存在过,学生如此译法,在文化层面上就与美国的背景显得格格不入了。

用成语,倘若不明其意,不得其法,还是少用为妙。以下是一些不该用而用的例子。

1. The youth looked around and said, "Sure," without stopping. "I am playing their parade march in some red hell."(ed. H. Bruce Franklin, *Prison Writing in 20th Century America*)

青年举目四看,一气呵成地道:"当然知道,我正在弹奏他们的红红地狱进行曲。"

"一气呵成"即"连续进行不间断,直到完成"之意,常指文章如行云流水,言辞如滔滔江河,此处只指说话一口气不停,故不适用。

2. "I thought Sharon was starting to sound a bit like a robot, but then came my meeting with Emily". (Lauren Weisberger, *The Devil Wears Prada*, 2006)

"当我以为莎朗已经够像个机械人了,怎料一山还有一山高,原来她还比不上将要会面的爱美莉。"

这句译文中,"一山还有一山高"是译者自行增添的,删去此句,意思仍然明确。

因此,译者翻译时,应在译道上小心勒住马头,不可肆意奔驰,例如"three grown daughters"是"三个成年的女儿",不必一定译成"三位亭亭玉立的千金";"that does sound wonderful"译成"听起来不错(很棒)"即可,而不必非译成"这确实是妙不可言!"才行。

七十六

从"潮语"到"文字游戏"(一)

近年来,香港的大专院校招收了不少大陆及台湾的学生,籍贯不同的莘莘学子来自大江南北、五湖四海,他们的生长背景相异,语文程度参差,共聚一堂时,套用一句流行语的说法——自然会在彼此的讨论中"擦出火花"。

每年,春节过后,我都会邀请来港就学的外地生,在校园中清幽怡人、文化气息浓厚的"云起轩"共进午餐,大家在饭前饭后尽情交流,天南地北,无所不谈。这时候,一切隔膜都消减了,师生之间打成一片。年轻人对热闹新鲜的玩意儿大都十分在行,除了计算机、网络、电影、娱乐新闻之外,自然也包括各式各样的流行语言,统称为"潮语"。他们频说:"唉!那人真是很雷!"看到我瞠目不解的模样,全体都笑得前俯后仰,乐不可支。我对"潮语"的认识的确落后,追不上时代的脚步,最多知道"粉丝"即"fans","龙友"即热衷摄影的"photographers"而已。

于是,有一回在课堂上,有学生翻译Judith Wright, *The Weeping Figs*(《哭泣的无花果树》),故事中有这么一句:"But Ellen Downs is really beyond words—now isn't it?"Ellen Downs是地名,指的是个荒芜沉闷的穷乡僻壤,说话者对之极端讨厌,难以言喻,因此说"really beyond words",这句短语该怎么译呢?译者首先译为"可埃伦唐斯,简直都没法儿说,你说是吧?"评论的同学认为这么译"褒贬难分",因此,建议改为"可埃伦唐斯,哎,无语,你说呢?"我正在纳罕同学为什么在口语中加插了"无语"这么典雅的字眼,使我想起了"无语问苍天"、"无语消魂,对斜阳衰草泪满"这样的句子,我的评语"太古典了"一出,全班学生立时哄堂大笑。他们纠正道:"唉!老师,这是潮语呀!"原来,这是网络中流行的口头禅,年轻人还会动不动就说自己"郁闷"呢!

的确,做翻译的人该当宜古宜今,兼通中西,只怪自己上网上得少,竟然会错把"时新"当"古典"了。

有趣的是,"潮语"正如其名,是跟时新与潮流不可分割的,这种语言如果用得恰当,用得俏皮,的确引人入胜,也可说是文字游戏(wordplay)的一种,但是"潮语"

正如潮汐，有潮起潮落、潮来潮去的时刻，而浪淘尽、沙筛清后，真正保留下来的宝物又能有多少？

不论哪种文化、哪种语言，大凡能善用其文、巧妙铺排的必然是个中高手。什么叫做 wordplay？字典解释为"making jokes by using words in a clever or amusing way, especially by using a word that has two meanings, or different words that sound the same"，中译即"巧妙的应答；双关语"之谓（《牛津高阶英汉双解词典》第六版）。能随时语出双关、字字珠玑的学者文豪，以英语世界来说，莎士比亚、乔伊斯、兰姆、王尔德都名闻遐迩；以中文世界来说，语言学家赵元任、幽默大师林语堂、本书不时提及的名翻译家高克毅先生及余光中教授就是出色的代言人。

高克毅（乔志高）先生出版过很多谈论英语（美语）的书籍，其中最受人称道的就是《美语新诠》系列，系列中有一本书叫做《海外"喷"饭录》。原来高先生把双关语（pun）称之为"喷"，而"令人喷饭"即幽默谐趣、令人发噱之意。高先生是译界公认的大师，却自称为只是"爱美的"（Amateur，即业余者之意），他说自己闲来喜喝一杯"马踢你"（Martini），而自己的生涯却"一言难尽"（因为精通中英双语之故），晚年时，心目中想写未写的书叫做《忆中人》（与"意中人"谐音）。高先生又认为，要讲究"喷"术，必须"要适逢其会，要用得其所，要措辞典雅，要甘犯众怒，要迂回曲折"，可见"喷"是一种要求极高的语言技巧，往往可遇而不可求。

翻译时，从一种语文过渡到另一种语文，既要保留谐音，又要兼及含义，实在是难上加难，极考功夫的。这种功夫，译者必须双语造诣极深，再加慧心巧思不可。

根据《写作大辞典》的解释，双关语即"为修辞学中辞格之一种。又名多义关连。在特定的语言环境中，借助语言和语义的联系，使语句同时关涉两种事物，达到言在此而意在彼的修辞效果。分同形双关、谐音双关、借义双关、多重双关、彼此双关、表里双关多种"。（庄涛、胡敦骅、梁冠群主编，《写作大辞典》，上海：汉语大词典出版社，1997）而在这种种双关之中，"谐音双关"是"利用词语的同音或近音构成的双关"，翻译时遇上这种难题，而要想音义兼顾，有时恰如缘木求鱼，徒劳无功，于是，译者只好退而求其次，以换例的手法，在译文里表达出原著中作者操弄"文字游戏"的特色。

每遇到双关语或音义相涉的片段时，学生往往深以为苦，不知如何处理，这时候就必须取决于译者的语文功力了。

傅雷当年翻译巴尔扎克的名著《高老头》（*Le Père Goriot*）时，也遇上了一段难缠的"文字游戏",那是书中述及一群在伏盖公寓寄宿的年轻学生茶余饭后的笑谑之谈。学生哥儿们吃饱了饭,无所事事,你一言我一语地起哄,他们也喜欢说一些"潮语",例如在一些名词之后加个后缀语如"rama",或模仿英语发音,或由人领头说个字眼,再根据这个字的首音节求变,由其他人接口相传,说得闹闹哄哄,似急口令一般。

巴尔扎克在《高老头》中这么说:"在巴黎某些社会中,这种废话,加上古怪的发音和手势,就算诙谑,主要是荒唐胡闹。这一类的俗语常常在变化,作为根据的笑料不到一个月就听不见了。"(傅雷译)这可说是"潮语"的最佳诠释了。话说伏盖公寓的饭桌上,有人在嘲笑高老头的鼻子,"Votre nez est donc une cornue",接着,众人七嘴八舌,发出了以下的连珠炮:

  Corquoi?   Cor-nouille   Cor-nemuse   Cor-naline   Cor-niche   Cor-nichon   Cor-beau   Cor-nac   Cor-norama

这些话到底是什么意思呢?首先,每一个字都以"Cor"起始,彼此之间又没有意义上的联系,这种插科打诨的效果,把"思想、言语,当做羽毛球一般抛来抛去"(《高老头》)的玩意儿,到底该怎么重现在译文中呢?傅雷的解决方法又如何?虽说是法译中,但是对英译中的技法亦具有一定的参考价值。

七十七

从"潮语"到"文字游戏"(二)

傅雷翻译巴尔扎克的名著《高老头》,从1946到1951,再到1963年,前后共历经三次,可说是费尽心思,力求完美。上文提及伏盖公寓里学生哥的戏谑之语,"cornouille"为"山茱萸","cornemuse"为"风笛","cornaline"为一种矿物,"corniche"为"檐","cornichon"是"小黄瓜","corbeau"是"乌鸦","cornac"为"驭象人",译者如按字面直译,把这一串风马牛不相及的事物联缀在一起,则读之令人生厌,哪里还会产生什么喜剧效果?

傅雷的解决办法是首先抓住"Votre nez est donc une cornue"这句话中"cornue"这个词。法文的"cornue",中译即为"蒸馏瓶、曲颈瓶"之意。傅雷以"蒸馏瓶"的"蒸"字为出发点,再引出连串的妙语。

先是有人调侃高老头:"你的鼻子是一个提炼食物精华的蒸馏瓶了。"再有人故意问道:"蒸……什么?"众人跟着起哄,一个接一个说:"蒸饼"、"蒸笼"、"蒸汽"、"蒸鱼"、"蒸包子"、"蒸茄子"、"蒸黄瓜"、"蒸黄瓜喇嘛"。

要注意的是,巴尔托克原文里接着的一段是这么写的:"这八句问答从室内四面八方传来;像连珠炮似的,把大家笑得不可开交,高老头愈加目瞪口呆地望着众人,好像要想法懂一种外国话似的。"(傅雷译《高老头》)假如译者功力不够,处理不了原文中的文字游戏,营造不出连珠炮式的气氛,译文就会跟紧随的段落脱节了。以下,我们且看另一位译者穆木天是怎么处理这一段文字的。

穆木天采用的译法跟傅雷大同小异。由于"cornue"一字,既可译为"蒸馏瓶",也可译为"曲颈瓶",穆木天显然采用了后者,但是以"曲"为起首的搭配词,远较以"蒸"为起首的少,于是,译者只好拼命去找与"曲"同音或近音的字,如"屈、漆、起、区、欺"等等。结果,这一段文字游戏译出来的版本,变成了"曲……什么?""屈死鬼、漆墨黑、起死回生、区长大老爷、漆板凳、漆棺材、欺侮人、岂有此理奇观"(穆木天译《勾利尤老头子》,1949)。这段译文,其中既有名词,又有动词、形容词,还有短句,念来不能一气呵成,十分勉强,不似戏言,倒像咒语。傅译与穆译孰优孰劣,高下立判。

我不知道傅雷当年翻译这段文字游戏时,是灵机一触,文思泉涌?还是深思熟虑,推敲再三?总之,我认为他的译法,虽涉及换例,但精简传神,十分可取,比起原著的英译本,有过之而无不及。

手边有一本 Le Père Goriot 的英译本 Old Goriot (tr. Marion Ayton Crawford, Penguin Classics, 1981)。英译者遇到这一段时,也是采用以每字头一节来缀词的方式,不过法文中的"cor",换成了英文里的"corn"。整段文字如后:"Then is your nose a corn-taster?""Corn-what?"有人问,众人七嘴八舌抢答:"Corn-el"、"Corn-et"、"Corn-elian"、"Corn-ice"、"Corn-ucopia"、"Corn-crake"、"Corn-cockle"、"Corn-orama"。请注意,正如法文原文,这英译本中的八个词都是名词,但是彼此毫不相干,如"cornet"是"短号","cornice"是"飞檐",互相之间的联系只在于首音节相同而已。环顾傅雷的译文,八个词都以"蒸"字开始,而内容多少与食物有关,如"蒸饼、蒸鱼、蒸包子、蒸茄子……",不论在语感还是节奏方面,都使人念来更有密集紧凑、仿如连珠炮的感觉。有人说,两文相对时,译者即使殚精竭虑,译文仍然难以与原文完全对等,不错,在翻译的过程中,有时失,有时得,而傅雷的这段译文就是一个明显的例子。

翻译时,遇上文字游戏,常使译者操心伤神,以下是工坊中的实例。

有位学员任职五星级酒店公关,每每为推广招徕顾客的新产品绞尽脑汁,例如:餐厅要推介奶酪,原文为"Get Cheesy",就译为"'芝'味诱惑"以尽量与"滋"味谐音;要推介各类酱果,原文为 Berrilicious(Berry + delicious),即译为"'鲜'莓盛宴"以与"鲜美"谐音;但是碰到 Eggsquisite Easter Goodies (eggsquisite 与 exquisite 发音相近)这样的产品,就很难译得音义兼顾,只好弃音就义,译成"缤纷复活节献礼"了。

另有一位同学翻译 V. S. Naipaul 的小说 Love, Love, Love, Alone (ed. Peter J. W. Taylor, More Modern Short Stories, Oxford University Press, 1981)。其中有一段原文:"At first my mother was being excessively refined with the woman, bringing out all her fancy words and fancy pronunciations, pronouncing comfortable as cum-foughtable and making war rhyme with bar, and promising that everything was deffy-nightly going to be all right."此处,作者提到母亲发音不准,而又要故意卖弄,以致矫枉过正,错误百出。这一段严格来说,虽

然与前文所提的文字游戏并不相同，但是翻译时要音、形兼顾，并令译文读者明白原义，也颇考功夫。学生把这一段译成了"最初，我妈对那女人是过分地有礼貌，说话时卖弄着辞藻和发音。说'舒服'却讲成'素服'，用'战'跟'单'押韵了，还保证说事情'一滴'会好起来的。"学生的译法大致可取，只是英文中"war"跟"bar"两字并不押韵，中文里"战"与"单"却是同韵的，经其他同学提出修正，此处改为"用'战'跟'仗'押韵了"，以保持原文中暗含的谬误。

上文说到高克毅先生是位中英文俱佳的翻译能手，由他来译一些有头韵或押韵的句子，时常是得心应手、水到渠成的，例如英谚语"Early to bed and early to rise, makes a man healthy, wealthy, and wise"，高生就译为"睡得早，起得早，身体好，钱赚饱，聪明得不得了"，既传神，又朗朗上口。（见高克毅、高克永编著，《最新通俗美语词典》，香港：中文大学出版社，2004，194 页）

当然，遇上特殊的文字游戏，由于中英语文本质的不同，再是高手也无法应付。高先生在书中提到一句回文格（palindrome）即不论正读、反读都毫无分别的句子，据说是当初在伊甸园中亚当邂逅夏娃时的自我介绍："Madam, I'm Adam"，这句话，无论译成"马丹，我是亚当"或"夫人，我是亚当"，都产生不出回文的效果。（同上书，5 页）

高先生还提到"Ham"一字，在娱乐圈中常指技艺不高而喜炫耀的戏子。话说某剧团在百老汇排演莎士比亚名剧《哈姆雷特》（Hamlet），主角演技差劲，惹来劣评，有剧评家调侃曰："He put the ham in 'Hamlet'"（同上书，269 页）。这句双关语该怎么处理？我勉强想到的译法是"他把《哈姆雷特》演成《蛤蟆雷特》了"。

不知读者诸君可有妙译？

七十八
直译或意译、争来无意义（一）

很多时候，在讨论翻译的文章或学生呈交的作业中，我都会看到这样的说法："这篇译文是根据直译（或意译）的原则译出的。"论者仿佛以为翻译之道可大致分为直译及意译两种，而这种两极的分法是天经地义、无可置疑的。正因为如此，直译或意译孰优孰劣，孰高孰下，就成为历来争论不休的话题了。

其实，除了早期译学译论尚未发达成形的阶段，根据我40多年来的翻译经验，包括做翻译、改译文、看译著、从事译品剖析与比较等等，我可从来没见过哪部译著或哪篇译文是从头到尾坚守直译或意译原则而一丝不改的，换言之，什么叫直译？什么叫意译？其实并没有明确的定义或界线。如果说，直译是按原文的词序、字义，原封不动，逐字译出，这样的译文，根本佶屈聱牙，不忍卒读；如果说，意译是按原文的意思，随心所欲，灵活变动，则译文必然背离原文，面目全非。因此，要译者在翻译时决定在直译、意译中两者择一，再从一而终，根本是不可能也不必要的做法。举个简单的实例。

假如你看到一句简单的英文："He is a good dancer."你会怎么译呢？你会按字面直译为"他是一个好的舞者"吗？当然不会，这样说，根本不符合中文的表达方式。你也许会把句子化成"他舞跳得不错"、"他舞跳得很好"、"他很会跳舞"等，当然，你也可能会按意思译成"他是跳舞能手"、"他是舞林高手"、"他擅长跳舞"、"他舞艺精湛"等，但是，到底选用哪种译法，还是得看原文出现时的语境，译者必须顾及全文的语气、节奏，该句的铺排、用意等多种不同的因素，才能知所选择。

最近，诺贝尔物理学奖得主高锟教授的夫人写了一篇文章，细述高教授患上阿耳茨海默氏病的始末。文中提到高教授的病是逐渐形成的，最初不易发觉，退休后如常生活。高氏夫妇去参加跳舞班，高夫人写道："Prof. Kao is a good dancer and liked to whirl me around the dance floors."由于这样的语境，我认为此处不宜把"good dancer"译成"跳舞能手"或"舞林高手"，一来，"能手"或"高手"舞艺超卓，不必再去上跳舞班了；二来，作者陈述的对象是自己的丈夫，若称之为"高手"或"能手",也有失谦虚,因此,"He is a good dancer"这句,最多译成"他舞跳得很好"或"他很会跳舞"就可以了。这种种的考虑,其实跟直译或意译之争毫无干连,反而跟分寸的掌握大有关系。

在翻译的过程中,应尽量贴近原文,不要背弃其意,但是译出的文字也需清通畅顺,合乎语法。这种做法,我认为用"贴译"两字,较直译、意译更为妥当。

今年4月初,余光中教授伉俪再次访港,我们曾经欢聚畅谈,承蒙他送赠最新版的《梵谷传》。这是余先生的译著,由九歌社出版,原作是伊尔文·史东所撰的梵谷传记(Irving Stone, Van Gogh: Lust for Life)。这本书,余先生初译于1957年,先在《大华晚报》上连载,后由重光文艺出版社出版,颇获好评。1977年,余先生开始把全书重译,前后修改不下一万处,新译本于1978年由大地出版社出版。如今我手中拥有的九歌版,则是译者第三次仔细校订的版本了。译者自称:"回顾此书的译印史,竟已超过了半个世纪。"(余光中译,《梵谷传》,台北:九歌出版社,2009,13页)

手捧这册印刷精美、内容翔实、译笔流畅的译著,不禁感慨良多。的确,一部作品的面世,在本国本土中诞生成长,如要延续生命,于异域开花,往往得借助译者的力量。译者恰似一阵惠风,将花粉种子吹送至遥远的他方,使之在另一片沃土中再次繁衍,重新滋长。史东的这部原作在英语世界中并非家喻户晓的名著,译成中文,却先后出现不同的译本,如常涛译,《梵高传:对生活的渴求》(北京:北京出版社,1983),林继庸译,《生之欲》(台北:正中出版社,1955),一些节译本,以及余光中的《梵谷传》。这许多译本之中,以余译本最为影响深远。据悉,自《梵谷传》中译本问世以来,"许多杰出的艺术心灵"都自承受到该书的震撼,包括文学家梁实秋、作家黄春明、张晓风、三毛、美学家蒋勋等等(见余译本封面)。为什么余光中的译本得到如斯的反响?译者的翻译策略到底如何?他是用直译还是用意译的方式?

手边没有收齐所有的中译本,但是只凭现有的几种,就可以看出余译的特色。在比较译著的过程中,评论高下倒是其次,主要是想验证一下,所谓的直译、意译在真正的译程中,究竟起何作用?到底有何意义?

我们且找原作最精彩的第六章《阿罗》(Arles)中的一段原文,来跟余译对比一下。话说梵谷来到了法国南部的小镇阿罗,准备潜心创作。该处四郊的景色,炽热的阳光,都使他精力旺盛,意兴勃发。初到该地,画家四出游览观光,接着就是原著中有关色彩描述的片段:"But it was the colour of the country-side that made him run a hand over his bewildered eyes. The sky was so intensely blue, such a hard, relentless, profound blue that it was not blue at all; it was utterly colourless. The green of the fields that stretched below him was the essence of the colour green, gone mad. The burning lemon-yellow of the sun, the blood-red of the soil, the crying whiteness of the lone cloud over Montmajour, the ever reborn rose of the orchards... such colourings were incredible... lemon, blue, green, red, rose; nature run rampant in five torturing shades of expression."(Irving Stone, *Just for Life*, NewYork: New American Library, 1984, pp. 371—372)

余光中译文如下:"可是使他伸手翼蔽自己愕视的双眼的,却是四野的色彩。天空蓝得如此强烈,蓝得硬朗、苛刻、深湛,简直不是蓝色,完全是没有色彩了。展开在他脚下的这一片绿田,可谓绿色之精,且中了魔。燃烧的柠檬黄的太阳,血红的土地,蒙马茹山头那朵白得夺目的孤云,永远是一片鲜玫瑰红的果园……这种种彩色都令人难以置信。……柠檬黄、蓝、绿、红、玫瑰红;大自然挟五种残酷的浓淡表现法暴动了起来。"(余译,九歌版,465页)

余译的这一段文字,可说是名译,不少人在讨论翻译的文章中引用过。值得注意的是,史东在原文中要表现的,不仅仅是彩色斑斓的乡郊,也不是花团锦簇的园林,他笔下描绘的色彩也就是梵谷画中显现的色彩,是极端浓郁、强烈、生气勃勃而骚动不安的。因此,原文用了一些特殊的表达方式,谈色彩而采取如"intensely blue","hard","relentless","mad","rampant","torturing"等字眼,这些字,余光中以"强烈"、"硬朗"、"苛刻"、"中了魔"、"暴动"、"残酷"等词汇一一译出。可以说,译者的译法,是极忠于原文的,但是这可不是一般所谓的"直译",而是尽量贴近原文,却又不违中文行文表达的一种尝试。

余译想要达到的目的到底是什么呢?原来,他想要在译文中所表现的,就是那种观梵谷之画而"腹内蠢蠢欲动","气蟠胸臆"的感觉(见余译中的译者注,484页)。

七十九
直译或意译、争来无意义（二）

如所周知，诗人余光中是位梵谷迷。他不但翻译了《梵谷传》，并在超逾半个世纪中把全书前后修订了三次。他更发表了许多有关梵谷的诗与论述，如《向日葵》、《星光夜》、《破画欲出的淋漓元气》、《从惨褐到灿黄》、《壮丽的祭典》、《莫惊醒金黄的鼾声》等。在诗人笔下，画家的形象鲜明灵动，呼之欲出，而在译本中，诗人也以如椽之笔为画家塑像，使之不同凡响，但是翻译毕竟不同创作，译者必须置身于原文设定的框架之中，才能为译文添姿增色。译者的用心所在，是如何在译作中重现原著的风格、气韵、情致、节奏，若能贴近原文，句句相牵、步步照应，而译文又字畅句顺，当然最为理想。

翻译《梵谷传》，余光中首先要顾及的是重现史东在原著中所述的那"梵谷破画而出的生命故事"。因此，他小心翼翼，对原著亦步亦趋，不敢稍离，但是在有限的空间中，却彰显出匠心独运、妙笔生花的才能，而发挥出文学翻译再创造的特色。

以下举例印证之。

阿罗一地，虽然经常烈日当空，但是也有寒风肆虐的时候，这种风，称之为mistral，是法国南部特有的一种寒冷而干燥的北风。北风起时，梵谷在室内画静物；北风过后，他又出门去写生：

"When the wind died down he went out again and did a view on the Rhine, the iron bridge at Trinquetaille, in which the sky and river were the colour of absinthe, the quays a shade of lilac, the figures leaning on their elbows on the parapet blackish, the iron bridge an intense blue with a note of vivid orange in the black background and a touch of intense malachite green. He was trying to get at something utterly heartbroken and therefore utterly heartbreaking." (*Lust for Life*, p.384)

请看一下余光中的译法：

"等到北风平息,他又出门去,画了一张隆河景;特兰克戴叶的铁桥,图中的天空和河水呈苦艾酒的颜色。码头一片淡紫,以肘支栏的人影灰黑,铁桥作深蓝色,黑色的背景中带有一片夺目的橙黄和一星深孔雀石绿的色调。他试要表现十分心碎因而十分使观者伤心的情调。"(九歌版,480页)

在这段译文中,译者把原作中的实物颜色词如 absinthe, malachite 等以中文的实物颜色词"苦艾酒色"、"孔雀石绿"译出,原作中论及颜色深浅之处,作者用 a shade, a note, a touch 来表达,中译本里译者使用了"呈……颜色"、"作……颜色"、"带有一片……和一星……的色调"来翻译,使译文既忠于原著,又灵活生动。此外,原文中最后一句相当难缠,包括 heartbroken 及 heartbreaking 两词在内,译者也以"心碎"和"伤心"构句来予以化解。

现在且看林继庸的译本《生之欲》怎么处理这一段文字:

"风暴过后,他复出外,绘了一幅汉纳河景;杜玲加地尔的铁桥。画景内的天空及河水均用艾绿,码头则用蓝的暗调,承肘在栏上的人们则用黑色,铁桥用深蓝,其黑色的背景则加上闪闪的橙红及一些深的绿青。他是个伤心人,绘出了伤心画。"(林继庸译本,387页)

此处,译者把 absinthe 译成"艾绿",把 malachite 译成"绿青",而有关色调的词汇,大都以"用什么什么颜色"的句法来表达,整段最后一句更简化为"他是个伤心人,绘出了伤心画"。

比较余译与林译,你会因为余译较贴近原文,所以称之为"直译",而林译较自由发挥,所以称之为"意译"吗?

假如说,"意译"的意思是按作者本意而演绎出来的文字,那么,至少在揣摩原著含义的层面上不可出错。我们看到林译中"他是个伤心人,绘出了伤心画"这样的句子,是否会联想起中国传统诗词歌赋中,"伤心人赋伤心词"、"伤心人谱伤心曲"的情怀?李清照《声声慢》中"这次第,怎一个愁字了得"或李后主《虞美人》中"问君能有几多愁,恰似一江春水向东流"的感叹,应是这种情怀的最佳写照。然而梵谷的原画、史东的原作中所呈现出来的,却不是愁绪满怀、伤心欲绝的意境,而是一种狂热、奔放,充满爆炸力与生命力的激情,这种感觉,译者该如何去捕捉呢?

在原著接着的文字中,就可以看出端倪:

"Instead of trying to reproduce exactly what he had before his eyes, he used colour arbitrarily to express himself with greater force. He realized that what Pissarro had told him in Paris was true. 'You must boldly exaggerate the effects, either in harmony or discord, which colours produce.'" (*Lust for Life*, p. 384)

史东在此点出梵谷画风的转变,画家"不再尝试把眼前的景色一成不变地画下来,他只武断地使用色彩,以求更有力的自我表现。他发现,毕沙洛在巴黎告诉他的话是对的:'色彩产生的印象,无论是调和的或是不调和的,你都应大胆加以夸张。'"(余译,480页)由于这种提示、这种叙述,使余译可以用大胆、夸张的字眼来译出描绘上述隆河景色的一段原文,在铺陈颜色的片段以"苦艾酒"、"孔雀石绿"、"夺目的橙黄"来表达,反观林译,我们只看到"艾绿"、"绿青"、"闪闪的橙红",整段的色泽似乎柔化了,张力也似乎减弱了。接着"he used colour arbitrarily to express himself with greater force"一句,林继庸更译为"他尽量地随意应用色泽以表达自己的意思"(林译,387页)。这么一来,译文中根本看不出梵谷画风的特色了。

我们再看一段有关色彩的文字:

"Summer came on in all its terrific, glaring heat. The countryside burst into a riot of colour. The greens and blues and yellows and reds were so stark they were shocking to the eye." (*Lust for Life*, p. 414)

这一段,余光中的译文如下:

"夏季挟眩目的酷热以俱来,四郊掀起了色彩的暴动。那一片绿、蓝、黄、红,强烈得骇人眼目。"

此处,译者以"眩目"、"酷热"、"暴动"、"骇人"等字眼,传达出原作者意欲营造的雷霆万钧之势,并以"一片绿、蓝、黄、红"表现出梵谷画中浓烈激越的敷色之技。

林继庸的译文又如何?

"夏天与酷烈偕来。乡间的色泽掩映纷披。绿的,蓝的,黄的,红的,猛烈到使人们的眼睛受震。"

不得不承认,这位译者的语文造诣亦不逊色,且行文流畅,但是"乡间的色泽掩映纷披",令人想起的可能是印象派大师莫内(Monet)或雷诺亚(Renoir)那色彩缤纷的作品,而不是梵谷那令乡间邮差老鲁兰(Roulin)都能感动的"气蟠胸臆"的画作。老鲁兰观看梵谷的画作后,曾经说过:"I am an ignorant man, Monsieur …

and you will forgive me for speaking. But your cornfields are so very alive, as alive as the field we passed back there, for instance, where I saw you at work." 画家问老人可喜欢他的画,鲁兰说,"As for that, I cannot say, I only know that it makes me feel something, in here." (*Lust for Life*, pp. 385—386.) 老人说着,举手抚胸。

就在这一段后面,余光中加了一段译注:"高敢(内地译作高更)读梵谷之画而腹内蠢蠢欲动,气蟠胸臆,熟视梵谷之画者莫不有此经验。"(余译,484页)

由此可见,一位真正的译家在翻译的过程中,念兹在兹的是如何再现原著的神髓,而不是斤斤计较于直译或意译的手法。译者的功力时常是在译本里如何使意义紧扣原文,如何令遣词伸缩自如而表现出来的。

八十

心中、脑际、笔端

一个译者,从拿起原著,准备翻译,到下笔着墨,完成作业,是经历过一个相当漫长而艰辛的译程的,这译程可以"心中、脑际、笔端"三部曲来概述之。

首先,面对原著,译者心中喜之悦之,在阅读中感受原著的魅力,体会作者的用意,领悟全书的神韵;继而在脑海中反复思量,仔细探索原文的经纬,设法理解整个布局的脉络;再而凝聚思绪,汇集睿智,在笔端经再三推敲,审慎斟酌,才以另一种语言书之成文。

这三部曲,往往会在翻译过程中,逐字逐句或逐段反复出现,不断推进,因此在真正的流程中很难予以硬性的分化。

一位优秀的译者在领悟原文的精髓之后,还必须知道原文中的词句内容,哪些是主要的,哪些是次要的,正如观看一出完整的戏曲,在曲词中要能分辨出哪些是过场戏,哪些是节骨眼才行。因此,在翻译时,有些地方需要压缩、收紧,有些地方需要伸延、加强。尽管如此,对整体的表现仍需一丝不苟、巨细无遗,以营造出浑然天成的风貌与情致,正如白先勇在监制青春版《牡丹亭》时,要求所有演员的服装,不论主角配角,都要以苏绣制成,而且要一针针用手绣,不可用机绣一般。

在此,我们可以再一次以余光中所译《梵谷传》中的某些片段,来审视一下译者在"心中、脑际、笔端"三部曲的译程中,如何表现出个人独特的翻译风格。

在前文中,我们已经讨论过诗人对梵谷情有独钟,因此看到史东的原著,自然珍而重之,并且下定决心要好好译介,以飨读者。这种心情正如许钧教授曾经说过,译书"在某种意义上,是企盼与更多的知音分享一种心灵交流的快乐"。原著之美如异域佳人,译者恋之爱之,并希望通过译笔将绝色介绍于国人之前。这时期,译者经历的乃是动情的阶段。

接着,译者必须吃透原文,对全书的内容、行文、风格、布局悉力细究,抽丝剥茧,作出理性的分析。从不少细节,我们可以看到译者的准备工夫是如何地到家,如何地细致。

在 *Lust for Life* 原文之中，尽管作者是著名的传记作家，对史料的处理仍有不少疏漏之处，例如原著第八章《奥维》(*Auvers*) 中，梵谷自觉不久于人世，想向所有朋友一一告别，他在心中默念着一众亲友的名字，包括在巴黎的一切画友。原文如是说："To all his painter friends in Paris; Lautrec, who had been shut up in an asylum again, to die; George Seurat, dead at thirty-one from overwork..." (*Lust for Life*, p. 485) 此处，余译本如实译出原文："以及他在巴黎的一切画友：重被关入疯人院待毙的罗特列克；32 岁便因工作过度而夭逝的塞拉……"，但是在译文后却加了译注："按文生死于 1890 年，罗特列克首次入院为 1899 年，史东误矣"；"塞拉死于 1891 年，32 岁，为文生死后一年，此亦史东之误。"（九歌版，590～591 页）如非译者对原文的史料背景耳熟能详，了然于胸，又怎会加上这样的注释？林继庸的译本中提到画家 Lautrec 的片段如此说："鲁特黑已再次被囚于狂人院中待着死神降临"（林译本，488 页），另一本晓海编译的《凡高传》（北京：中国人事出版社，1995）则如此译："洛脱莱克，被送进精神病院医治无效而死"（晓海译本，358 页）。这两本译者对原著的谬误皆只字未提。

到译家真正提笔动工时，那从笔端潺潺流出的乃是他毕生致力文学的体现，长年浸淫译艺的所得。简单如前端所述 "Lautrec, who had been shut up in an asylum again, to die" 一句中的 "to die" 两字，为什么余光中会译出精练传神的 "待毙" 两字，其他的译者却译出 "待着死神降临" 及 "医治无效而死" 这样的文字？这就归究到前文所述的论点，真正的译家恰似技艺娴熟的风琴家，手持乐器，知道何时伸展，何时收缩，伸缩之间，徐疾有致，快慢自如，于是，一首动人的曲调就自自然然从乐谱转化为音符，悠悠流入聆听者的耳中。

审视余光中的译本，发现他的确奉行了自己所倡导的 "白以为常、文以应变" 的原则，我们在许多片段中，都看到他善用文言、四字结构及对仗工整的特色。这些特色，其实也是中文传统行文方式所特有的长处，在翻译时，只要用得恰当，用得传神，又何须赧颜？

试举几个简单的例子：

"It was late afternoon before he reached the Loyer house. A grey, musky dusk had fallen. From some distance he heard the sound of music, of violins, and wondered what was going on." (*Lust for Life*, p. 24). "将近黄昏，他还未到罗叶家门，灰暗而阴森的暮色沉沉下垂。远远地他听见音乐的声音和提琴的调子，暗

暗纳罕何事。"(九歌版,75页)这一段中,余译选用了"沉沉下垂"与"暗暗纳罕"的构词方式,译文读来节奏分明,语感可喜,但又不损意义的信实与精确。

"Vincent puffed in silence for many minutes. He knew that this whole affair had to be thrashed out, and that unfortunately they had no medium but words. Well, he would have to make Theo understand. After that, everything would come all right." (*Lust for Life*, p. 106)

"文生默默吸着烟斗,过了好几分钟。他知道这件事非和盘托出不可了,不幸的是,又无法不落言诠。哪,他必须使西奥了解。西奥了解了,一切也就迎刃而解了。"(九歌版,161页)在这一段落中,译者选用了不少四字结构,如"和盘托出"、"不落言诠"、"迎刃而解"等,然而译文意义明确,并没有僵化生硬的感觉。

上述的例子在余译中俯拾皆是,不胜枚举,即使细微处如量词的应用也内有乾坤,例如原著中提到梵谷邂逅克丽丝丁后,心中获得新生的宁静,再度振作起来,他认为"that the figure of a labourer, some furrows in a ploughed field, a bit of sand, sea and sky were serious subjects, so difficult, but at the same time so beautiful, that it was indeed worth while to devote his life to the task of expressing the poetry hidden in them." (*Lust for Life*, p. 218) 这一段,余光中翻译为"那便是,一个工人的身体,犁过的田间的几行畦沟,一带沙地,一片海水,一角天空都是很重要的主题,都很难画,但同时又如此宏美,即使要他贡献一生,去表现其中隐隐的诗意,也确是值得的。"(九歌版,286页)。这一段,译者紧随原文,译得很贴,但碰到"a bit of sand, sea and sky"这个词组,却在量词的运用上匠心独具,充分发挥了译艺,也开拓了文学翻译的创作空间。

一位优秀的译家之所以成功,不在乎到底是选择了直译或意译的手法,而在乎于翻译的过程中,如何好好掌握原文,通过心中所感、脑中所思、笔下所书的三部曲,以情、理、艺来完成一篇出色的译作。

金圣华教授小传

香港崇基学院英语系毕业,后负笈美国与法国,分别获美国华盛顿大学硕士及法国巴黎大学博士学位。金教授自返港后即执教香港中文大学,并积极从事社会服务,曾出任香港翻译学会会长,任期内筹办十项大型活动,筹募傅雷翻译基金,创设有史以来第一项翻译奖学金,对推动翻译事业及促进双语水平贡献卓越。现任香港中文大学翻译学荣休讲座教授、中文大学荣誉院士及香港翻译学会荣誉会长。1998年至2000年为香港中文大学筹办并推出"第一届新纪元全球华文青年文学奖",该项赛事在世界各地华裔社会影响深远。

金教授主要译作有:《小酒馆的悲歌》、《约翰·厄戴克小说选集》、《海隅逐客》、《傅雷英法文家书中译》(收编在《傅雷家书》中)、《石与影》、《黑娃的故事》、《彩梦世界》、《赵氏孤儿》等。主要创作及编撰作品包括:《傅雷与他的世界》、《江声浩荡话傅雷》、《因难见巧——名家翻译经验谈》、《认识翻译真面目》、《译道行》、《齐向译道行》、《桥畔译谈新编》、《荣誉的造象》、《友缘·有缘》、《树有千千花》、《笑语千山外》、《披着蝶衣的蜜蜂》、《译道无疆》、《谈心——与林青霞一起走过的十八年》等。1997年6月因对推动香港翻译工作贡献良多而获颁O.B.E.(英帝国官佐)勋衔。

读者推荐

（1）

2000 至 2004 年间，我在金教授指导下读博士学位，踏上漫漫"译道"。第一次听她讲课的情景历历在目。她字字珠玑，娓娓道出译文体之害，但我那时并未深入领会。后来，做翻译、教翻译、改翻译之时，才深感导师用心良苦，深感导师所言对指导翻译实践之重要，才又细读导师著作，并推荐给有志"齐向译道行"的莘莘学子。

白立平（香港中文大学翻译哲学博士，现任香港大专院校翻译课程讲师。）

（2）

我深深认同金教授在《齐向译道行》一书中所说译者必须"体会作者的用意，领悟全书的神韵，继而在脑海中反复思量，仔细探索原文的经纬，设法理解整个布局的脉络；再而凝聚思绪，汇集睿智审慎斟酌，才以另一种语言书之成文"的谠论。

今次金教授的新书《齐向译道行》，是她多年来从事翻译教学的心血所在，内容非常丰富，除了钩寻名家译作以外，更以优美的文笔提挈要领，娓娓道出译事的精要所在，实在是一本非常难得的好书。

陈耀荣（香港中文大学 1990 年翻译文学硕士，现为博士，任香港特区政府医疗辅助队总参事。）

（3）

金圣华教授穷大半生的精力，在翻译旅途上披荆斩棘，不遗余力推动和拓展译学研究，全心全意投入这门科学，堪称大师。

我于 20 世纪 90 年代上金教授的硕士指导课，选了一本小说的几个章节作翻译范文，每两星期在她办公室附近的课室复核作业，那是春夏交替之时，室外时而蝉声唧唧，时而宁静，我们逐字逐句推敲，她坚持译文应客观地再现原作精神，但也要通顺、流畅、避免外语结构、也避免译文佶屈聱牙。一个半小时在不知不觉中悄悄流逝,但意犹未尽。

金教授让我们领悟如何使用话语的各种技巧,突出对比,增加趣味。她文思敏捷,学养丰富,语调亲切,引导学生作心灵交流,我深深激赏,至今仍然历历在目。

陈婉宝(香港中文大学 1994 年翻译文学硕士,现任儿童癌病基金会长。)

(4)

The Road Taken

A retired school principal
Newly widowed,
My life was a lonely path
Without orientation.

Then Translation Workshop
Came my way,
My mind fully occupied
Under the instruction of Prof Jin.

Green sound, green scent,
Michael Bullock's Green
Transported my mind
Beyond the realm of space and time.

On wings of imagination
My thoughts glided,
Then my life became a befriended path
With clear orientation.

LI KING Chia Chin Bette(CUHK M. A. Translation 2002, currently Project Director, Quality Assurance Division, Education Bureau, HKSAR.)

（5）

上金圣华教授的课,像清风扑脸,凉透心扉,译道乐趣随处可拾。

看金圣华教授的书,感译海无涯,语域浩瀚,中英两语各有妙处。

何玉贤(香港中文大学 2004 年翻译文学硕士,现任香港食物安全中心社会医学顾问医生。)

（6）

与"译道"结缘,始自 1/4 世纪前,在中大副修翻译。

由于工作需要,于 2003 年重返校园,修读翻译硕士课程。有幸再拜入金教授门下。其时,金教授已于译道奋斗半个世纪,春风化雨,润物无声。

上金教授的课是种享受。温文尔雅的金教授,总结半世纪在译道徜徉的心得,把艰涩抽象的意念,以浅白易明的方式,深入浅出,娓娓道来,令我辈后学,茅塞顿开,如沐春风。

虽谓译道难,难于上青天;但在金教授带领下,译道再难,亦心无所惧。且让我辈后学,结伴携手,"齐向译道行"。

吴富强(香港中文大学 2005 年翻译文学硕士,现任 Apex Translation Communications Limited 负责人。)

（7）

想起在中文大学读书的日子真是快乐无比,每天都钻在不同的翻译与理论当中。到了课程的最后阶段,要将所学的应用在长篇翻译里。我就是在英译中的长篇翻译课,遇到了我的老师——金教授。整个学期里,她将我们每人的翻译都抽丝剥茧、除难解构。她对每个学生的长处及弱点都了如指掌,有的时候她只是轻轻点破,我们即有如当头棒喝;有的时候她会紧牵着我们的手,带我们走出迷宫。在金教授身上学到的,不单是文字上的道理,还有教学法的应用。当我现在面对学生时,都时时刻刻留意着,灵活应用。

汪卿孙(香港中文大学 2005 年翻译文学硕士,现任香港公开大学讲师。)

（8）

少时，拜读金教授圣华博士为一英汉词典所题序言，对翻译兴趣油然而生。及长，入上庠，有幸亲炙风范，复蒙提撕启迪，课上论译，推敲西书，斟酌汉文，始得略窥译学门径。比年函丈辟"齐向译道行"专栏，探赜英汉翻译奥旨，力斥今人崇尚硬译、斲丧斯文之非，每读之，辄有再坐春风、温故知新之感。欣闻该栏文章结集成册，以飨读者，不啻译道添明灯。

C. Y. Hui（香港中文大学2007年翻译文学硕士，现职大学行政部门。）

（9）

金教授连续多年在香港中文大学开设翻译工作坊课程。该课程因集知识与趣味于一身，融资讯与技能为一体而广受学生好评。作为她的一名学生，我想我是幸运的。金教授的课堂，气氛轻松活泼，授课严谨而不呆板。金教授不厌其烦，谆谆教诲，悉心传授我们如何应对翻译中遇到的各种困难和挑战，如何运用各种翻译技巧使我们的译文更上一层楼。金教授带领我们畅游翻译的世界，领略翻译的魅力，所涉及内容广泛，从诗歌散文到小说戏剧，各种体裁，不一而足。尤其重要的是，金教授严谨的治学态度、炽热的教学热情，以及诲人不倦的师者风范深深地感染了我们，不断地鞭策着我们在翻译的道路上严谨细心，永不放弃。

王艳（香港中文大学2008年翻译文学硕士，现为香港理工大学哲学硕士生。）

（10）

在第一节课，金教授给我们每人一个英文字译成中文。我要翻译"spring"。单字不难译，难的是要想出多个中译。记得我将之翻译成七八个中文，但金教授顺手捻来便是十多个。这是时下的计算机翻译无可比拟的。金教授让我明白翻译是专业，是艺术，是使命。看《齐向译道行》，像再次回到金教授的课一样地亲切，一样地丰富，一样地实用。

卢乐翘（香港中文大学2010年翻译文学硕士，现为执业律师。）